指文® 战史系列 043

U0641122

复燃的冰川
印巴战争1965

胡烨 著

中国长安出版社

图书在版编目（CIP）数据

复燃的冰川：印巴战争 1965 / 胡烨著 . -- 北京：中国
长安出版社 , 2014.12
　ISBN 978-7-5107-0855-8

　Ⅰ . ①复… Ⅱ . ①胡… Ⅲ . ①印巴战争 - 研究
Ⅳ . ① K353.6

中国版本图书馆 CIP 数据核字 (2014) 第 285207 号

复燃的冰川：印巴战争 1965

胡烨 著

策划制作：指文图书®

出版：中国长安出版社

社址：北京市东城区北池子大街 14 号（100006）

网址：http://www.ccapress.com

邮箱：capress@163.com

发行：中国长安出版社

电话：（010）85099947　85099948

印刷：重庆出版集团印务有限公司

开本：787mm×1092mm　16 开

印张：11

字数：250 千字

版本：2019 年 1 月第 2 版　2019 年 1 月第 1 次印刷

书号：ISBN 978-7-5107-0855-8

定价：89.80 元

CONTENTS 目录

第一章　　潘多拉魔盒 1

第二章　　库奇兰恩冲突 13

第三章　　巴基斯坦的作战计划 31

第四章　　"直布罗陀行动" 41

第五章　　"大满贯行动" 65

第六章　　全面战争 89

第七章　　决战锡亚尔科特 121

第八章　　空中大战 145

第九章　　停战 169

潘多拉魔盒

旧恨新仇

经过近半个世纪的印度国大党和穆斯林联盟对英国殖民者的不懈斗争，1947 年 8 月 14 日到 15 日，印度和巴基斯坦相继宣告独立。对于这来之不易的独立，印巴两国从一开始并没有好好珍惜，而是为了抢夺各个领邦，借机进行民族清洗的大动荡和大仇杀。

根据蒙巴顿方案，印度教徒占多数的土邦，比如马德拉斯、孟买、中央省、联合省、比哈尔、奥里萨、马拉塔等完全归印度联邦所有。在西北地区穆斯林占多数的土邦和东北孟加拉地区归巴基斯坦所有，剩下的教派和人口混杂的各个土邦按照公民投票决定归属。结果，印巴双方在孟加拉和旁遮普分裂上，上演了一出 20 世纪最悲惨的迁徙和屠杀史——1400 多万人相互迁徙，按照信仰投奔印度或巴基斯坦，在途中都遭到了对方信教人员的血腥屠杀。

然而，印巴分治造成的后果并不仅仅是仇杀的悲剧，还体现在印巴双方对教派人口混杂的土邦展开的激烈争夺上。印度依仗其强大的国力，采取武力驱逐领主的方式，强行兼并了朱纳加尔邦和海得拉巴邦。这样以来，双方可争夺的就只有印度西北毗邻的查谟克什米尔邦了。连续两次在争夺战中失败的巴基斯坦自然不会善罢甘休。

既然印度可以采取哄骗和武力驱逐的方式强行兼并朱纳加尔邦和海得拉巴邦，那么为什么巴基斯坦就不能效仿呢？立志要争下克什米尔的巴基斯坦总督真纳向时任巴基斯坦陆军代理总参谋长的英国人伊斯埃纳勋爵讨论巴基斯坦出兵查谟克什米尔的可行性，但伊斯纳埃勋爵反对马上出兵查谟克什米尔。他认为时间仓促、准备不足，新建的巴基斯坦陆军需要时间重建和巩固。

在巴基斯坦的双眼紧盯查谟克什米尔的时候，印度也没有闲着。尼赫鲁绝对不会坐视克什米尔落入巴基斯坦囊中。为了争夺查谟克什米尔，印巴两国都在该领邦培植了各自势力。印巴分治后，查谟克什米尔君主（Maharaja）哈利·辛格是名印度教徒，内心自然想加入印度联邦，但整个领邦 78% 的人口是穆斯林，只有 20% 的人口是印度教徒。如果贸然决定加入印度，必然会遭到整个查谟克什米尔穆斯林的反对。考虑再三，哈利·辛格最终还是保持观望态度，暂时维持现状。巴基斯坦很巧妙地利用了哈利·辛格的心理，当即表示同意。可意在吞并查谟克什米尔的尼赫鲁当然不会"上这个当"，他断然拒绝了哈利·辛格的意见。在尼赫鲁看来，查谟克什米尔毗邻印度、中国、阿富汗和巴基斯坦，根本没法保持独立或中立，它唯一的选择就是加入印度或者巴基斯坦。

既然维持现状的协议没法签，那么物资供应总要维持吧？查谟克什米尔是个内陆土邦，它的物资供应很大程度上依赖于印度或巴基斯坦。由于尼赫鲁没有理会哈利·辛格的建议，哈利·辛格只能和巴基斯坦签署了物资供应协议，巴基斯坦获得了对克什米尔的伊斯兰圣坛、谷物、油、盐的经营权，并掌控了克什米尔的邮政电报和电话系统。

如果说签署物资供应协议就能避免战火的话，那哈利·辛格就大错特错了。1947 年 8 月到 9 月，印巴分治后的民族仇杀行动开始在查谟上演。当地 50 多万名穆斯林居民中有 20 万人遭到印度教徒的杀害。

发生在查谟的仇杀事件传遍查谟克什米尔各地，引起当地穆斯林的极大愤怒。查谟克什米尔西部的奔杰省首先爆发了反对哈利·辛格的起义，并和忠于哈利·辛格君主的部队展开激烈战斗。接着，巴基斯坦境内的穆斯林，特别是西北地区的瓦齐里斯坦和北部的喀喇昆仑省悍勇的山民们成群结队，组成巴基斯坦民军进入查谟克什米尔，协助当地穆斯林武装起义，迅猛扩大地盘，猛攻忠于哈利·辛格的部队，朝斯利那加进军。

为了把握这个黄金良机，彻底控制查谟克什米尔，巴基斯坦加大对忠于哈利·辛格的土邦军队和土邦各级政府的策反，导致土邦军队中大批穆斯林士兵逃亡，整个土邦行政机构也逐渐瓦解。为了给哈利·辛格造成更多困难，巴基斯坦还对查谟克什米尔进行经济封锁，切断了诸如谷物、盐、油、汽油和煤油等重要生活用品的供应。汽油短缺使查谟和克什米尔之间的交通运输系统瘫痪，财政系统也陷入枯竭状态，邮政电话和电报系统更是处于瘫痪状态。在没有饷银、补给系统断绝和通信系统崩溃的情况下，忠于哈利·辛格的查谟克什米尔土邦军队根本没法阻挡巴基斯坦民军的突击。在查谟克什米尔西南地区，巴基斯坦民军迅速控制了大片领土。在首府斯利那加平原，巴基斯坦民军占领了巴拉穆拉。

形势的急剧恶化迫使查谟克什米尔君主向印度求援。在君主哈利·辛格于 1947 年 10

▲ 查谟克什米尔的最后一位君主哈利·辛格

▲ 第一次印巴战争中奋战在查谟克什米尔的印度陆军将士，从图中可以看出，当时的印军装备确实很简陋

月 26 日签约加入印度联邦后，印度陆军迅速利用空运和陆路紧急开赴克什米尔和查谟。在印军的猛烈打击下，巴基斯坦民军被迫退却，印军解除了民军对拉乔里（Rajauri）的包围。不过，奔杰还是被民军从四面八方团团包围，只能靠印度空军空投的补给勉强维持了一年。1947 年 11 月底，巴基斯坦民军沿着杰赫卢姆山谷公路很快抵达斯利那加外围，却被印军击退。印军还夺回了基申根加山谷、蒂特瓦尔和古赖斯。在北面，巴基斯坦民军强攻打下了吉尔吉特，经过长期围困拿下了斯卡尔度，又通过突袭攻克了卡吉尔和达拉斯。列城也受到了威胁。从 1948 年头几个月开始，巴基斯坦正规军开始进入克什米尔和查谟，与印军交战。尽管如此，印军还是灵活运用坦克，突破了佐吉拉，于 1948 年 11 月夺回了卡吉尔和达拉斯。

战争打了一年多，印军虽握有战场主动权，但随着巴基斯坦正规军加入战场，双方逐渐打成僵局。采取军事手段完全夺取查谟克什米尔的设想，对印巴双方来说都已化为泡影。在这种情况下，通过政治谈判达成军事停火协议，就成了印巴双方唯一的选择。经过艰苦漫长的谈判，印巴双方于 1949 年 1 月 1/2 日夜在查谟克什米尔境内达成停火协议，并沿着南起马纳瓦尔、北到开伦至锡亚

琴冰川处划定分界线，印度控制查谟克什米尔 60% 的地区，人口约 400 万；巴基斯坦控制剩下的 40% 的地区，人口约 100 万。

为了取得这个来之不易的"胜利"，印度陆军在围绕争夺克什米尔的第一次印巴战争中蒙受了相当大的损失，有 1103 人战死、3152 人负伤，合计损失 4255 人；此外，印度空军也战死了 32 人。查谟克什米尔土邦军队则有 1990 人战死或失踪。巴基斯坦方面，人员损失为（主要是民军）6000 人战死，14000 人负伤。

虽然印巴双方签署了停火协议，可按照联合国的决议，印巴双方应该双边撤军，让查谟克什米尔人民举行全民公决，投票决定他们要加入印度还是巴基斯坦。可印巴双方都拒绝撤军。不仅如此，两方还分别在各自控制区建立了印控查谟克什米尔政府和自由克什米尔政府（Azad Kashmir Govemment，"Azad"在乌尔都语的意思是自由），两个地方政府相互敌视，水火不容。

为了便于日后组织渗透和策反印控克什米尔地区，巴基斯坦陆军有效利用停火时间生效前一刻，穿过布尔齐尔小径，抢占了古赖斯前方几公里和俯瞰卡吉尔周围和卡吉尔—列城公路周围的山头，以及哈吉皮尔小径和查木布西面的开阔地。

在 1965 年发生的第二次印巴战争中，巴基斯坦方面正是依托这些具有战略价值的山头和小径，以及开阔地对印度发动了大规模武装渗透和大规模地面进攻。

美国的介入

第一次印巴战争结束后，印巴双方为了保住各自在克什米尔的利益，都进行了疯狂的扩军备战。这个时候，号称世界警察的美

国也不甘寂寞，往南亚次大陆横插一手，加剧了形势的复杂。

在朝鲜战争结束后，美国开始逐渐认识到亚洲在美国对抗社会主义阵营的全球战略格局中的重要性，东连远东、北逼中亚、西邻西亚和土耳其、南临印度洋的南亚次大陆自然是美国新全球战略中不可或缺的一环。为了在南亚获得盟国，美国对印度和巴基斯坦都进行了拉拢。可印度采取的是不结盟外交政策，既避免和社会主义阵营的矛盾，又不得罪资本主义阵营。简单地说，在当时全世界各国排队站靠资本主义阵营或社会主义阵营的这种非敌即友的情况下，印度选择的不结盟政策，在西方国家特别是美国眼里是"不识时务"的举动。拿美国人的话来说，印度人的不结盟政策是"一种不道德的观念"。既然印度选择不结盟政策，那么美国要在南亚站稳脚跟，盟国首选只能是巴基斯坦。

对巴基斯坦的战略价值，美国也是"洞若观火"。只要美国势力能深入巴基斯坦，那么就可以在苏联柔软的腹部——中亚地区打进去一个楔子，而且还可以从巴基斯坦获得空军基地，对苏联进行战略侦察。面对美国的拉拢，巴基斯坦出于自身利益也会投怀送抱。由于印巴两国刚刚独立，就为争夺查谟克什米尔爆发了第一次印巴战争，激化了两国之间的矛盾和仇恨。相对印度来说，巴基斯坦国力弱小，要加强军事力量和与印度抗衡的能力，就必须寻求世界大国的支持。与美国结盟，巴基斯坦可以获得大批美援，而且加入美国主导的防御同盟的话，巴基斯坦还可以在未来对印战争中得到美国无论是军事、经济还是外交、政治的帮助。可以说，巴基斯坦和美国结盟，对自身有百利无一害。

1954 年 5 月，巴基斯坦签署了美国主导的《美巴共同防御协定》，接着又在 9 月加入《东南亚条约组织》，后更是加入了《中央条约组织》。也就是说，除了《北大西洋公约组织》（北约）外，巴基斯坦加入了美国主导的所有组织，成了美国在亚洲地位超过韩国、南越，仅次于日本的忠实盟友。根据上述协定，美国空军可以使用巴基斯坦境内的白沙瓦、伊斯兰堡和拉合尔、卡拉奇机场，作为对苏联境内重要战略目标进行空中侦察的基地。作为对巴基斯坦的回报，美军加大力度给予巴基斯坦军事援助以及为巴军提供军事训练，改造巴基斯坦境内的军事基地，升级巴军装备。相对美国出钱出枪支援巴基斯坦，印度采取的不结盟政策，让自己陷入了"孤家寡人"的境地。不仅没有美援，而且军力提升和装备购买样样都得自己负责，相比巴军武器装备升级，印军则落后不少。更糟糕的是，

▲ 美国介入南亚，拉拢巴基斯坦进中央条约组织和东南亚条约组织，导致南亚局势进一步复杂化。图为时任美国总统艾森豪威尔

印度在外交上没有得到强力援助。特别是在查谟克什米尔问题上，美国严重偏袒巴基斯坦，每次印巴产生纠纷，美国都开动宣传机器，大肆指责印度，让印度十分为难。

1953年12月9日，尼赫鲁在给巴基斯坦总理穆罕默德·阿里的信中说道："我虽然不清楚美国和巴基斯坦间军援条款的具体内容。但负责任的媒体指出，美国给巴基斯坦提供了大规模的军事援助和技术装备，还有武器以及部队训练。甚至指出（尼赫鲁特别注明是引用自《纽约时报》），美国要在巴基斯坦帮忙训练一支100万人的大军。但很明显，巴基斯坦的战争资源在美国帮助下如此扩张的话，我只能将其视为对印度的敌对行为，并有引发战争的危险……"在致信穆罕默德·阿里的同时，尼赫鲁还致信美国总统艾森豪威尔，要求美国对巴如此庞大的军援项目做出解释。面对印度的质问，艾森豪威尔只回应说，美巴军事合作并非针对印度。

尽管美国口口声声说大规模军援巴基斯坦并非针对印度，但美国对巴基斯坦的军援，导致巴基斯坦武库急剧扩张，加剧了克什米尔地区问题的进一步复杂化。尼赫鲁声称，印度必须"考虑受到新威胁的情况下，在克什米尔地区保留强大的兵力和技术装备"。尽管尼赫鲁的声明是对美巴合作的回击，但艾森豪威尔把尼赫鲁的发言当成耳边风，继续加大对巴基斯坦的军援力度。

在加强军备的同时，巴基斯坦也最大限度地利用自己的东南亚条约组织成员国的身份，向美国和英国施压，要求英美压迫印度在查谟克什米尔问题上让步。1962年，中印边界战争爆发，不识时务的印度被中国打得一败涂地。这次战争对南亚次大陆造成了很大的冲击。巴基斯坦利用印度刚刚蒙羞、全国暂时还抬不起

▲ 印度打赢第一次印巴战争后，有恃无恐地挑衅中国，却不料在1962年被中国人民解放军彻底击败，遭受了建国以来最大的耻辱。图为在中印边界战争中采用畜力运输的印军士兵

头的机会，抓住时机通过英美向印度施加压力，要求重新讨论查谟克什米尔问题。

在英美的压力和敦促下，印度同意和巴基斯坦就"克什米尔领土及相关问题"展开对话谈判。从1962年12月17日到1963年5月16日，印巴双方共进行了6次谈判。巴基斯坦认为印度新败，自己在心理上拥有绝对优势，所以谈判态度十分强硬，声称查谟克什米尔全境总计220150平方公里（实际查谟克什米尔土邦面积不过19万平方公里，巴基斯坦是想趁机把部分印度领土也据为己有）的主权应全归巴基斯坦所有，作为交换巴基斯坦仅仅只要让出6475平方公里！面对巴基斯坦的漫天要价和强硬的态度，印度虽然刚刚打了败仗，但也不至于沦落到向巴基斯坦"下跪"的地步。印度谈判代表驳回了巴基斯坦的要求，在查谟克什米尔领土主权问题上，印度同样寸步不让。谈判变成了相互争执，无任何进展。

不过，印巴就查谟克什米尔问题展开谈判，也让英美有所放心。在美国看来，印度至少没有再对巴基斯坦进行威慑，加上印度在对华作战中彻底完败。美国似乎对印度心

生怜悯，第一次稍微改变了自己对南亚军事援助一面倒给巴基斯坦的政策，首次放宽了对印度购买美式武器装备的限制（但仍不允许印度购买美军进攻型武器）。从 1962 年 10 月到 1965 年 9 月，英国和美国总计向印度军事援助了价值 1.2 亿英镑的器装备和物资，包括运输机、零备件、步兵轻武器、弹药、通信器材、工兵器材和医疗设备等等。其中，美国给印度的军援价值 4700 万美元，其中含援建印度境内一座步兵轻武器弹药生产厂。

在英美提供援助的同时，印度也在 1963 年制定了 5 年整军计划，实现国防预算年均增加 12%，5 年后印军兵力规模翻番，同时实现空军现代化，并新建 6 个军械厂。当时，印度空军急需超音速飞机，可英美都拒绝向印度出售超音速战斗机。理由是喷气式战斗机是进攻性武器，印度一旦获得就会威胁巴基斯坦国防，这绝对不允许。英美对印度禁售进攻性武器，却给另一个超级大国苏联介入南亚次大陆提供了有利机会。1964 年，苏联领导人勃列日涅夫访问印度，双方签署了军售意向合同，苏联答应给印度提供"地地导弹、地空导弹和交付新型米格歼击机"。同年 9 月，苏印双方签署了正式军售协议，苏联按协议开始给印度提供 7 架米格 –21 歼击机、12 架安 –12 运输机、近百辆 PT–76 水陆两用坦克和不少海军装备。此外，苏联还承诺援助印度开建一条米格 –21 喷气式歼击机生产线。

对印度来说，印苏关系的巨大改善，对印度百利无一害。只要背靠苏联，印度就可以有效对抗处于美国庇护下的巴基斯坦。

扩军备战

既然印巴双方背后各有一个金主，那么急速扩充武库，就是两国的当务之急了。

为了和印度抗衡，巴基斯坦集中力量加速武装力量的扩充和装备现代化进程。1954 年，美国根据《美巴共同防御协定》给巴基斯坦陆军提供了 5 个半师全套美式装备。从 1954 年到 1965 年第二次印巴战争爆发前，美国共向巴基斯坦提供了 100 架 F86 "佩刀"喷气式战斗机、18 架 F-104A "星"式战斗机、30 架 B-57 轰炸机和 4 架 C-130 大力神运输机、400 辆 M47 和 M48A2（各 200 辆），以及大量 105、155 毫米榴弹炮和成套武器装备，还有坦克飞机大炮配套零件和弹药。在美国提供援助的同时，巴基斯坦也一再增加国防开支。1961-1962 年度，巴基斯坦国防开支 2.07 亿美元；1962-1963 年度达 2.1 亿美元，1963-1964 年更是跳到 2.4 亿美元。第二次印巴战争爆发当年，巴基斯坦的国防开支升到 2.69 亿美元。

在军费节节攀升的同时，巴基斯坦三军武装力量规模也是水涨船高。1961 年，巴基斯坦三军总兵力达 182700 人，其中陆军 16 万人、海军 7700 人，空军 15000 人。到 1962 年 10 月，巴基斯坦陆军兵力从 16 万增长到 23 万，这还不包括海军和空军的扩建。巴基斯坦陆军由 8 个步兵师和大量装备 M48 "巴顿"式坦克、M4 "谢尔曼"坦克和 M24 "霞飞"坦克的装甲团组成。此外，他们还有 25 万名武装民兵和 3 万人组成的"自由克什米尔"部队（简称 AK 部队）。从 1962 年开始，巴基斯坦继续加大扩军力度，增加国防开支，购买了一大批现代化先进的武器装备，极大程度地提高了战斗力。

空军方面，截至 1964 年 10 月，巴基斯坦空军有了质的飞跃。空军兵力从 15000 人增加到 25000 人，作战飞机约 141 架，包括 25 架 B-57 "堪培拉"式轰炸机（编成 2 个中队），一个F-104A"星"式战斗机中队（12架F-104A）和4个F-86F"佩刀"式战斗机中队（装备92架F-86F"佩刀"式战斗机，还有8架在大修）。在巴基斯坦三军武装力量中，唯一在未来印巴战争中起不到什么作用的是巴基斯坦海军，至1964年巴基斯坦海军的兵力不过才7700人而已，仅有1艘轻型巡洋舰、5艘驱逐舰、2艘反潜护卫舰、8艘扫雷舰和10艘其他舰艇。从军费和国民经济收入对比情况来看，巴基斯坦在1961年到1964年的国防开支占GDP的3.1%到3.2%，1965年因第二次印巴战争爆发，国防开支大幅上涨，占GDP的6%。印度的军费开支情况也和巴基斯坦差不多，1963年到1965年军费开支占GDP的3.5%到3.7%。

1962年中印边界战争后，英美开始对印度提供军事援助，引起巴基斯坦强烈反弹。1963年7月8日，巴基斯坦总统阿尤布·汗警告西方国家，称他们帮助印度重新恢复武装力量的做法会迫使一个较小的亚洲国家为了免于遭到印度的欺负，而投靠中国庇护。阿尤布·汗总统在1965年3月访华，在几次演讲中，他特别强调了要和中国保持友谊与和平的愿望。巴基斯坦加强了对华关系，迫使英国和美国权衡对印援助问题，从而继续保持对巴基斯坦的军事援助，并协助巴基斯坦解决克什米尔问题。事实上，巴基斯坦对外交关系的调整很是满意。他们希望通过加强和中国的外交关系，迫使英美停止对印援助，以便在克什米尔问题上形成中美支援巴基斯坦，对付印度的局面。

面对巴基斯坦的各种政治外交攻势，印度更关注的是美英庞大的武器装备和配套物资流入巴基斯坦，特别是主战坦克和超音速战斗机。印度认为，即便美军向巴基斯坦空军提供的是技术性能相对落后的F-86"佩刀"式喷气式战斗机，也对印度国防安全构成了严重威胁。接着，巴基斯坦空军又装备了1个中队的F-104A"星"式战斗机，进一步加重了印度国防安全的危机。巴基斯坦的大力武装，迫使印度需要紧急采取反制措施。印度加大了和苏联的军事合作力度，苏联也加快了在印度境内援建米格歼击机生产线的进度。与此同时，印度还建立了不少轻武器生产线和小口径弹药生产线，用于满足军队的步兵轻武器和弹药消耗，减少战争中的对外依赖。

截至1965年9月1日，印度和巴基斯坦军事力量对比表如下：

巴基斯坦		印度
人口	9857万人	47000万人
国防预算	2.69亿美元	9.7亿美元
陆军	26万（包括"自由克什米尔"部队3万人）	70万
步兵	7个步兵师，25万武装民兵	9个步兵师和11个山地师（大部分都是新组建的部队，部分山地师不满编，装备也不足）
坦克	2个装甲师、5个装备M4"谢尔曼"坦克的装甲团、3个装备M24"霞飞"坦克的装甲团，总计765辆坦克	1个装甲师、1个独立装甲旅和5个装甲中队，4个装备"百人队长"坦克的装甲团，8个装备M4"谢尔曼"坦克的装甲团，2个装备AMX-13坦克的装甲团，2个装备PT-76坦克的装甲团，总计720辆坦克

炮兵力量	29 个 25 磅炮 /105 毫米榴弹炮山地炮兵团、10 个中型 5.5 英寸 /155 毫米榴弹炮兵团、1 个重型 5.5 英寸 /155 毫米榴弹炮兵团、8 个 120 毫米重迫击炮团、3 个装备 32 门自行 40 毫米博福斯高射炮和 32 挺单管 12.7 毫米高射机枪的轻型高射炮团	25 个山地炮兵团（装备 3 英寸或 76.2 毫米 ZIS-3 加农炮）、41 个野战炮兵团和 2 个伞降野战炮兵团（装备 25 磅炮 /100 毫米加农炮）、10 个中型炮兵团（装备 5.5 英寸或 M46 130 毫米加农炮）、1 个重型榴弹炮兵团（装备 7.2 英寸炮）、19 个轻炮兵团（装备 120 毫米迫击炮）、21 个 AD 炮兵团（装备 L60 博福斯炮和少量 L70 炮）
空军力量	人员 25000 人，飞机 260 架：2 个 B-57 "堪培拉"轰炸机中队、9 个战斗机中队（内含 1 个 F-104A "星"式战斗机中队和 8 个 F-86F "佩刀"式战斗机中队）、1 个 RB-57 高空侦察机中队、2 个教导 / 战术侦察中队、1 个海上侦察搜救直升机中队、少量 SA-16 飞机、2 个运输机中队（一个 C-130 "大力神"中队和一个布里斯托尔运输机中队）	4 个"堪培拉"轰炸机中队，26 个战斗机中队，7 架米格 -21，5 个"蚊蚋"式战斗机中队，6 个"猎人"式战斗机中队，5 个"神秘"式战斗机中队，6 个"吸血鬼"式战斗机中队，3 个"暴风"式战斗机中队，13 个运输机中队（3 个"达科塔"中队、3 个 C-119 中队、2 个安 -12 中队、1 个"驯鹿"运输机中队、1 个伊尔 -14 中队、2 个"水獭"运输机中队、1 个联合运输机中队），5 个直升机中队（4 个米里 -4 直升机中队、1 个"云雀"直升机中队）

对比可以看出，巴基斯坦在坦克、技术装备质量和数量方面均占有优势，特别是中型坦克。虽然"巴顿"坦克和"百人队长"坦克重量都是 45 吨，但美式"巴顿"坦克机动性更好，火力更强。M48 "巴顿"式主战坦克拥有比"百人队长"坦克多两倍的射程，以及更强的机动性和更好的综合战斗力，还有可以用于夜间战斗的红外夜视装备，这是印军的"百人队长"坦克所不具备的。如果从进攻作战的角度来看，M48 "巴顿"式坦克要比"百人队长"坦克更适合。到 1965 年，印度陆军装备的二战旧货 M4 "谢尔曼"坦克数量仍然极大超过"百人队长"坦克。印军拥有的其他型号坦克是 PT-76 和 AMX-13 轻型坦克，这两种坦克根本没法和"巴顿"坦克或"谢尔曼"坦克抗衡。巴基斯坦陆军一个装甲师共有 3 个战斗群，包括 3 个坦克团和各个搭载着现代化的 M113 装甲运兵车实施战斗的 5 个机械化步兵营。相比之下，印度陆军的装甲师只下辖 1 个装甲旅和 1 个搭乘 3 吨卡车伴随作战的摩托化步兵旅。巴基

斯坦陆军总计有 17 个装甲团，相反印度只有 16 个装甲团，在 1965 年只有 14 个装甲团可用。在编制上，巴基斯坦陆军一个"巴顿" / "谢尔曼"装甲团共有 44 辆坦克，每个坦克侦察排拥有 6 门无后坐力炮。每个巴基斯坦轻坦克团拥有 32 辆 M24 "霞飞"轻型坦克和 28 辆 M-113 装甲运兵车，他们将作为指挥车和搭载机械化步兵突击的运载工具。

为了对抗巴基斯坦的 9 个团的 M47/M48 "巴顿"式坦克，印军只能依靠"百人队长"坦克，可数量太少，仅仅是对方的二分之一。除了主战坦克数量占劣势外，印军 M4 "谢尔曼"坦克、AMX-13 坦克和 PT-76 坦克数量加起来超过了巴军的 M4 "谢尔曼"和 M24 "霞飞"坦克数量。不过，数量上的优势却被缺乏零件的劣势给抵消了。由于印度国防开支有限，没有获得美国援助，因此印军的 M4 "谢尔曼"坦克因"年纪"太大，机械故障频繁，在没有足够零件备用的情况下，出勤率很低。AMX-13 系法国制的轻型坦克，主要作为侦察坦克使用，完全不适合大规模

▲ 英制"百人队长"坦克是印度陆军装甲兵在 1965 年抗衡巴基斯坦陆军 M47/M48 的利器

坦克对战。苏式 PT-76 水陆两用坦克装甲薄弱，主炮口径只有 76 毫米，对阵巴军的 M47/M48 "巴顿"式坦克纯属"送命"。更糟糕的是，印军装甲兵依靠的是过时的通信系统。相反，巴军却使用当时先进的 ANGRC 通信系统或电台设备，这使巴军在指挥和控制部队方面优于印军。巴军机械化步兵搭载 M113 装甲运兵车，伴随坦克突击，既可为坦克提供步兵支援，又可以得到 M-113 装甲运兵车载

的 12.7 毫米机枪支援。和巴基斯坦装甲兵不同的是，印军装甲师编制内既没有自行火炮，也没有自行高射炮，更缺乏足够的装甲运兵车让机械化 / 摩托化步兵伴随坦克突击。1965年，印军在这方面确实不如巴军。

火炮方面，虽然印军拥有更多火炮，但型号多为二战时期英军的制式武器，更新的只不过是苏联提供的 ZIS-3 76.2 毫米加农炮、M46 130 毫米加农炮和 100 毫米加农炮，没

▲ 美制 M48"巴顿"是巴基斯坦陆军装甲兵的中坚力量，一度给印度陆军制造了""'巴顿'坦克恐慌"

有任何 105 毫米和 155 毫米美式榴弹炮。相反，巴基斯坦陆军却装备了大量美式 105 毫米榴弹炮和 155 毫米榴弹炮，反坦克火炮数量也比印军多两倍。巴军的另一个优势是拥有 4 个自行火炮团，其中每个装甲师编制 1 个，而且巴军高射炮都实现了自行化。相反，印度陆军却没有任何一个自行火炮团，连轻型高射炮都要靠汽车牵引。可以这么说，印军炮兵和高射炮兵在机动性和作战效能上都逊于巴基斯坦陆军。

印军相对巴军唯一的优势就是数量。印军新组建的山地师大部分都压在北线，负责对华防御。在西线查谟克什米尔和印巴国境

线上，印巴双方总兵力相差无几——巴基斯坦陆军除了 1 个师在东巴外，剩下 6 个步兵师和 2 个装甲师在西巴；印军正对西巴和查谟克什米尔的是 9 个步兵师（其中 4 个师不满员）和 3 个装甲旅。

在空军方面，巴基斯坦的飞机总数虽然少于印度，但现代化方面却有过之而无不及也。在机场建设方面，巴基斯坦也有明显的优势，那就是美军在巴基斯坦境内按北约标准兴建了一系列机场群。这些机场网络不仅设施先进，而且还有完备的导航通信系统。此外，美军还在白沙瓦、木尔坦（Multan）、萨戈达（Sargodha）和巴丁建立了覆盖整个

印巴边界的早期预警雷达系统。巴基斯坦空军的 F-104A "星" 式战斗机和部分 F-86F "佩刀" 式战斗机可携带当时最先进的 "响尾蛇" 空空导弹，比起印度空军的米格 -21 歼击机（当时苏联只提供了 7 架，而且战争期间没有提供环礁导弹）更有威胁。巴基斯坦空军拥有的这些因素都极大削弱了印度空军的数量优势。

由于印巴双方海军力量薄弱，因此在 1965 年 9 月战争开始后，除了巴基斯坦海军出动炮轰印度的达瓦尔卡港外，双方没有爆发海战。总的来说，双方在查谟克什米尔和西巴地区兵力规模基本对等，巴基斯坦在陆空技术装备和预警系统上享有绝对优势。

对巴基斯坦来说，加入东南亚条约组织、中央条约组织和美巴共同防御协定，让巴基斯坦获得了大量美式武器装备援助，以及美军对巴陆空军的标准训练，这一切都让巴基斯坦陆军和空军的战斗力有了质的飞跃。似乎是觉得自己翅膀硬了，巴基斯坦公开宣称不承认印巴在查谟克什米尔的停火线，并要用武力收复查谟克什米尔。在巴基斯坦看来，经过 1962 年的惨败后，印度已经很虚弱了。此时，正是给印度致命一击的绝好机会。机不可失，时不再来。

在这种错误的认知下，巴基斯坦首先选择了两国领土争议区的库奇兰恩作为试金石，挑起了印巴冲突。

|第二章|

库奇兰恩冲突

地形

  库奇兰恩盐碱地，位于北纬 22 度 55 分到 23 度 43 分，东经 68 度 45 分到 71 度 46 分，面积 23310 平方公里，沿着库奇北面和东面展开。库奇地区北临信德（Sind），东靠拉达恩普尔（Radhanpur）和西望卡提阿瓦半岛（Kathiawar）。从库奇湾头部延伸的干涸海床从东南、东面和北面团团包围库奇，形成天然盐碱地，也就是库奇兰恩。为了方便描述，库奇兰恩分成两个部分，大兰恩在库奇北面和东北面，东西横宽 257 公里，南北纵长 129 公里，面积 18130 平方公里；小兰恩在库奇东南和南面，东西横宽 129 公里，南北纵长 16 到 64 公里，面积约为 4144 平方公里。

  大库奇兰恩范围从拉贾斯坦邦西南边界至印度洋的信德南部的印巴传统国境线。每年 6 月到 10 月，由于西南季风（south-west Monsoon）带来大量降雨，海水上涨淹没了库奇兰恩，并形成内陆盐碱湖。在旱季，库奇兰恩就是一片荒漠——平坦、坚硬而裸露——除开部分岛屿上零星长着稀疏的野草。但有资料表明，亚历山大大帝远征印度、驻军信德时，这里曾是一个内陆海或者说是由"现今已干涸消失的河流"汇聚的内湖咸水湖，后由普兰河（Puran river）注入。直到近期，至少兰恩西部从阿里班德尔（Ali Bander）到古里河之间的地区都是富饶的，而且信德和库奇之间的交流也是自由而频繁的，丝毫不受荒漠盐碱地的阻碍。

  在西南季风的雨季期间，库奇北部完全被海水淹没。可一旦季风减弱，洪水逐渐退去，地面的盐碱泥沼也逐渐干涸，很快形成优质的畜牧场。在两国边界的班尼（Banni）地区，

▲ 库奇兰恩盐碱地

由于盐碱地质盐分含量高，人们没法开展种植业，普遍都在养牛。在兰恩北部，村落稀少，人口零零星星，和兰恩其他地区几无联系。即便库奇地区最大的城镇普杰（Bhuj），在一年大部分日子里，也是土地荒芜，闷热干旱，沙尘肆虐。

交通方面，普杰（Bhuj）到库奇的沃卡达（Khavda，兰恩边界附近）有一条长76公里的公路。这条公路穿过班尼，在雨季无法使用。从沃卡达往北，还有一条穿过兰恩通往巴基斯坦境内迪普洛的小道。这条小道的延伸段越过兰恩的潮湿盐碱地通到莫里贝特，可以承载重型车辆。从莫里贝特到兰恩之间的道路路面十分坚硬，除了雨季外，车辆可以以较高的速度奔跑。

相对印控区兰恩的交通不便，巴基斯坦信德省一侧的兰恩北部地区却交通便利。这里不仅有沿着巴基斯坦境内一侧路质良好的公路（在旱季时可以随意进行摩托化机动），还有从库奇北梢附近的卢纳起，穿过兰恩、卡里姆夏希、维戈科特和肯杰尔科特，抵达巴基斯坦境内的拉希姆－基－巴扎尔（Rahim-Ki-Bazar）。贝拉地区和巴基斯坦境内的纳加帕尔卡之间有2条小道相连，一条从贝拉起，另一条从洛德拉尼出。

库奇—信德边界争端

1843年英国吞并了信德。他们决心在英领区的信德和印度联邦的库奇地区之间划一道分界线。虽然有证据表明在信德和库奇地区之间的库奇兰恩就是库奇的一部分，但是，双方并没有马上划清分界，导致这个方向成了争议区。1947年印巴分治的时候，信德省凭借穆斯林占多数的优势划给了巴基斯坦，库奇地区则因大部分人信奉印度教而留在了印度。

即便是分治前，信德当局和库奇地方政府就整个库奇兰恩地区的领土主权进行交涉，双方争议很大。1938年，信德当局公开宣称，信德拥有对库奇兰恩一半以上地区的领土主权。1948年7月14日，巴基斯坦总理致信印度，指出信德—库奇"边界仍然存在争议，必须迅速解决"。1949年8月10日，印度回信巴基斯坦，声称印度对库奇兰恩拥有无可辩驳的主权，这一点是毋庸置疑的。1956年4月9日，巴基斯坦再次照会印度，提出了自己的观点："需要强调的是，兰恩是死海（内陆盐碱湖）。根据国际惯例，内陆海应由两侧国家平分划界。这个原则同样也适用于解决两国边界的莫尔维和库奇之间兰恩的领土争端。巴基斯坦政府声明，拥有兰恩北部到达兰萨拉（Dharamsala）领土主权并行使权利，既是参照国际惯例也是有国际先例的。"为了表明自己对库奇兰恩地区的主权，巴基斯坦甚至拿出了英领时期信德省地图作为证据，证明自己绝不会放弃收回库奇兰恩争议区主权的"正义"行动。

在双方相互照会、大打外交官司的同时，巴基斯坦也开始对库奇兰恩地区动手，从1949年初开始，巴军加强了库奇兰恩地区北部边界的军事活动。为了遏制巴基斯坦在争议区频繁进行的军事活动，印度库奇当局也加强了对库奇兰恩争议区的巡逻。至1955年底，巴基斯坦修建了一条通往库奇兰恩地区的名为古尔马马德塔拉瓦迪（Gulmamad Talavadi）小洼地的汽车小道，并派遣信德省两个预备役警察支队（各50人）进驻温吉和巴里阿里/贾特勒伊，和印军在查哈德贝特地区的哨所对峙，甚至巴基斯坦陆军官兵也大胆前往贝特（Bet）地区巡逻，并煽动巴基斯坦牧民可擅自进入争议区放牧，丝毫不理会印度库奇当局管辖，更没有支付一卢比税费。1956年1月12日，印度政府照会巴基斯坦政府，对巴方在库奇兰恩争议地区单方面改变现状提出强烈抗议，但巴方不予理会。1956年2月17日，库奇地区的印度边防警在巡逻过程中发现巴基斯坦武装人员侵入古尔马马德塔拉瓦迪地区，并开始修建哨所。双方出现零星交火，通过行动，巴基斯坦表明了自己要"维护"查哈德贝特地区"领土主权"的坚定决心。

当时，在库奇兰恩地区的印军只有驻卡沃达的印度陆军第7掷弹兵联队（骆驼骑乘步兵）B连。1956年2月18日，第7掷弹兵联队B连连长派兵往查哈德贝特巡逻，由于卡沃达至查哈德贝特之间长约72公里，印军巡逻队直到第二天中午才到达目的地。巴

军巧妙地隐蔽在伪装良好的阵地里，先把印军巡逻队放进，然后突然用轻机枪扫射，打伤了1名印军士兵。遭到攻击后，印军巡逻队随即开火还击，双方激烈交火的结果造成2名印军负伤，3头骆驼死亡。发生冲突后，巴基斯坦首先照会印度，提出强烈抗议，但印度没有马上答复。

尽管第一次冲突有些吃亏，但印军第7掷弹兵联队B连的巡逻也并非一无所获，他们总算得知"入侵查哈德贝特地区"的巴军兵力规模，以及他们装备了轻机枪和2英寸迫击炮的"情况"。1956年2月24日，印度政府照会巴基斯坦，就2月18日冲突向巴基斯坦强烈抗议，并声称查哈德贝特地区是印度不可分割的一部分。在声明中，印度政府表态将采取一切手段驱逐入侵者。2月22日，驻德朗格阿格拉（Dhrangadhra）的印军第112步兵旅奉命开赴普杰（Bhuj）。2月24日，印军第112步兵旅（第5拉其普特来复枪联队）在卡沃达集结完毕。同一天，第112步兵旅所辖的第7掷弹兵联队在贝迪亚贝特（Bedia Bet）地区修建了一个前进据点。第二天，印度陆军总司令亲自视察了双方发生冲突的贝迪亚贝特（Bedia Bet）地区。

印度的防范

自查哈德贝特（Chhad Bet）冲突后，巴基斯坦在兰恩争议区的巡逻和建哨卡行为有所收敛。印度方面亡羊补牢，为时未晚。为了防范巴基斯坦继续"入侵"，印军解散了第7掷弹兵联队的骆驼编制，把部队改为徒步步兵。改编后，第7掷弹兵联队1个连驻普杰，剩下2个连驻普杰和卡沃达之间各个要点。普杰机场也紧急扩建，成为可供现代化战机作战的大型机场。同时，印军还在查

▲ 正在赶赴战场的印军士兵

哈德贝特修建了一个可供奥斯特飞机起降的全天候机场。在卡沃达和可达达（卡沃达北面 16 公里）也各修建了一座适用于晴天着陆的机场。后者可供达科塔运输机紧急着陆。为了保障部队饮水，印军还在查哈德贝特建立了一个盐水淡化系统，同时在据点基地周围修建了可在雨季期间防洪的堤坝。

从长远角度来看，印军必须在兰恩地区建立如下具有战略意义的公路网：

1. 卡沃达（Khavda）—查哈德贝特

2. 卡沃达—拉克帕特（Lakhpat）

3. 马沃沙里（Mavsari）—塔拉德（Tharad）—登埃拉（Dhanera）—彭特瓦达（Panthwada）—登蒂瓦达（Dantiwada）

4. 瓦拉希（Varahi）—莫尔瓦达（Morwada）—苏伊根（Suigan）

5. 巴巴尔（Bhabhar）—苏伊根

6. 拉达恩普尔—莫尔瓦达

7. 达拉维拉（Dhalavira）—戈达达（Godhada）—洛德拉尼（Lodrani）—莫沙纳（Mosana）—森塔尔普尔（Santalpur）

1962 年 11 月，印军第 112 步兵旅群和第 31 步兵旅群换防。尽管如此，库奇兰恩的边界哨所仍继续由印度中央预备役警察（CRPF）和库奇预备役警察负责。

肯杰尔科特争端

1964 年，巴军开始频频进入肯杰尔科特争议区巡逻，挑起事端。1964 年 5 月 13 日，印度库奇预备役警察拘捕了 3 名越境的巴军武装人员，但很快释放。虽然 1964 年再无类似事件发生，但从 1965 年 1 月到 2 月开始，巴军在肯杰尔科特争议区的越境事件比起 1964 年 1 到 5 月是有增无减。

肯杰尔科特是一处堡垒废墟遗址，地处库奇兰恩西北指尖，距巴基斯坦南部边界 1370 米。肯杰尔科特南面是一片地势平坦的原野，往北是一系列平行的沙丘，西南梢沿着巴基斯坦边界延伸。往北的沙丘地势较高，可以俯瞰整个堡垒遗址，给巴基斯坦提供了良好的视野。不过，这一地区只有旱季才适合作战。

从交通条件来看，巴基斯坦通达肯杰尔科特显然比印度便利。离肯杰尔科特最近的印度行政中心是普杰，距离约国境线 177 公里。就算是卡沃达和维戈科特（Vigokot）也各距边界 104 公里和 119 公里。军事方面，印军第 32 步兵旅群设立在卡里姆·夏希（Karim Shahi）的前进指挥中心（位于肯杰尔科特东南），离国境线也有 32 公里。雨季，普杰—卡沃达公路没法使用。即便是旱季，从卡沃达到肯杰尔科特的汽车小道于途中也要穿过一个堤道。由于卡沃达往前的各个城镇，除维戈科特外，均没有建起淡水净化装置，在一定程度上限制了印军在肯杰尔科特地区的驻军规模。在空运交通方面，卡沃达有一个晴天机场，普杰有个民用着陆场（当时还没有建成大型综合现代化全天候机场），维戈科特有一个在建的直升机着陆场。看起来这一带似乎可以保障空运，实则不然，该地区

▲ 肯杰尔科特附近的盐碱地

真正可以用做全天候机场的只有贾姆讷格尔（Jamnagar）空军基地。

和印军窘迫的陆空交通状况相比，巴基斯坦方面通达肯杰尔科特的陆空交通却十分便利。人口聚居区的巴丁（Badin）镇离边界仅30公里。镇上不仅有一个可供巴军所有现役战斗机和运输机起降的大型综合现代化全天候机场，还有早期预警雷达，并可以和信德省的海得拉巴（Hyderabad）和凯尔普尔（Khairpur）相互形成机场网络。同时，一条从巴丁至马罗（Maro）的公路还可往东延伸到纳加尔帕尔卡尔（Nagar Parkar）。较为完善的陆空交通体系，使巴军对边界哨所的补给要比印军方便得多。

从1965年1月下旬起，巴基斯坦开始在肯杰尔科特地区设立哨卡。1965年2月10日，印军组织例行边界巡逻时，终于发现了这个"秘密"。2月15日，印巴两国的边防警察举行会晤，商讨解决肯杰尔科特的争端。事实上，巴军已经修建了一条从苏勒伊（Surai）通往丁埃（Dine）长达32公里的公路，正巧从印度境内的肯杰尔科特南面而过。由于这条公路的建成，巴基斯坦边防警察态度强硬，拒不退让。无奈的印度边防警察只得加强夜间巡逻和卡点，想迫使巴基斯坦边防警察从肯杰尔科特地区撤出哨卡。

然而，巴基斯坦早已在肯杰尔科特地区站稳脚跟。他们在肯杰尔科特驻有印地别动队（Indus Rangers）1个连，在拉希姆－基－巴扎尔驻有印地别动队400人，沿着边界还有印地别动队1个联队（wing）。在信德省的海得拉巴和乔尔（Chhor），巴军还保留了印地别动队2个联队。2月18日，巴军的印地别动队在肯杰尔科特地区的部署情况如下：

肯杰尔科特：白天驻军1个排，夜间只留监听哨；

肯杰尔科特北面的沙丘高地：在3英寸迫击炮和中型机枪支援下的2个排兵力。

相对巴军的驻防，印军在这一带部署的是库奇预备警察5个连——2个连驻维戈科特，1个连驻卡里姆·夏希，还有2个连查哈德贝特。可这些兵力太弱了，根本没法和巴军、巴方边防警察抗衡。

卡巴迪行动

1965年2月21日，马哈拉施特拉邦（Maharashtra）和古吉拉特（Gujarat）地方指挥官、军区司令P. C. 古普塔（Gupta）少将，向印军第31步兵旅长S. S. M. 帕哈拉贾尼（Pahalajani）准将下达了第一号作战指示（卡巴迪行动），要求用武力夺回肯杰尔科特。P. C. 古普塔少将在命令中明确指示第31步兵旅，为了完成这项任务，允许在行使武力过程中越界。第31步兵旅群司令部、第11野战炮兵团、第226独立维修站连、第373野战工兵连、第31步兵旅直属通信连、第407卫生连于2月27日前出到普杰。第17拉吉普特来复枪联队（欠1个连）已经进驻普杰。2月26日，印度陆军总司令部下令向前线的艾哈迈德巴德（Ahmedabad）调7个警察连兵力，同时下令1个伞兵营24小时待命，随时准备开赴肯杰尔科特，参加夺回作战。

作为回应，巴基斯坦陆军也命令第8步兵师师长蒂卡·汗少将（东巴暴乱后镇压"孟加拉国民解放军"的军管长官）负责指挥肯杰尔科特地区所有印地别动队，采取一切有效措施反制印军进攻。与此同时，蒂卡·汗少将还命令巴军第51步兵旅群做好战斗准备，如有需要立即顶上去打。3月6日，蒂卡·汗命令第8边防联队开赴哈登（Khadan），以连规模兵力增援拉希姆－基－巴扎尔和肯杰尔科特两地，并在肯杰尔科特地区部署迫击炮和机枪。3 月 9 日，蒂卡·汗拜访了第 51 步兵旅司令部，命令旅长 M. 阿扎尔（Azhar）准将往温吉（Vingi）和肯杰尔科特半途的迪普洛（Diplo）南面移动。第 51 步兵旅所属的第 6 俾路支联队原本驻卡拉奇，也奉命紧急赶往海得拉巴，担任第 51 步兵旅预备队。

　　按照巴基斯坦官员的说法，印军为了加紧在库奇兰恩地区集结兵力，在公路和小道部分路段的沼泽和沙质地铺设钢板，并在堑壕和掩体加盖顶，特别是维戈科特（Vigokot）、肯杰尔科特和温吉等地区。巴方还声称，在部分地区，印度人修了大量掩体工事，当地巴军的印地别动队因兵力和武器装备不足没能夺回该地。

　　可实际上，巴军不仅在巴丁地区拥有 2 辆坦克、4 门 25 磅野战炮、3 辆装甲车和充足的兵力，还在帕布哈尔（Pabuhar，迪普洛西北）集结了足够的兵力，并在阿里班德尔建立了一个军事基地。在鲁瓦里，巴军还有 4 辆坦克、7 辆装甲车和部分兵力随时待命。印军情报部门指出，巴军在拉希姆－基－巴扎尔共有 400 名别动队员，在库尔里（Kulri）、苏勒伊、温吉、贾特勒伊（Jattalai）和肯杰尔科特各有 100 名别动队员。另据报道，别动队指挥部已经从迪普洛转移到拉希姆－基－巴扎尔。巴军 12 架战机也在巴丁机场做好了战斗准备。

　　3 月 13 日，印度的预备役警察在肯杰尔科特西南 4600 米处建立了沙尔达尔（Sardar）哨卡，有效封堵了巴基斯坦的渗透。这个哨卡特点是地形平坦，周围覆有些许植被。为了确保沙尔达尔哨卡的安全，周围还建了不少前哨，分别位于丁格（Ding）西南、肯杰尔科特东南和肯杰尔科特西南，由印度第 2 预备役警察营负责守备。事后有人说，沙尔达尔哨所的战术位置有问题，这不是陆军的意愿。

　　肯杰尔科特争端惹起的时候，印军第 1 马哈尔（Mahar）联队长 K. 孙达尔吉（Sundarji）中校（最终他官拜陆军参谋长）代行旅长权力。他身着警察制服侦察了肯杰尔科特地区，并向上级建议出兵夺回肯杰尔科特。遗憾的是，印度政府没有批准这个建议，只批准建立沙尔达尔哨所。印度中央预备役警察 4 个连在卡迈尔·辛格（Karnail Singh）少校的率领下赶到肯杰尔科特地区，换下了库奇预备役警察。卡迈尔·辛格少校在塔克哨所派了 1 个连，其后方 2 公处里又新设了一个阿德姆（Adm）哨所，同时频繁在这些哨所西面的两个小岛进行武装巡逻。印军第 1 马哈尔联队的斯哈尔马（Sharma）少校下令从联队里抽调 4 名下级军官和 15 名士官支援卡迈尔·辛格少校。

　　作为对印军建立沙尔达尔哨所的反应，巴基斯坦方面随即在沙尔达尔哨所东北的丁格也针锋相对地建了一个排级哨所。不甘示弱的印军又在沙尔达尔哨所北面 0.5 到 1 公里处朝着丁格方向的位置新建一个警察哨（1965 年 4 月 5 日建）。这个哨所的建立是防范巴基斯坦干扰印度中央预备役警察巡逻的重要措施。

代号 "箭头演习"

　　1965 年 3 月 26 日到 28 日，印度陆军和印度海军在库奇湾的门达维（Mandavi）海港举行代号 "箭头行动" 的大规模军事演习。为了威慑巴基斯坦，印度海军出动了 "维克兰特" 号航空母舰，舰载机呼啸升空，上演

▲ 印度和巴基斯坦的库奇争端

了陆空支援的战斗场面。这次演习让巴基斯坦警惕起来，开始迅速集结兵力。

印军南方军区司令部很快获得情报，得悉巴基斯坦在肯杰尔科特纵深沙丘地区部署了强大的正规部队，并在帕布哈尔布置了一个步兵营战斗群，保护两翼的同时也充当预备队。据估计，巴军还在帕布哈尔—沙丘地区部署了 4 辆坦克、7 辆装甲车和 1 个野战炮兵团。尽管如此，印军判断，巴军能对库奇边界真正出动的兵力不过 1 个步兵营而已。4 月 8 日，巴基斯坦空军又把 2 个 F86 "佩刀" 喷气式战斗机中队调到巴丁。尽管巴军频频进行军事调动引起了印度方面的抗议，但巴方辩称这不过是对印军兵力调动的正常反应而已。

事实上，一场风暴很快就在库奇兰恩掀起。

沙漠之鹰

根据巴军艾哈迈德少校所著的《巴基斯坦陆军史》一书记载，巴军情报部门已经提前获知了印军准备对肯杰尔科特实施攻击的计划，为了粉碎印军的企图，巴军决定以第 51 步兵旅先发制人。巴军第 8 步兵师师长蒂卡·汗少将亲自拟定了代号 "沙漠之鹰 –1" 的作战计划。4 月 7 日清晨，在组织侦察后，巴军第 51 步兵旅旅长阿扎尔准将决心以第 18 旁遮普联队和第 8 边防联队两个营的兵力攻击沙尔达尔哨所。巴军判断，该哨所由印度一个中央预备役警察营（营部和 3 个连）把守，部署方式是 1 个连在前，2 个连在后呈品字形。第 4 个连正在西北约 1300 米的一个旱岛巡逻，并于 4 月 5 日靠近了哨所。巴军的侦察工作比较到位，他们还查明了沙尔达尔哨所地区周围印军三个营地，并把东面营地标注为 A 地，西面营地标注为 B 地，后方的营地标注为 C 地。在沙尔达尔哨所东西两翼剩下的两个印军小哨所，则被巴军标注为 "丛林哨所" 和 "树丛哨所"。此外，巴军还在 A 地和 "树丛哨所" 之间又新发现了一个小哨所。

根据巴军拟定的计划，他们打算以第 18 旁遮普联队和第 8 边防联队各 2 个连的兵力从东北偏东方向对沙尔达尔哨所展开攻击，撕开突破口后主力迅速跟进。第 18 旁遮普联队作为左翼先锋营首先展开攻击，任务是打下沙尔达尔哨所的 A 地，并准备打击从东南方向反扑的印军。第 8 边防联队作为右翼攻击营，负责打下沙尔达尔哨所的 B 地，然后和第 6 俾路支联队换防。整个战斗过程中，第 6 俾路支联队作为巴军第 51 步兵旅随时做好包抄沙尔达尔哨所背后的准备。在第二阶段，第 6 俾路支联队和第 8 边防联队换防，第 8 边防联队改做巴军第 51 步兵旅预备队，而第 6 俾路支联队的任务是继续前进，打下 C 地、"丛林哨所" 和沙尔达尔哨所东北的 "岛"（指在盐碱地突起的小圆丘）。

蒂卡·汗少将决心在 4 月 7 日夜到 4 月 8 日凌晨发起 "沙漠之鹰 –1 号" 行动。然而，第 8 边防联队和第 18 旁遮普联队没有按时完成集结，进攻时间被迫推迟到 1965 年 4 月 9

日凌晨01点00分。尽管进攻时间推迟了一天，但巴军第51步兵旅两个攻击联队的协同还是很糟糕。

根据印方记载，巴军在猛烈的炮火准备后，于1965年4月9日凌晨03点30分从北面和西北两个方向，以1个旅规模的兵力对沙尔达尔哨所展开攻击。这次进攻，巴军得到了第14野战炮兵团和第83重迫击炮连支援。巴军第18旁遮普联队和第8边防联队于01点45分开始出击。在丝毫没有被印军察觉的情况下，于03点30分扑到沙尔达尔哨所跟前。整个战斗过程中，担任巴军第51步兵旅预备队的第6俾路支联队也投入了战斗，打下了夏里马尔哨所，把守卫该哨所的印度警察逼走。虽然第6俾路支联队打得不错，但主攻方向的第18旁遮普联队却出了问题，他们走着走着便迷了路，结果鬼使神差竟然和第8边防联队攻击方向重叠，造成了极大的混乱。在这种情况下，巴军根本没法展开协调一致的攻击。最终，巴军第51步兵旅下令第18旁遮普联队和第8边防联队立即撤退。实际上，巴军1个连在进攻中顽强冲进了沙尔达尔哨所，但还是被印度警察击退。这次战斗结束后，巴军总结认为由于"低估"了沙尔达尔哨所的印军兵力规模，加上主攻方向选择不当和进攻部队之间毫无协同，导致巴军冲击的2个营被印军步兵轻武器打得抬不起头，并蒙受惨重损失。

事实上，巴军第51步兵旅的进攻还是取得了成效。战斗中，沙尔达尔哨所的许多印度中央预备役警察迫于巴军强大的进攻压力，放弃阵地退到维戈科特。16点00分，巴军又用标示各种颜色的炮弹对沙尔达尔哨所进行轰击，迫使剩下的印度中央预备役警察也撤走了。或许是默认了中央预备役警察的退

却行为，第31步兵旅旅长帕哈拉贾尼准将从第1马哈尔联队长 K. 孙达尔吉中校手中收回指挥权，然后正式命令中央预备警察从沙尔达尔哨所周围撤退。这次战斗是印巴双方在库奇兰恩冲突中的首战。双方损失都不小：

巴基斯坦：战死4名军官和30名士兵，被俘4名士兵

印度：战死4名中央预备警察，负伤5人，被俘1名军官（卡迈尔·辛格少校），失踪1名下级军官（巴尔德沃·辛格）和17名士官士兵

根据巴基斯坦艾哈迈德少校的记载，这次战斗巴军宣称仅在 B 地就清点到50具印军尸体，无线电监听证实印军损失200人，还有21人被俘（包括卡迈尔·辛格少校），巴军第51步兵旅5人战死（包括第83重迫击炮连的纳扎尔·侯赛因上尉）、16人负伤和4人失踪。

战斗结束后，印军第2锡克轻步兵联队在孙达尔吉中校的随同下，返回沙尔达尔哨所周围，侦察巴军是否确实占领了哨所。按照孙达尔吉中校的说法，他发现巴军尸体躺满哨所周围。他捡起了巴军的一些武器、弹药和装备，同时还发现了中央预备役警察丢弃的大量武器、弹药和装备。

接着，印军第31步兵旅旅长帕哈拉贾尼准将也视察了哨所。印度警察署长据报和

▲ 以传统锡克教仪式祭奠牺牲战友的锡克士兵

帕哈拉贾尼准将同行。署长担心巴军很可能又要对中央预备警察2个连把守的维戈科特哨所展开攻击，因而下令撤退。4月9日，印军第17拉吉普特来复枪联队C连于19点15分抵达维戈科特哨所。不久，第2锡克轻步兵联队也在哨所周围组织阵地。与此同时，印军第11野战炮兵团也进驻德拉姆沙拉（Dharamsala）。4月11日08点00分，印军第11野战炮兵团1个连又在维戈科特展开炮群。当天，印军第2锡克轻步兵联队1个巡逻队（连级）前往沙尔达尔哨所周围。同时，驻卡沃达的印军第1马哈尔联队也奉命前往沙尔达尔哨所。4月12日08点00分，印军第1马哈尔联队抵达目的地。见到第1马哈尔联队的到来，第2锡克轻步兵联队的巡逻队安心返回。既然沙尔达尔哨所无虞，第2锡克轻步兵联队马上又派出第二支巡逻队（排级规模）前往查证巴军是否还占据肯杰尔科特。结果，巡逻队报告巴军2个连在1门无后坐力炮的支援下，仍牢牢占据肯杰尔科特。双方继续形成对峙态势。

巴军第51步兵旅虽然没有再对沙尔达尔哨所展开第二次步兵冲击，但却一连多日继续组织榴弹炮群和迫击炮群猛烈打击沙尔达尔哨所和维戈科特哨所，引发双方激烈交火。根据孙达尔吉中校的说法，第1马哈尔联队几次要组织对巴方控制区的袭击，都被第31步兵旅旅长帕哈拉贾尼准将制止。

4月14日11点40分，巴基斯坦空军总司令阿什哈尔·汗元帅和印度空军总司令阿尔金（Arjan）·辛格元帅通话，提议两国空军战机都不要飞临"争议地"肯杰尔科特上空，避免引起空战。他还补充说，巴基斯坦空军没有一架飞机驻巴丁机场，也不打算介入肯杰尔科特的冲突。他同时还建议两国战斗机

▲ 胜利的巴军在拉贾斯坦邦某个印度古堡升起国旗

和轰炸机不要进入边界16公里的范围，避免发生空中冲突。印度空军总司令阿尔金·辛格元帅同意他的意见，但却补充一点，印度空军要使用直升机和运输机给前线各个哨所补给。他还特别照会阿什哈尔·汗元帅，称巴军2架炮兵观察机"侵入"肯杰尔科特上空。面对印方的指责，阿什哈尔·汗元帅赶紧解释说这是巴基斯坦陆军的飞机，他会就此和巴基斯坦陆军交涉，责成陆军不再有类似行为。根据艾哈迈德的说法，巴方飞机还是不断飞过肯杰尔科特上空。面对巴空军的一再"越界"，双方空军再次交涉。但巴方还是否认，双方会谈无果而终。从4月15日开始，巴基斯坦在争议区附近单方面组织防空演习，在肯杰尔科特周围部署的防空部队全部参加。

在巴军展开大规模防空演习的同时，印度陆军也开始大规模调整在库奇地区的防御部署。1965年4月10日，敦恩（Dunn）少将（后升任第1军军长，官拜中将）担任陆军总司令部驻古吉拉特邦（军分区）联络官。4月17日，印军在库奇地区的作战部队统一编成科利部队，敦恩少将成为科利部队指挥官。截至4月20日，科利部队指挥部改编为科利地区指挥部。4月17日还归南部军区节制的第50独立伞兵旅（欠1个营）于4月20日赶来，

编入科利地区部队。

当时，巴基斯坦陆军在争议区兵力部署情况如下：

第 8 步兵师师部，驻信德省海德拉巴

塔克司令部，驻巴丁（4 月 22 日）

第 51 步兵旅部，驻扎拉希姆－基－巴扎尔

该旅下辖：

第 18 旁遮普联队、第 8 边防联队、第 6 俾路支联队、第 15 边防联队 1 个排、第 14 野战炮兵团、第 83 重迫击炮连、第 25 野战炮兵团所属 81 连，与沙尔达尔哨所正面对峙

巴军第 6 步兵旅群，驻迪普洛以南 8 公里（正对查哈德贝特）

第 6 旁遮普联队（欠 2 个连），驻贾特赖（Jatrai）

第 25 野战炮兵团（欠 1 个连）

第 15 旁遮普联队（欠 1 个连）、第 25 野战炮兵团 1 个连、第 88 迫击炮连 1 个排，驻温吉

第 2 边防联队，驻贾特赖（4 月 23 日）

巴军预备队

上述各个联队各抽调 1 个连，驻希雷乔戈特（Sirey Jo Got）

12 个骑兵分队和 14 个骑兵中队

陆军航空单位：有 4 门厄利孔 20 毫米机关炮

此外，巴军第 3 工兵营 1 个排、第 63 轻型野战修理所、高射炮营、第 11 宪兵分队、巴军特勤排也集结在这一带。

印度陆军在冲突地区的兵力部署是：

第 31 步兵旅群司令部，驻宾格（Bhing）

第 1 马哈尔联队，驻沙尔达尔哨所

第 2 锡克轻步兵联队，驻维戈科特

第 17 拉吉普特联队（欠 2 个连），驻德拉姆沙拉

第 17 拉吉普特联队 1 个连，驻查哈德贝特

第 17 拉吉普特联队 1 个连，驻贝拉

古吉拉特邦预备役警察连，驻 84 号哨所

古吉拉特邦预备役警察连，驻哈努门塔来（Hanuman Talai）

第 2 掷弹兵联队，驻苏伊根—纳加尔帕尔卡尔轴线

第 11 野战炮兵团和第 16 野战炮兵团 73 连将提供炮火支援，前者支援沙尔达尔哨所—维戈科特的部队，后者支援第 2 掷弹兵联队。

在组建科利地区部队的同时，印度陆军还向冲突争议区派出大量兵力，部署如下：

第 50 伞兵旅司令部，驻卡沃达

第 2 伞兵联队司令部，驻德拉姆沙拉

第 2 伞兵联队 B 连和 A 连 1 个排，驻 84 号哨所的绿号阵地（德拉姆沙拉北面 6 公里）

第 3 伞兵联队司令部，驻德拉姆沙拉

B 连，驻 84 号哨所

C 连，驻比阿尔贝特（Biar Bet）

第 4 伞兵联队，驻 183 号哨所（德拉姆沙拉和提道西南）

4 月 17 日，印军在维戈科特地区完成了反坦克地雷带的布设，4 月 23 日，沙尔达尔哨所前方的雷场布设也宣告完成。为了有效打击巴军坦克，印军还把 106 毫米无后坐力炮和 3.5 英寸"超级巴祖卡"火箭筒调上一线。

在第一次夺取沙尔达尔哨所失败后，巴基斯坦陆军继续增兵肯杰尔科特地区。巴基斯坦陆军总司令部给第 8 步兵师的任务是保持现状和对争议区内的印军进行有效阻止："此外，如果印度人不停止对别动队哨所和巡逻干涉挑衅的话，作为回应，第 8 步兵师将前出夺取和最大限度控制争议区，也就是

维戈科特和古鲁塔拉奥之间的印军未控区。"

4月10到19日,印巴双方频繁巡逻,并在空中炮兵观察哨的引导下相互炮击。4月12日,巴军一支巡逻队前出到沙尔达尔哨所时,突然遭到印军炮火急袭,伤亡6人。4月15日,在肯杰尔科特南面,巴军巡逻队又和印军发生冲突,巴军又一次付出了血的代价。值得注意的是,这些冲突在4月19日前主要集中在维戈科特—沙尔达尔哨所地区。可在4月20日,巴军在炮轰沙尔达尔哨所的同时,却突然用野战炮急袭了塞拉贝特(Sera Bet)的84号哨所。猛烈的炮击从清晨07点30分一直持续到09点30分,迫使古吉拉特邦预备役警察放弃了84号哨所。在巴军的"沙漠之鹰–2号"行动中,计划在4月20/21日夜对德拉姆沙拉的印军主要防御地带前沿的84号哨所展开蓄谋已久的攻击。

为了打好这次进攻,巴军第6步兵旅的埃夫蒂哈尔(Eftikhar)准将拟定了在4月20/21日夜对塞拉贝特和古鲁塔拉奥(Gullu Talao)攻击的计划,然后在4月23/24日夜继续进攻比阿尔贝特和查哈德贝特。根据这个计划,巴军第6旁遮普联队组织了一个突击队,由纳迪尔·佩尔维兹(Nadir Pervaiz)中尉的突击排(20人)组成,在默赫德·亚

▲ 两名巴基斯坦陆军军官正在检查缴获的印军装备

库布(Mohd.Yaqub)上尉(炮兵前进观察员)的伴随下,携带2挺轻机枪、2具火箭筒、8挺斯登冲锋枪、6条步枪和手榴弹,以及M30枪榴弹,攻击了84号印军哨所。守军被打得措手不及,在印军进入阵地前,巴军突击队就摸了上去,迅速击毙了8名古吉拉特邦预备警察,炸掉了他们的帐篷,摧毁了淡水储水柜,并放火烧毁了哨所的弹药库。伴随突击的巴军炮兵前进观察员默赫德·亚库布上尉呼叫炮兵轰击印军兵营,并引导炮火掩护完成任务的突击队安全撤退。在这次袭击战斗中,巴军突击队缴获1挺轻机枪和6支步枪。这次成功的袭击让第6旁遮普联队士气大振。由于突袭胜利,佩尔维兹中尉获得上级的通令嘉奖和受勋。

4月21日夜,巴军第15旁遮普联队也对古鲁塔拉奥哨所组织袭击。可当巴军突击队抵达目标前,据守哨所的古吉拉特邦预备警察就因巴军的炮击死伤数人而被迫乱哄哄地撤了下去。

在巴军全面袭扰的情况下,印军决心还以颜色。科利地区部队司令部命令第3伞兵联队B连占领塞拉贝特,第3伞兵联队B连轻松完成了任务。4月20日,印度第71中型炮兵团和第70、78两个野战炮兵连也赶到了战场。4月23日,这两个野战炮兵连前出到维戈科特(Vigokot)西南地区。虽然巴军往争议区投入了坦克,但印军在库奇地区却没有坦克应对。4月21日到23日之间,巴军继续投入坦克,并实施战斗侦察,同时继续维持炮击力度。虽然孙达尔吉中校根据坦克发动机轰鸣声和其他迹象,准确判断出巴军在争议区投入了坦克,但印度陆军情报部门却否认巴军往该地区派出坦克。孙达尔吉中校还指出,部分巴军坦克在盐碱地行进时发生

淤陷，可印军情报部门同样充耳不闻，对巴军坦克的低估很快带来了严重的后果。

"沙漠之鹰 –2"号行动结束后，巴基斯坦陆军第 8 步兵师师长蒂卡·汗少将也全面评估了库奇兰恩地区的形势。他的第 8 步兵师主力集中在迪普洛地区，进可攻退可守。为了对迪普洛南面展开攻击，他拟定了代号"阿尔法"计划，摧毁查哈德贝特—德拉姆沙拉—维戈科特—卡里姆·夏希地区的印军部队。巴基斯坦空军也做好了战斗准备，随时准备出动攻击该地区集结的印军部队。4月 23 日，第 8 步兵师师长蒂卡·汗少将接到巴基斯坦陆军总司令穆萨上将的命令："第 6 步兵旅群最迟要在今天 18 点 00 分从贾特勒伊南面前出到比阿尔贝特。尽早拔除敌人在比阿尔贝特的哨所，然后挖壕固守和埋雷，组织环形防御，诱引敌人反扑，（在打敌反扑中）最大限度杀伤敌人。没有陆军总部的允许，绝不能从该阵地后退半步。不准进攻查哈德贝特。"

为了确保打则必胜，蒂卡·汗少将从第 51 步兵旅防区的预备队中抽调了第 24 骑兵联队 1 个中队和第 12 中型炮兵团（欠 2 个连）配属给第 6 步兵旅群（4 月 23 日 20 点 00 分生效），预定在 4 月 24 日拂晓时刻展开攻击。

对于巴军的跃跃欲试，印度完全误判了巴基斯坦的意图。印度认为巴军在冲突区的兵力仅够防御而已。按照沙尔达尔哨所的经验，印军完全应该警惕巴军任何新的突袭。可印度人却认为，巴基斯坦应该知道 5 月 15 日以后雨季要来临，在恶劣的天气条件下，印军也要把部署在争议区的兵力撤到库奇兰恩南部。可能是基于这个判断，印军轻敌了。也有说法是科利地区部队兵力不足，仅够专守防卫、积极巡逻和对巴军哨所进行炮火袭

▲ 巴军在战斗结束后召开新闻发布会，展示缴获的印军武器装备，供记者们拍照

扰而已，科利地区部队似乎不会遭到巴军大规模进攻。可事情发展却完全出乎印军所料。

当时，塞拉贝特的 84 号哨所由 P. P. 辛格少校指挥的印军第 3 伞兵联队 B 连把守，该部得到第 17 伞降野战炮兵团 1 个排和中型机枪、无后坐力炮各 1 个班的支援。4 月 23 日 18 点 00 分，辛格少校派出一支巡逻队在斯哈尔马少尉的率领下往杰特塔拉伊出巡，探察敌情。然而，这支巡逻队遭到了巴军伏击，无人生还。当晚，第 3 伞兵联队 B 连听到履带式和轮式车辆开动发出的巨大声响。从 4 月 24 日 03 点 00 分起，84 号哨所连续遭到巴军密集的炮击。接着，巴军以 1 个营的兵力排成战斗队形，于 06 点 00 分出现在 84 号哨所西北 1090 米处。伞兵马上组织炮兵、中型机关枪和 3 英寸迫击炮对巴军实施拦阻射击，巴军暂停前进，印军的火力打击似乎奏效了。可在 07 点 15 分，巴军坦克（中队规模）从西北偏北 1400 到 1800 米处冲了过来，M113 装甲运兵车也迅速跟进。印军第 3 伞兵联队 B 连随即组织 25 磅野战炮和 106.6 毫米无后坐力炮打坦克，并宣称打坏巴军 3 辆坦克。可巴军坦克火力还是持续不断地打击印

军阵地。密集的坦克炮弹在印军伞兵堑壕和临时炮兵阵地内落下。接着，巴军坦克采取运动－射击战法，前出到印军第3伞兵联队B连阵地前沿700到800米处，组织火力打击。意识到这是一场不对等的较量后，辛格少校命令第3伞兵联队B连在25磅野战炮、3英寸迫击炮和106毫米无后坐力炮掩护下撤退。在这次战斗中，印军第3伞兵联队B连宣称毙伤巴军100人，B连损失为1名士兵战死、2人负伤、9人失踪（包括1名军官），84号哨所落入巴军之手。

根据巴军少校S.艾哈迈德所著的《巴基斯坦陆军史》一书记载，这次巴军第6步兵旅群进攻代号"沙漠之鹰－3"号行动，由埃夫蒂哈尔准将指挥。主攻手是第6旁遮普联队，作战计划如下：

1. A连和B连担任第一梯队，C连和D连在背后275米跟进。联队指挥部在一个引导队背后跟进，于A连和B连间共同参加攻击。

2. A连任务是夺取目标区左半部，B连则夺取目标区右半部。

3. 一旦攻击受挫，马上呼叫炮火支援。对目标区的集中炮击行动听联队长指示。

艾哈迈德称，在向塞拉贝特的84号哨所发起攻击运动过程中，巴军第6旁遮普联队伏击并活捉了印军一整个巡逻队，未发一弹就俘虏了包括印军第3伞兵联队B连的斯哈尔马中尉和3名士兵。在巴军第15野战炮兵团B连的支援下，第6旁遮普联队强攻打下了84号哨所。1965年4月24日07点30分，巴军在84号哨所升起国旗。与此同时，巴军第15旁遮普联队还从温吉对查哈德贝特展开佯攻，试图牵制印军注意力。

4月25日15点00分，在烟幕的掩护下，巴军3辆坦克试图继续往84号哨所西南方向突击，但被击退。

丢失比阿尔贝特

攻下84号哨所后，巴军的注意力又转到84号哨所约13公里的比阿尔贝特。4月25日16点30分，巴军一支巡逻队乘坐3辆M113装甲运兵车，直接冲击在比阿尔贝特的印军第3伞兵联队A连阵地。该连由库马尔（Kumar）少校指挥，并得到第17伞兵联队一个小分队，以及106.6毫米无后坐力炮、中型机枪和3英寸迫击炮各一个分队的支援。在印军火力打击下，巴军巡逻分队被迫撤回84号哨所。17点50分，巴军步兵搭乘M113装甲运兵车，在12辆坦克的掩护下试图迂回绕过比阿尔贝特。为了粉碎巴军的进攻，印军赶紧向比阿尔贝特据点增派了2门106.6毫米无后坐力炮和一个中型机枪排，以及装载

▲ 美制超级巴祖卡火箭筒，这是印度陆军在1965年大量使用的制式单兵反坦克武器，对付美式M47/M48坦克效果一般

1 个排兵力的吉普车。

4 月 26 日，从 05 点 00 分起，巴军用榴弹炮和迫击炮对比阿尔贝特进行为期一个小时的间断射击。接着，巴军步兵在东北偏北 1800 米外排成攻击队形，乘坐 M113 装甲运兵车，在 13 辆坦克支援下再次攻打比阿尔贝特。巴军的打法十分丰富，当步坦协同冲到印军阵前 730 米处时突然释放烟幕掩护。与此同时，部分坦克和步兵也在西北偏北 1300 米外时隐时现，分散了印军的注意力。

面对巴军的步坦协同冲击，印军组织炮兵和无后坐力炮抗击。但巴军坦克群推进时掀起的漫天尘埃加上无后坐力炮弹爆炸的硝烟，遮挡了印军射手的视线。尽管如此，印军伞兵无后坐力炮手还是将巴军 3 辆 M48 "巴顿" 式坦克打成火炬，还打坏了另 3 辆坦克。可巴军坦克数量太多，达 2 个中队规模，且不断采取运动射击法突击印军第 3 伞兵联队 A 连阵地。虽然印军第 2 伞兵联队 1 个分队试图赶来增援，但自己的据点也从 07 点 20 分起遭到巴军猛烈的炮火打击而自顾不暇。眼看没法击退巴军冲击，印军第 3 伞兵联队 A 连只得在炮火的交替掩护下撤了下来。在整个战斗中，印军第 3 伞兵联队 A 连仅损失 1 辆载着 106.6 毫米无后坐力炮的吉普车，战死 1 人、负伤 6 人、5 人失踪，宣称毙伤巴军 140 人。

巴军方面记载稍有不同。战前，巴军第 6 步兵旅旅长埃夫蒂哈尔准将在 4 月 24 日和 25 日，组织对比阿尔贝特地区的周密侦察，最大限度掌握了进攻地带的地形情况。巴军第 15 边防联队 B 连连长沙科奥尔·金（Shakoor Jan）少校奉命带着电台，率一支机动巡逻队前往塞拉贝特担任攻击先锋。巴陆军 1 架侦察机也飞临比阿尔贝特上空监视印军动态，

并引导炮火支援。按照旅长埃夫蒂哈尔准将的命令，巴军进攻部队将从西面沿着 270 度方位行进 8 公里，然后折向南以 180 度方位行进 5 公里，随后展开战斗队形，向塞拉贝特展开攻击。巴军的战斗部署是这样的：第 15 边防联队 B 连打头阵，第 24（装甲）骑兵联队 1 个中队（M48 坦克）、第 15 边防联队的重迫击炮群和第 2 边防联队步兵（乘车机动）以及第 15 旁遮普联队 2 个连依次跟进。

4 月 26 日 05 点 00 分，巴军按计划开始接敌运动。但一开始就出了问题。由于库奇兰恩盐碱地松软度不一，2 辆领头的坦克完全淤陷，只有 8 辆坦克能继续前进。按照规定，进攻各连都得到了 1 个坦克排、1 个战斗工兵排支援并配有炮兵前进观察员。05 点 30 分，当巴军步坦联合进攻队形抵达攻击出发点（距塞拉贝特 1829 米）时，印军组织炮兵火力和机枪火力抗击。艾哈迈德少校认为，印军过早射击暴露了自己的位置，帮助巴军顺利发现目标。如果印军能再忍耐一会，把巴军放近来打，那么巴军很可能会蒙受更大的损失。尽管如此，巴军第 2 边防联队还是在印军火力打击下蒙受 8 死 2 伤的代价。当巴军坦克群缓缓向前运动时，印军又组织无后坐力炮猛烈射击。可当巴军坦克群进一步靠近时，印军为了避免被歼放弃了阵地。印军一个炮兵分队试图阻击巴军指挥坦克失败后，扔下火炮逃走，后被巴军完整缴获。此外，巴军还缴获印军遗弃的大量武器装备，除开抓获的 4 名战俘外，巴军宣称毙伤印军 40 多人。08 点 00 分，巴军在比阿尔贝特升起了国旗。

巴军攻下比阿尔贝特后，双方陷入僵持状态，战斗行动仅限于相互炮击和巡逻。4 月 27/28 日夜却发生了一个小插曲，印军 7 辆 3

◀ 巴军缴获的印军超级
巴祖卡火箭筒

吨载重卡车满载物资闯进了巴军控制的比阿尔贝特，除了 1 名下级军官逃脱外，印军车队连人带车全部被扣。

与此同时，巴军也调整部署。巴军第 8 步兵师师长蒂卡·汗少将命令得到第 24（装甲）骑兵联队（欠 1 个中队）加强的第 6 步兵旅集中到吉特赖地区，准备打敌反扑。巴军第 15 边防联队 B 连进至比阿尔贝特前方 3 英里，防范印军进攻。比阿尔贝特据点则由第 2 国边防联队和第 15 旁遮普联队各 2 个连把守。除了协调指挥各个步兵联队战斗外，第 6 步兵旅司令部还和驻吉特赖的巴军第 25 野战炮兵团、驻拉希姆－基－巴扎尔的第 12 中型炮兵团 2 个连保持密切联系。另外，巴军第 38 野战炮兵团 1 个连和第 88 迫击炮连也部署就位，预先测好了印军所有可能反扑路线的射击诸元。4 月 27 日到 29 日，巴军和印军展开激烈炮火对射。巴军统计，野战炮群和中型炮兵群各打了 220 发和 2000 发炮弹，迫击炮也打了 325 发炮弹，宣称重创当面印军炮兵，己方仅有第 88 迫击炮连 2 死 3 伤的损失。

"沙漠之鹰－2"行动，让库奇兰恩冲突达到了顶峰。印巴双方均开始总动员。巴基斯坦方面指责印度"霸占"库奇兰恩地区，首先开始总动员。4 月 26 日，印度国防部长 Y. B. 切文（Chavan）宣布印度武装力量也提高战备等级。印度国防部宣布"取消军人一切休假和外出，召回所有休假和外出人员。

火速提升战备等级"。印度国防部同时表态，声称提升战备等级不仅是为了应对库奇兰恩的冲突，而且是为了防范巴军沿印巴边界的全线挑衅。

当印军沿着西部国境线全部进入阵地做好战斗准备的时候，巴基斯坦陆军总司令默赫德·穆萨上将也命令巴军全部进入阵地，做好 12 小时待命准备。巴基斯坦国内的铁道部门也调整了运行计划，军事调动列为特优级别。巴基斯坦海军和空军也做好了战斗准备。巴基斯坦陆军第 52 步兵旅群和第 21 步兵旅群也奉命从奎达（Quetta）开赴信德省的海得拉巴，增援库奇兰恩的巴军第 8 步兵师。第 8 步兵师师长蒂卡·汗少将也准备用第 12（装甲）骑兵联队 1 个中队和部分步兵组成机动反突击部队，随时粉碎印军对库奇兰恩的巴军第 8 步兵师的进攻威胁。

虽然库奇兰恩冲突让印巴两国绷紧了弦，可两国都十分清楚雨季在即，这里可不是大打出手的地方。于是，双方在战场上打得火热，外交斡旋也在加紧进行。1965 年 4 月 28 日，英国首相哈罗德·威尔逊分别致信印度总理拉尔·巴哈杜尔·夏斯特里（Bahadur Shastri）和巴基斯坦总统阿尤布·汗（Ayub Khan），表示国际社会和西方严重关切印巴双方在库奇兰恩的冲突。哈罗德·威尔逊建议先停火再撤军，双方恢复到 1965 年 1 月 1 日前的态势，然后两国政府展开对话。印巴双方接受了英国的建议。巴基斯坦总统阿尤布·汗对英国的建议尤为满意，因为英国支持巴基斯坦提出信德—库奇边界存在争议的立场。印度虽然也接受了英国的提议，但作为补充，夏斯特里还是向阿尤布·汗发出警告："如果巴基斯坦放弃谈判，坚持侵略行径的话，我们的军队也将为了捍卫领土而战。"

1965 年 5 月 1 日，印军科利地区部队下令停止一切进攻行动。但双方仍频繁巡逻。1965 年 6 月 23 日，印军宣布换防，第 11 步兵师（师长：N. C. 拉沃尔莱伊少将）取代科利部队，接过库奇兰恩地区防务。

停火协议

在国际社会的斡旋下，印巴双方于 1965 年 5 月和 6 月就停火协议展开艰苦谈判。最终，在英国首相哈罗德·威尔逊的努力下，印巴双方谈判代表于 1965 年 6 月 30 日在停火协议上签字，停火从 1965 年 7 月 1 日 06 点 00 分起生效。停火协议主要条款如下：

1. 印巴双方在古吉拉特邦—巴基斯坦西部国境线之间地区要恢复到 1965 年 1 月 1 日前的状况。

2. 争议区双方所有武装部队要在 7 天内撤退完毕。

3. 印度警察可以重新在查哈德贝特哨所部署和 1964 年 12 月 31 日相同的警备力量。

4. 印巴双方（边防）警察只能沿着 1965 年 1 月 1 日前所经巡逻路线巡逻，巡逻（兵力）规模不得超过 1965 年 1 月 1 日以前的规模。

5. 停火后一个月举行部长双边会议，商讨解决边界争端和划界问题。

6. 如果两国在 2 个月停火期内的部长双边会议没有达成任何协议，则两国政府应考虑 1959 年 10 月 24 日的联合公报，在停火期 4 个月内申请联合国组织国际法庭仲裁。

停火协议签署后，印军于 1965 年 7 月 8 日 06 点 00 分从"堤道"南面撤退。虽然印军在撤退时没有排出争议区里埋设的 417 枚地雷（13 枚反坦克地雷和 404 枚防步兵地雷），但都在雷场区插牌标示并拉起警戒线。与此

同时，印度两个中央预备役警察营也在南部军区节制下，重新于苏伊根、贝拉和查哈德贝特建立哨所。卡里姆·夏希哨所是否重建还要考虑季风的影响。由于双方停止了敌对行动，印度边防警察也减少了巡逻频率，由冲突时期的一天一次改为一周一次。

停火协议签署后，印度和巴基斯坦外长从 1965 年 8 月 20 日起举行双边谈判，但双方意见相去甚远，谈判没有任何进展。10 月 7 日，印巴双方决定把库奇兰恩边界争端提交国际法庭仲裁。巴基斯坦政府和印度政府分别提名前伊朗外交大臣兼伊朗驻联合国代表纳斯罗勒莱赫·埃恩特扎姆（Nasrollah Entezam），和南斯拉夫著名的宪法法院（Constitutional Court）法官阿莱什·贝卜勒（Ales Bebler）出任国际仲裁委员会委员。1965 年 12 月 15 日，联合国安理会提名瑞典西部上诉法庭（Court of Appeal）代表贡纳尔·拉耶尔格伦（Gunnar Lagergren）出任库奇仲裁委员会主席。

1966 年 2 月 19 日，库奇仲裁委员会在日内瓦举行第一轮会议。仲裁委员会听取了印巴两国意见和审阅了两国提交的材料后，于 1968 年 2 月 19 日宣布了印巴两国最终接受的仲裁结果。印度的基本要求得到满足，库奇兰恩全部划归印度，新的边界正式确立为库奇兰恩（2 万平方公里）以北。巴基斯坦的要求被驳回（要求两国平分库奇兰恩）。不过，作为补偿，仲裁委员会还是判给了巴基斯坦 828 平方公里的领土，包括肯杰尔科特和查哈德贝特地区，相当于巴基斯坦原本领土要求的十分之一。比阿尔贝特、84 号哨所和沙尔达尔哨所地区仍然留在印度版图。至此，两国库奇兰恩争端正式画上圆满句号。

从军事角度来看，库奇兰恩地区作战对

印度来说，是十分困难的。相对巴基斯坦拥有较为完善的交通网，印度既没有便利的交通网，也没有足够的饮用水，在盐碱地无法有效进行白昼作战，而且也很容易在盐碱荒漠地带迷路，夜间最为明显。应该说，巴基斯坦充分利用了印度在库奇兰恩的一切弱点，展开军事行动，摸清了印度的政治底线和局部应对危机的薄弱能力。这个胜利让巴基斯坦沸腾的同时，也直接导致了 1965 年 9 月在克什米尔的冒险战争。

|第三章|
巴基斯坦的作战计划

1965 年 4 月，在库奇兰恩冲突中获胜的巴基斯坦，开始进一步寻求武力解决克什米尔问题，他们认为有限的军事冒险，是可以逼迫印度在克什米尔问题上让步的。"解放"克什米尔，是巴基斯坦最高的国家战略目标。为了达成这个目的，巴基斯坦会不惜一切代价。要实现目的，巴基斯坦的选择只有三项，要么和印度谈判，要么煽动印控克什米尔的颠覆破坏活动，要么斥诸武力。遗憾的是，巴基斯坦选择的是后两者。为此，巴基斯坦对外展开宣传攻势。他们一边扬言要用谈判方式来解决克什米尔问题，一边却秘密准备对印控克什米尔实施有限进攻。在这种背景下，印巴两国刚刚签署关于库奇兰恩冲突停火协议，巴基斯坦就开始了在查谟克什米尔新的军事冒险。

虽然巴基斯坦的"和平风"吹得很劲，可印度并没有上当。印度人警惕地看到巴基斯坦在克什米尔的军事部署丝毫没有变更，对印度的威胁／挑衅也没有减弱。尽管两国在库奇兰恩停火了，巴基斯坦陆军正规部队从印巴边界阵地撤出，但并没有退回平时的驻地。显然，巴基斯坦充分利用了库奇兰恩冲突完成动员。库奇兰恩冲突只不过是一个序幕，更大的布局还在后面。库奇兰恩停火后，巴基斯坦一面继续进行战争准备，一面按计划增加对查谟克什米尔的游击队的渗透和破坏行动，企图在克什米尔保持强势地位，对付印度的任何反应。

显然，巴基斯坦打算在克什米尔掀起一场"人民战争"，使印军疲于应付。一旦形势许可巴基斯坦将堂而皇之地以"解放者"的身份进军印控克什米尔，援助"穆斯林游击队"。时机对巴基斯坦来说，也是极为有利的。1964 年 12 月发生在克什米尔的哈札拉特巴圣物偷盗事件和 1965 年 5 月印控克什米尔当局扣押谢赫·阿布杜拉（Sheikh Abdullah）事件，给了巴基斯坦宣传机构绝好的煽动素材。

圣物事件

1964 年 12 月 27 日，印控克什米尔首府斯利那加的哈札拉特巴（Hazaratbal）神庙突然发生了神秘的圣物盗窃事件（据信被偷盗的圣物是先知之发）。这个事件深深地刺伤了印控克什米尔穆斯林的心，引起了大众的不满。

一时间，义愤填膺的穆斯林在印控克什米尔的斯利那加和周围其他城市的大街小巷集会进行抗议。圣物盗窃事件把印控克什米尔当局推向风口浪尖。巴基斯坦抓住了这个绝好的机会，开动宣传机器，大肆煽动印控克什米尔穆斯林的仇恨情绪。巴基斯坦指责印度政府涉嫌盗窃圣物，在打击印控克什米尔当局在印控区穆斯林中的威信的同时，挑起穆斯林和印度教之间的矛盾，并号召穆斯林对印控克什米尔当局和印度驻军发起新一轮圣战。巴基斯坦宣传部门还鼓动克什米尔的穆斯林们要挣脱"套在奴隶身上的枷锁"，武装起来争取独立，巴基斯坦甚至整个穆斯林世界都承诺支持印控克什米尔穆斯林的"正

◀ 对印度来说，印控克什米尔一直都是烫手的山芋。图为荷枪实弹在斯利那加执勤的印军士兵

义斗争"。在巴基斯坦的宣传煽动蛊惑下，印控克什米尔沸腾了，穆斯林纷纷准备闹事。就在局面一发不可收拾的时候，1965 年 1 月 4 日，印控克什米尔当局追回了被盗圣物，物归哈札拉特巴神庙，转眼平息了印控区克什米尔穆斯林的愤怒。

尽管如此，巴基斯坦并没有善罢甘休，他们"解放"克什米尔的决心就像锡亚琴冰川那样万年不化。为了继续打击印控克什米尔当局的威信，巴基斯坦宣传机器继续开动，声称印度所谓追回的圣物并非原物，而是赝品，目的是偷梁换柱欺骗印控克什米尔地区的穆斯林群众。巴方的宣传让穆斯林一度平息下来的怒火再次被点燃。亲巴基斯坦的穆斯林民众再次走上印控克什米尔地区各城镇的大街小巷，呼吁印度当局给个说法。至 1965 年 1 月，斯利那加市和周围各大城镇穆斯林的情绪如同潮水般汹涌澎湃，如果印度没法证明圣物是真的，那么一场轰轰烈烈的穆斯林人民战争就将到来。眼看巴基斯坦的宣传攻势即将得逞，印度当局做出了回应，让当地穆斯林组织宗教鉴定委员会，来鉴定圣物真假。幸运的是，经鉴定委员会鉴定证实，圣物确为原物，这才平息了穆斯林民众的怒气。巴基斯坦针对圣物事件的宣传攻势终于告一段落。

扣押谢赫·阿布杜拉事件

1965 年 5 月，印控克什米尔当局拘捕谢赫·阿布杜拉，又给了巴基斯坦宣传机器新的口实。在巴基斯坦政府外交部门、巴基斯坦广播电台、报纸轮番轰炸以及政治领导人大叫大嚷、出面煽动的情况下，印控区克什米尔穆斯林民众又一次举行大规模集会，巴基斯坦声援民众的"正义"诉求，要求印

控克什米尔当局就扣押谢赫·阿布杜拉做出解释。在印控当局处决了阿布杜拉后，巴基斯坦把阿布杜拉奉为烈士，并到处张贴阿布杜拉的相片，"弘扬"阿布杜拉的"英雄事迹"。巴基斯坦外交部部长阿里·布托（Z.A. Bhutto）宣称处决阿布杜拉是非法的，巴基斯坦甚至还呼吁印控克什米尔穆斯林大集会去煽动人民情绪，对抗印度当局。所幸，这个事件影响不大，没有动摇印控克什米尔当局的根基。

▲ 印控克什米尔的美景

逐步违反停火协议

虽然圣物事件和阿布杜拉事件都是绝好的机会，可巴基斯坦拼命鼓噪也没能掀起印控区克什米尔穆斯林群众的"人民战争"。在这种情况下，巴基斯坦只能逐步沿着查谟和克什米尔双方实际控制线加大武装渗透行动，给印度政府和印度军方施加压力。巴基斯坦当局认为，展开武装斗争的时机已经成熟。印军逐年在边界停止活动和消极防卫，刺激巴基斯坦陆军不断加大边界的行动力度，他们袭击桥梁，朝边界对面过往的印度车队开火，并有组织地向印控区组织穆斯林游击队的武装渗透。在凯拉尔（Kerar）、蒂特瓦尔（Tithwal）、卡吉尔、奔杰和杰纳布，巴基斯坦陆军和"拉扎卡尔斯"（巴民兵组织）异常活跃，他们修新碉堡、增派兵力，加强改善蒂特瓦尔和凯伦地区的阵地态势。双方的交火、武装渗透、越界袭击次数也急剧上升。从击毙的巴方穆斯林游击队身上缴获的文件显示，巴军早在1965年5月就完成了对克什米尔的武装渗透策划。1965年5月，巴基斯坦陆军总司令穆罕默德·穆萨上将在沿着查谟和克什米尔实际控制线巴方一侧视察部队时，就声称"巴基斯坦已经完成一切准备，

可以随时应付印度的一切挑衅"。

负责守卫巴基斯坦东部国境线的巴基斯坦边防军〔包括开伯尔（Khvber）步枪队、库尔鲁姆民兵、佐布民兵和南瓦齐里斯坦侦察兵〕也大量移驻巴控克什米尔。与此同时，巴控区的"自由克什米尔"政府也下令全境16岁到45岁公民都要参加军事训练。1965年5月27日，查谟和克什米尔穆斯林大会通过一项决议，呼吁克什米尔人民起来加入"拉扎卡尔斯"组织，并声明现在到了废除克什米尔停火线，让人为分裂的克什米尔恢复统一的时刻！

事实上，早在1965年1月开始，双方沿着查谟和克什米尔实际控制线之间的交火和炮击行动就已逐步升级。随着时间的推移，1949年1月2日达成的停火协议形同废纸，沿着克什米尔实际控制线，双方的武装冲突愈演愈烈。据统计，从1965年1月到5月，双方在克什米尔之间发生冲突1347次，比1964年增加了2倍以上（1964年发生冲突522次）。在沿着停火线交火的同时，巴方也加大了对印控区克什米尔的武装渗透力度。照此下去，双方大打出手的日子不远矣。

卡吉尔冲突

由于巴军不断违反停火协议挑起武装冲突和加大自由战士的武装渗透力度，印度在

印控克什米尔的驻军也于 1965 年 5 月一改消极防御态势，转为积极还击，给越界的穆斯林游击队最大限度的打击。在战争爆发的情况下，印军也将全力以赴应战，求得最大限度阻击巴军和杀伤对方有生力量。

由于巴军在实际控制线上占据了卡吉尔周围有利制高点，形成俯瞰印控区重要的斯利那加—列城公路（这是印控区给达拉克地区印度驻军的补给主干线）之势。卡吉尔地区夹在东北的达拉克山脉和西南的喜马拉雅山脉之间。巴军主要依托 13620（英尺）哨所俯瞰卡吉尔的印军驻地（包括当地印度驻军的旅部也在巴军 13620 哨所的俯瞰之下）。由于地利优势，巴军组织炮火有效袭扰了印军通过斯利那加—列城公路的补给运输活动，并不断组织武装渗透和突击，试图切断这条交通大动脉。1965 年 5 月 16 日，巴军大规模进攻卡吉尔地区的印军哨所，但被击退。不过，威胁并没有解除。

战斗结束后，印军第 4 拉吉普特联队 2 个侦察巡逻队冒险摸上 13620 哨所和"黑石"哨所，发现巴军在 13620 哨所、山鞍、黑石、1 号子高地和 2 号子高地各驻兵 1 个连，配备中型机枪和 3 英寸迫击炮。为了拔掉这颗"钉子"，印军第 121 步兵旅决心以第 4 拉吉普特联队、第 1 查谟联队、第 17 旁遮普联队和克什米尔民兵，在印度陆军第 3 步兵师所属的第 1 禁卫兵联队支援下展开攻击，印军第 12 查谟联队 2 个连、部分克什米尔民兵和第 85 山地炮兵团负责火力支援。印军第 121 步兵旅旅长 V. K. 盖准将下令采取包夹战法攻取目标，第 4 拉吉普特联队长苏达尔申·辛格（Sudarshan Singh）中校指挥，得到第 85 山地炮兵团（欠 1 个连）支援。从地形上看，巴军的阵地居高临下，依托陡峭的河谷和周围峭壁掩护，易守难攻。经过研究，苏达尔申·辛格中校决定从南坡组织对 13620 高地攻击。虽然地形陡峭险峻、攀爬困难，但巴军在这个方向的防御相对薄弱（认为是天险）。其实，巴军判断印军主要会从中央方向展开攻击，因此预先在这里布置了强大的兵力和火力，并埋设了地雷。

按照苏达尔申·辛格中校的命令，第 4 拉吉普特联队以 2 个连的兵力从南面进攻，夺取 13620 高地和山鞍部，第三个连从东北方向投入战斗，夺取黑石、1 号子高地和 2 号子高地。在战前的准备阶段中，印军第 121 步兵旅采取了严格的保密措施。他们没有通知卡吉尔地区周围村庄即将展开军事行动，弹药的储备和部队开进都严格限定在夜间进行，准备工作没有任何平民或马匹加入。部队开进也呈一字跟踪队形。攻击前出发阵地设在离巴军地堡不到 90 米的屯兵洞，刚好可容纳 1 个排潜伏。由于地形狭窄，印军第 4 拉吉普特联队参加攻击的 2 个步兵连只得以排为单位逐次展开兵力，完成了战前集结。

1965 年 5 月 17 日凌晨 02 点 00 分，印军第 4 拉吉普特联队 2 个连隐蔽前出到 13620 高地山顶前 90 米，突然打响了进攻。出乎意料的是，印军的进攻遭到巴军顽强抵抗。

▲ 图为正在前线视察的印军名将马内克肖和沙尔塔杰·辛格中将，他们对面是一名廓尔喀士兵

2个连受到重迫击炮、轻机枪和步兵武器的密集射击。但由于距离较短，印军一下子就冲进了巴军阵地，双方展开肉搏战，印军连长 B. S. 伦哈瓦（Randhawa）少校阵亡。紧跟着部队冲上去的第4拉吉普特联队长苏达尔申·辛格中校马上鼓舞士气，带领将士们继续冲击。随着战斗的进行，丧失了突袭因素的印军冲到山顶东北角以后，进展逐渐放缓。为了压住巴军的火力，跟随纳伊亚尔（Nayyar）少校步兵连的印军炮兵观察员 N. 达尔昆德（Darkunde）上尉呼叫炮兵密集轰击山鞍、黑石、1号子高地和2号子高地。印军的中型机枪和3英寸迫击炮也火力全开，猛打巴军阵地。03点30分，印军攻克了13620高地。接着，纳伊亚尔少校的步兵连也在04点30分拿下了1号和2号子高地。10点30分，印军又打下了黑石和山鞍。

虽然巴军抵抗非常顽强，但印军凭借兵力优势和步炮协同得当，最终还是顺利攻克了目标，巴军的尸体、武器装备、弹药和粮秣遍布一地。战斗中，印巴双方损失都很大，巴军战死2名军官和14名士兵，印军战死1名军官、2名下级军官和9名士兵，负伤1名军官和50名士兵。这次战斗是一次复杂陡峭山地攻坚战，巴军居高临下完全拥有地形优势，但印军依靠勇气和技巧，最终还是打赢了这场战斗。

丢失了13620高地后，不甘心的巴军继续加强活动，他们组织了几次反击，试图夺回13620高地，但没有成功。接着，巴军又在1965年5月18日夜和5月19日拂晓两次突击卡吉尔周围地区的印军阵地，但都被印军猛烈而准确的火力击退。接二连三的失败并没有让巴军罢手，反而更加变本加厉。沿着查谟和克什米尔实际控制线，双方在多个地点继续不断发生冲突。5月18/19日夜，巴军在从查木布（Chhamb）到奔杰之间沿着实际控制线发生了20次冲突。巴军用勃朗宁自动步枪和轻机枪朝印军打了2700多发子弹和300发迫击炮弹。1965年5月19日清晨，巴军以1个营的兵力，对门德尔西南的印军边防哨所实施冲击，但被印军击退。印军宣称击毙40名巴军，击伤多人。5月18日夜，巴军还对查木布西南的达尔拉印军哨所展开攻击，但也被击退。在蒂特瓦尔地区南部，巴军越过实际控制线的进攻也被打退，损失惨重。

夺取卡拉帕哈尔

在印军夺回卡吉尔的同时，巴军还顺势拿下了卡吉尔西面10公里长2700米的卡拉帕哈尔山脉走廊，掐住了斯利那加—列城公路。5月29日，印军第1查谟克什米尔民兵联队巡逻队发现了渗透过来的巴军。为此，印度随即向联合国申诉，指出巴军的位置已经越过了实际控制线。联合国安理会也致函巴基斯坦，要求巴基斯坦尊重1949年1月2日签订的停火协议，但遭到巴方拒绝。在这种情况下，印军决定武力驱逐巴军，务必要在1965年6月9日前恢复斯利那加—列城公路畅通。第1禁卫兵联队奉命要夺取卡拉帕哈尔。根据第1查谟和克什米尔民兵联队侦察的结果，渗透到卡拉帕哈尔的巴军兵力约200人，地形陡峭易守难攻。更糟糕的是，随着时间的推移，巴军每天都在向这里增兵。

印军第1禁卫兵联队长 M. C. S. 梅农（Menon）少校决心从北面的右岭实施突击。6月1日，他先命令1个连在右岭建立火力支援阵地，掩护营主力在右岭展开兵力，占领攻击前出发阵地。然后组织炮兵火力对卡拉帕哈尔进行 16 个小时的试射和扰乱射击，进攻时刻 H 时定为 1965 年 6 月 5 日凌晨 02 点 30 分。

右岭高程约 3600 米，从哈尔卡巴哈德杜尔（Harka Bahadur）桥出发，要攀爬一段长约 1200 米的陡峭而危险的山路。6 月 2 日 08 点 00 分，印军第 1 禁卫兵联队 A 连经过艰难的攀爬，在驱逐了巴军一支巡逻队后，在右岭建立了火力支援阵地。然而，巴军面对印军的举动并没有坐视不管，而是迅速炮轰右岭区域，并试图占领俯瞰印军攻击前出发阵地一个叫三峭壁的地点。好在印军上尉 R. S. 沙哈拉瓦特（Saharawat）率一个小分队穿过巴军弹幕，抢在巴军之前控制了三峭壁。

进攻前 2 天，印军第 85 山地炮兵团和第 1 禁卫兵联队 57 毫米无后坐力炮猛轰巴军阵地，成功在 6 月 4 日拂晓前压住了巴军火力点。6 月 5 日 01 点 30 分，印军第 1 禁卫兵联队展开攻击。一开始，印军就遭到了巴军极为顽强的抵抗。他们从各个碉堡射出密集的火力，试图挡住印军。尽管如此，印军还是在 1965 年 6 月 5 日 05 点 00 分夺取了卡拉帕哈尔主峰。接着，印军继续前进，又于 10 点 30 分夺取了观察岭（OP Ridge），重创了巴军。在攻击

▲ 巴基斯坦自由战士渗透态势图

战斗中，印军第 1 禁卫兵联队战死 7 人负伤 44 人，宣称击毙巴军 64 人，活捉 3 人。虽然打赢了攻坚战，但由于当地人害怕伤亡，没有人力和牲畜的帮忙，导致伤亡人员没法及时后送，补给前送也成问题。无奈的印军第 1 禁卫兵联队长 M. C. S. 梅农少校只得让官兵当临时军工，后送伤员和运输补给品。

然而，巴军并没对卡拉帕哈尔的失败感到气馁，他们继续试图攻取斯诺高地（Snow Peak），不惜一切代价控制斯利那加—列城公路。因此，印军第 1 查谟克什米尔民兵联队在印军 1 名炮兵前进观察员的伴随下，往斯诺高地出巡。1965 年 6 月 7 日，在积雪深

达 6 英尺的地面上，巡逻队和巴军遭遇，双方开始激烈交火。第 114 山地炮兵连的前进炮兵观察员引导炮兵准确轰击，覆盖了巴军的战斗队形。接着，印军第 1 查谟克什米尔联队在第 85 山地炮兵团 1 个连的炮火支援下将巴军赶了出去，确保了斯诺高地的安全。

这些行动的特点是：这是印度陆军自 1949 年停火以来，第一次在克什米尔地区进行的反击作战。这次战斗的胜利成功鼓舞了查谟和克什米尔驻军的士气，甚至提升了 1962 年战败后萎靡不振的陆军士气，在政治上也增强了国家形象。

这次作战胜利在许多方面值得研究学习。首先进攻战斗的目标都是海拔 4000 米以上极为陡峭崎岖的高山崖地，进攻时间多为夜间（温度在零度以下）。印军第 4 拉吉普特联队的将士们要踏过 45 毫米厚的积雪，对 13620 高地、黑石、1 号子高地、2 号子高地展开攻击。战斗中，第 4 拉吉普特联队表现出了非凡的勇气和决心。在战斗中英勇战死的 B. S. 伦德瓦少校获得了大勇士查克拉勋章。伦比尔·辛格（Ranbir Singh）上尉和布德·辛格（Budh Singh）列兵获得勇士查克拉勋章。在卡吉尔地区统筹指挥战斗的印军第 121 步兵旅旅长 V. K. 盖准将被授予一级优异服务勋章（Vishisht Seva Medal Class I）。

▲ 正接受检阅的印度陆军伞兵，这是印度陆军中和禁卫兵部队、杰特部队、锡克兵齐名的精锐之师

印军第 1 禁卫兵联队在卡拉帕哈尔攻坚战斗中的表现也同样出色。虽然巴军组织良好，处于高度警惕和时刻准备进攻的状态，而且兵员构成主要是悍勇的南瓦济里斯坦、北方部落和喀喇昆仑山地侦察兵，他们善于在高原作战，但印军第 1 禁卫兵联队还是战胜了这些巴基斯坦士兵，良好的作战计划和对计划的坚决贯彻执行，是他们胜利的保证。

在卡吉尔地区的战斗中，印军第 85 山地炮兵团给第 4 拉吉普特联队、第 1 禁卫兵联队、第 1 查谟联队和克什米尔民兵提供了强有力的炮火支援。在对 13620 高地和黑石的战斗中，第 85 山地炮兵团 3 连的 600 发炮弹和山炮（分拆）采取人力肩扛背负方式，沿着长约 1000 米的山路行进抵达炮兵阵地。所有将士，包括军官在内都要参加负重。这是印军第 85 山地炮兵团历史上第一次参加战斗，并支援第 4 拉吉普特联队进攻 13620 高地和黑石。在没有试射和对目标地测（炮兵地测）的情况下，在前进炮兵观察员呼叫支援的时候，完全对照（炮兵）地图坐标射击。火力修正主要靠临时确定的几个地物参考点。尽管如此，第 85 山地炮兵团 3 连还是打得很准，让巴军抱头鼠窜。当巴军反应过来，并对印军进行坚决阻击时，继续遭到印军第 85 山地炮兵团准确而有效的炮火打击。

在印军第 1 禁卫兵联队进攻卡拉帕哈尔的战斗中，山地炮兵部队再次提供了强有力的伴随炮火支援。战斗中，第 32 山地炮兵团所属的第 114 山地炮兵连奉印军第 121 步兵旅的命令，配属给第 85 山地炮兵团。1965 年 6 月 2 日到 4 日，当印军第 1 禁卫兵联队准备进攻卡拉帕哈尔时，第 85 山地炮兵团接到了压制削弱位置模糊的巴军阵地群的任务。1965 年 6 月 5 日，第 85 山地炮兵团第一次以团规模炮兵群，支援第 1 禁卫兵联队夺取卡拉帕哈尔和附近高地的战斗。应该说，第 85 山地炮兵团的火力计划非常出色，以准确火力覆盖了巴军防御阵地群落，保障了第 1 禁卫兵联队神速进展的同时，还大量杀伤了巴军有生力量。打下卡拉帕哈尔后，印军第 85 山地炮兵团又发现了对方新的炮兵阵地，迅速让对方"闭嘴"。

1965 年 6 月 7 日，第 85 山地炮兵团 3 连又以准确的炮火支援第 1 查谟联队和克什米尔民兵，确保了斯诺岭的巡逻战斗，压制住巴军，保证了战斗的胜利。

卡吉尔地区战斗的胜利不仅属于印军步兵和炮兵，而且工兵和边界公路修筑工人也贡献了自己的力量。第 9 边界公路部队派出民工，并向前线作战部队提供了半数粮秣和物资。甚至还在 1965 年 5 月 21 日对哈尔卡巴哈杜尔（Harka Bahadur）附近的贝利岭组织勇敢冲击，帮助哈尔卡巴哈杜尔（Harka Bahadur）岭守军解除了巴军炮火的威胁。

虽然印军完全是出于自卫逐步夺回了卡吉尔失地，目的还是为了保护斯利那加—列城的安全。1965 年 6 月 30 日，鉴于联合国安理会保证印度通过卡吉尔地区的斯利那加—列城公路的安全，因此印军下令撤出这些刚刚夺取的阵地。联合国还同意在卡吉尔地区设立军事观察站，监视卡吉尔地区的印巴双方行动是否越过 1949 年 1 月 2 日的停火线。

然而，1965 年 6 月和 7 月，双方沿着克什米尔实际控制线之间的冲突事件愈演愈烈。6 月，巴基斯坦政府进行局部动员，征召所有预备役军人，在巴基斯坦陆军节制下组织一支准军事武装——穆加希德武装（穆斯林游击队的一个番号），加大对查木布、奔杰、门德尔、蒂特瓦尔地区周围哨所的袭击力度。

虽然夏斯特里一厢情愿认为巴基斯坦不会组织圣战分子渗透克什米尔。可他的希望很快化为了泡影。从 1965 年 8 月开始，巴基斯坦圣战武装分子大规模渗透查谟和克什米尔。双方大规模战斗逐步拉开了帷幕。

是谁拟定了"直布罗陀行动"

虽然巴基斯坦口口声声说自己和渗透到查谟和克什米尔的穆斯林游击队毫无瓜葛，但通过近来巴基斯坦出版的书籍和高级陆军将领的回忆录，可以明确证实 1965 年 8 月渗透到印控克什米尔的穆斯林游击队正是巴军有组织有计划所为。巴基斯坦政府出钱出枪出场地，先是进行组织动员、训练武装，然后是渗透。这些出版书籍不仅暴露了巴基斯坦的侵略罪证，而且还证实巴基斯坦所谓的克什米尔人民"自发起义"的谎言和在查谟、克什米尔"自由战士掀起伟大革命"的无耻言论。

根据 1965 年担任巴基斯坦陆军总司令兼总参谋长的穆罕默德·穆萨上将的书里记载，大满贯计划是由巴基斯坦陆军第 12 步兵师师长侯赛因·马立克（Husain Malik）少将，在巴基斯坦陆军总司令部的协助下拟定的。作战计划得到了巴基斯坦三军最高统帅、总统阿尤布·汗的批准。1965 年 8 月，马立克少将在陆军总司令部的全权协助下，进行了多

▲ 印军在停火线扫荡战斗中连续获胜，士气骤然提升。图为印度陆军头号名将马内克肖正在和印军士兵交流战斗经验

次沙盘推演最终拟定了这个计划。穆萨上将指出"直布罗陀行动"需要自由克什米尔政府提供7000名自由战士来实施。

总的来说，整个"直布罗陀计划"是由巴基斯坦外交部部长阿里·布托、外交秘书长阿齐兹·艾哈迈德（Aziz Ahmed）和巴基斯坦陆军第12步兵师师长侯赛因·马立克少将共同拟定的。这个计划需要自由克什米尔政府出兵，并得到巴基斯坦政府的批准，指示陆军派穆斯林游击队进入印控克什米尔地区发展游击战争，引发人民起义反抗印控克什米尔"暴政"。穆萨上将的意见是扩大到对整个印控克什米尔的渗透，然后打局部进攻，但没有批准。最终经过周密的计划，决定派穆斯林游击队渗透进克什米尔，然后切断印控克什米尔境内各条重要公路，给巴军进攻创造良好的机会。

但奇怪的是，第12步兵师师长马立克少将和外交部官员拟定和实施的"直布罗陀行动"计划，而不是陆军总部的专业判断。穆萨上将坦诚道："政策制定者搞砸了专业评估，对战略形势的错误估计和对军事行动过分乐观，导致他们希望迅速在克什米尔地区展开行动并取得成绩。"

根据巴基斯坦总部的指示，在特勤团（SSG）指挥官梅赫迪（Mehdi）上校的评估下，由于时间仓促、空间太狭窄和后勤不足，以及后续支援因素欠佳，他拒绝派突击队往克什米尔渗透，这完全就是一个想象中的行动而已。然而，总司令穆萨上将虽然反对派穆斯林游击队渗透，可巴基斯坦总统阿尤布·汗却对"直布罗陀行动"抱有十足的幻想。胳膊拧不过大腿，最终阿尤布·汗总统拍板决定，实施"直布罗陀行动"。

当时，已经退休的巴基斯坦空军总司令阿斯加尔·汗（Asghar Khan）元帅，劝说时任巴基斯坦外交部部长的阿里·布托，政府应该明白"巴基斯坦对克什米尔的渗透行动不会激起印度在印巴边界的敌对行动"。阿斯加尔·汗元帅指出，做出这个决定是基于三个假设：（1）穆斯林游击队渗透进印控克什米尔地区将赢得广泛支持；（2）印度不得不限制对自由克什米尔领地的侵犯；（3）印度不可能越界。遗憾的是，这三个假设后来都被证明是大错特错的无稽之谈。

在1965年任外交部部长并于1972年出任巴基斯坦总统的阿里·布托在接受记者采访时，记者告诉他前总统阿尤布·汗似乎在为1965年的战争责备他，对于这种说法阿里·布托并没有回避自己的责任，他认为当时巴基斯坦别无选择，必须尽早对印开战，理由是趁美国和苏联给印度援建的兵工厂还没有完全投产，军力档次没有上升之际给予他们致命一击。阿里·布托解释说："截止1965年，我们在坦克和军力质量上都有显著优势。克什米尔争端没法用和平手段解决，我们可以利用自己在军事上的优势，去解决这个长期以来存在的争端……"阿里·布托表示，他并不后悔自己曾说服阿尤布·汗实施"直布罗陀行动"，派遣武装人员渗透印控克什米尔。

毫无疑问，正是"直布罗陀行动"揭开了1965年印巴战争的序幕。

|第四章|

"直布罗陀行动"

　　巴基斯坦花了相当多的时间训练准军事武装，准备对印控克什米尔进行大规模渗透，在境内组织游击战。巴基斯坦领导人和媒体一直在讨论要在印控克什米尔开始"阿尔及利亚模式"的斗争。巴基斯坦陆军总司令穆萨上将将其形容为"秘密战争"。巴基斯坦打算在宽大正面进行全方位渗透，分散印军的兵力和打击民心士气。巴基斯坦搞这个渗透作战的主要的目的是在印控克什米尔制造人为混乱和扩大破坏活动，煽动印控克什米尔的穆斯林起来反对印控当局。只要第一批自由战士渗透成功，接下来几批自由战士就可以源源不断继续渗透，继而巴基斯坦正规野战军大举进攻印控克什米尔，求得"解放"。为了配合渗透活动，巴基斯坦宣传机构开足马力，大肆对印控克什米尔和查谟展开宣传

攻势，在当地穆斯林心中制造对印控当局的恐慌和仇恨情绪。1965 年 7 月开始，印控克什米尔出现骚乱，继而巴基斯坦可展开宣传攻势，到 1965 年 8 月第一个星期达到高峰。经过针对性训练的破坏分子和自由战士渗透进印控克什米尔，展开大规模颠覆活动，制造恐慌和散布谣言，力求削弱印控当局对当地人民的组织控制力。

　　"直布罗陀行动"由巴控克什米尔政府（自由克什米尔政府）拟定计划，巴基斯坦陆军第 12 步兵师师长侯赛因·马立克少将全权负责。第 12 步兵师所属的 4 个分区指挥官分别负责本防区内渗透印控克什米尔自由战士的组织、训练和实施行动。整个渗透行动代号为"直布罗陀行动"的部队，有自由战士兵力 3 万人。虽然巴基斯坦武装人员在巴

控克什米尔针对即将到来的游击战进行了长期的训练，但对印控克什米尔的"直布罗陀行动"的准备活动主要在 1965 年 5 月开始。

基本组织

渗透的自由战士分成多个小组，每个小组都能得到巴控克什米尔各营的部分军官和训练有素的士兵加强，并由巴控克什米尔各营指挥和控制。其余人员都是来自于拉扎卡尔斯和圣战武装组织。其中，来自拉扎卡尔斯的成员最多，他们构成了自由战士 70% 的兵源。这个由巴基斯坦政府搞出来的武装组织于 1962 年 8 月成立于巴控克什米尔。按照巴控克什米尔（自由克什米尔）当局的规定，靠近实际控制线巴方一侧的所有成年居民都要参加拉扎卡尔斯武装组织并进行针对性的游击战训练。圣战武装组织是巴控克什米尔当局较晚成立的武装组织，主要是担任战斗运输任务。印军从抓获的战俘审讯口供中得知，无论是圣战武装组织还是拉扎卡尔斯武装组织都不是志愿兵，绝大部分是在巴控克什米尔当局的强制制度下参加这些武装组织的。

根据巴军的计划，自由战士共由 8 到 10 支部队组成。每个部队拥有 6 个单位（每个单位下辖 5 个连）。每个部队的指挥官是巴基斯坦陆军的 1 位少校，并有自己的代号。每个连由巴基斯坦陆军的一位上尉指挥，他

们是匿名的，只有代号没有真名。每个连有 1 名军官、1 到 3 名初级军官和 6 名士官，还有巴控克什米尔各营的 35 名骨干士兵或是北方侦察单位抽调而来的骨干士兵，3 到 4 名特勤团的士兵，以及大约 70 名拉扎卡尔斯 / 圣战武装组织的战士，总兵力大约 120 人。这种组织的特点是巴基斯坦正规军士兵为核心骨干，特勤团的士兵负责搞爆破袭击和破坏活动。核心骨干人员都是精挑细选，他们大部分人都是来自巴控克什米尔各营的突击排战士。

训练上，拉扎卡尔斯武装组织主要在巴控克什米尔境内，由巴控克什米尔各营负责训练。在完成基础训练后，拉扎卡尔斯武装组织成员就要被送到各个正规军训练中心，和正规军一起进行严格的正规战法和战术训练。随后，正规军和拉扎卡尔斯返回巴控克什米尔境内的山地游击战学校进行 6 周密集训练。在游击战学校中，他们将学到以下内容：

1. 伏击
2. 炸桥和破坏交通线
3. 袭击军事指挥机构和补给仓库
4. 徒手格斗

武器装备方面，每个部队司令部配备一部 ANGRC–9 电台，每个连配备一具 83 毫米火箭筒，每个连配 100 磅塑胶炸药，每个班配 1 挺轻机枪，每个排配一部微波电台，每个连装备 3 挺冲锋枪。各自由战士部队的武器装备弹药粮秣均由巴基斯坦政府负责补充，在大多数情况下，武器上的巴军军徽和标志都被刮除。每名自由战士除了人手一支武器和携带弹药外，还有 4 枚手榴弹。按照规定，每条步枪配子弹 200 发，每挺斯登冲锋枪配弹 250 发，每挺轻机枪配弹 750 发。除了上述武器外，每个部队还有一些 2 英寸和 3 英

▲ 印军的戴勒姆－奔驰装甲车在克什米尔的巴拉穆拉—乌里巡逻，这是一种在山地作战中十分可靠的巡逻用车

寸迫击炮，在对印控克什米尔大举渗透前，他们都奉命脱下军服，换上便服——绿色的马扎里衬衫和一双丛林靴。在补给上，自由战士带7天量的生/熟食。熟食主要是"查帕蒂"（一种用小麦和玉米做成的粗面包）、"沙卡尔帕拉"（干点心）和"古尔"（蜜糖）。此外，巴基斯坦当局还给自由战士伪造了许多假身份证，方便渗透过去的自由战士凭借证件从当地购买物品获得补充。出发前，巴基斯坦方面会给他们足够数量的印度卢比，便于在自身补给消耗殆尽后，能迅速从查谟和克什米尔当地购买补充。自由战士每个连连长身上都带着大约九千到一万卢比。如此充足的钞票可以让每个连的自由战士都能在没有获得空投补给的情况下，在印控克什米尔境内长期坚持战斗。在部分情况下，也就是巴基斯坦方面没法给渗透进去的自由战士进行空投口粮和弹药的时候，往往也会让圣战组织出动人力背负或驱赶毛驴给自由战士补充。有时，自由战士甚至会征用当地劳动力。无论多么困难，巴基斯坦当局都会采取空投或是毛驴运输队穿过实际停火线的方式给每个自由战士部队提供物资和弹药补给。毛驴运输队主要在布德希尔和肯迪地区组织。空投补给主要在夜间的布德希尔、肯迪和印控克什米尔北部地区（比如凯尔、凯伦、本迪普尔等地）实施。在"直布罗陀行动"早期，渗透过去的自由战士主要还是从印控克什米尔亲巴基斯坦的穆斯林手里购得物资，但很快他们就开始通过抢掠、放火和谋杀来抢夺所需。

除了上述提到的采取人力背负、毛驴运输或空投方式给渗透进去的自由战士补充物资外，巴基斯坦方面还打算一边渗透一边在印控克什米尔各地偷偷建立一些小型的弹药

▲印度陆军西部军区司令哈尔巴什克·辛格中将和时任印度总理巴哈杜尔·夏斯特里

和物资仓库点，为自由战士提供补给。印军在清剿战斗中，甚至在斯里那加的一座清真寺发现了自由战士储备的小型弹药库。

医疗用品方面，渗透进来的自由战士只带着急救箱，目前还没有文献可以了解自由战士究竟是用什么方式治疗或后送重伤员/重病员。据分析，自由战士对伤员的安置采取两种方式，要么带走要么安置在亲巴基斯坦的穆斯林家里。他们很可能是用毛驴运输队进行撤退（运进弹药物资后就用毛驴后撤伤病员）。死者的尸体通常留在战场/现地或是在丛林掩埋。总的来说，自由战士似乎对他们的医疗保障水平不太满意，也许这也是自由战士士气低落的原因之一吧。不过，在"直布罗陀行动"中，他们还是尽量获得加强和后送伤病员。

这次行动的指挥和控制由巴控区的巴军第12步兵师师长侯赛因·马立克少将负责。为了方便接收命令和指挥，自由战士每个部队都配置一台可远距离通信的ANGRC-9无线电台，2瓦电台配置到排级。所有指示和命令都由"自由克什米尔"政府电台根据事前安排在每天固定时间段以规定的频道向自由战士播发。

在巴基斯坦的作战计划中，"直布罗陀行动"的主要目标是针对印控克什米尔的主要军政目标展开破坏和袭扰：

1. 在印控克什米尔境内多个地点建立渗透基地 / 据点，协助和支持反印叛乱。

2. 以各个渗透基地为中心，四面出击，全面展开破坏活动和暴力恐怖活动，破坏和平态势，威慑亲印穆斯林，并支持亲巴民众。

3. 在印控克什米尔各地袭击军事人员、政府机关和亲印民众，尽可能分散印军和警察的兵力。

4. 在印控克什米尔持续制造紧张和不安情绪，煽动不法活动，颠覆印控政权和在查谟克什米尔邦引导人民起义，建立牢固根据地，保障更多的自由战士安全渗透。

为了达到上述目的，巴基斯坦军方给自由战士的任务是：炸桥和破坏交通线，袭击弹药库和仓库，袭击印军部队和指挥机关，伏击印军运输车队和巡逻队。在展开这些行动的同时，还要重视和当地人民搞好关系，等待进一步命令。

同时组织分队——将渗透进来的自由战士分成多个队伍活动：

塔里克部队，在绍纳马尔格、达拉斯和卡吉尔地区

卡斯姆部队，在库普瓦拉、古雷兹和本迪普尔地区

卡利德部队，在特雷赫加翁、乔沃基巴尔、能加翁和蒂特瓦尔地区

萨劳德丁部队，在乌里地区、斯利那加山谷

哈兹纳维部队，在门德哈尔、拉乔里和瑙夏赫拉

巴巴尔部队，在卡利德哈尔山岭和查木布地区

穆尔塔扎部队，在凯尔地区

贾乔布部队，在米尼马尔格地区

努斯拉特部队，在蒂特瓦尔地区

除了上述部队外，还有希肯达尔部队和其他一些番号不明的部队也在各地活动。从巴基斯坦本土基地渗透过来的另一支自由战士部队也在沙卡尔加尔赫地区活动，伺机袭击桑巴西南地区，意在破坏帕坦科特和查谟之间的交通路线。1965 年 7 月中旬，巴军地区指挥官和自由战士各部队指挥官在穆尔里参加由巴基斯坦总统阿尤布·汗和第 12 步兵师师长侯赛因·马立克少将主持的"直布罗陀行动"作战会议。会议规定，这次行动由巴基斯坦陆军第 12 步兵师师长侯赛因·马立克少将全权负责"直布罗陀行动"，他在 1965 年 8 月 1 日把自由战士所有部队指挥官召集起来开会，并向他们通报了任务的重要性，指出这是解放克什米尔的最后机会。他指出各部队要从 1965 年 8 月开始，沿着印巴克什米尔停火线和巴基斯坦 / 印度国境线全线渗透过去，积极开展行动。

渗透计划设想得很美好，但实施起来却不是那么回事。1965 年 8 月 1 日到 5 日之间，自由战士开始小群渗透越过印巴实际控制线，在各个指定点集中，然后从各个方向往印控克什米尔中心区渗透。自由战士希望借助 1965 年 8 月 5 日庆祝沙希布节日的欢庆人群悄悄混进斯利那加。第二天，也就是谢赫·阿布杜拉首次被捕一周年纪念日，行动委员会拟在斯利那加举行游行示威。自由战士的武装人员打算趁机全副武装混进人群，煽动人群闹事，然后借机夺取斯利那加广播电台、斯利那加机场和其他各个重要中心。与此同时，往南和斯利那加东北的各个部队任务是切断斯利那加—查谟公路和斯利那加—卡吉尔公路，孤立斯利那加。完成任务后，自由战士打算组织"革命委员会"，自我宣布为合法政府，同时播放来自各国承认和支持的

▲ 印度陆军总司令乔杜里（锡克教徒）上将（右）

声音，特别是巴基斯坦。这也是巴基斯坦陆军准备出兵进攻的信号。然而，印军在印控克什米尔忠于印度的穆斯林教徒支持下，迅速粉碎了这个计划。

实施"直布罗陀行动"

1965 年 8 月 5 日，"直布罗陀行动"部队沿着印巴之间长达 750 公里的实际控制线和巴基斯坦与查谟、克什米尔之间的国际边界线进行多点大规模渗透。自由战士武装渗透范围从查谟西南梢起，涵盖西面的奔杰和乌里，延伸到西北的蒂特瓦尔，以及北面的古莱兹和东北的卡吉尔。最初，大约 500 名自由战士以小群多路方式穿过了印巴停火线，接着在印控克什米尔各个指定点会合，然后编成大部队。这支部队装备自动步枪和轻机枪，他们的目的除了搞破坏，还肩负着煽动印控克什米尔境内的人民举行反印起义的重任。他们主要是往肯扎尔文、凯伦、蒂特瓦尔、卡吉尔、古尔马尔格、奔杰、瑙夏赫拉和查谟地区渗透。

第二波渗透主要是在 1965 年 8 月的第三周，往印控克什米尔渗透。这是自由战士渗透的高峰期，总数估计有五六千人。考虑到还有不少补充兵，印军估计总共有大约 8000 人参加了渗透行动。1965 年 9 月第一周，也就是印度和巴基斯坦正式拉开战幕后，第三

波自由战士大约 5500 人，已经在巴控克什米尔地区做好了战斗准备。可这次却因为印军大胆地对巴基斯坦旁遮普省进攻的压力，而被迫取消。

渗透进来的自由战士最初都是小群独立活动。在没有取得预期目的后，他们积极改变战术试图在指定地点集中兵力，形成大股部队。不少自由战士在渗透过去后没有展开任何积极作战行动，而其他小组也持续处于游动过程，不断进行小规模活动，然后和碰到的另一个组会合。在"直布罗陀行动"的后期，他们开始建立了自己的基地并巩固成中央据点。而这些据点/基地，绝大部分位于人迹罕至、孤立的群山中，给印军的围剿作战带来了很大的困难。

以下是自由战士在印控克什米尔的活动区：

斯利那加山谷：主要是萨劳德丁部队在斯利那加山谷活动，下辖 6 个连。该部队于 1965 年 7 月 30 日穿过印巴停火线，并在 8 月 1 日抵达乔尔彭贾尔。在乔尔彭贾尔，该部队兵分两路：一路由 2 个连组成直扑古尔马尔格，另一路由 4 个连组成冲向卡格。1965 年 8 月 8 日，该部队炸毁了比姆纳大桥并击毙了守桥的印军卫兵。该部队十分活跃，他们在巴拉姆拉、巴德加姆、尤斯马尔格和斯利那加发起多起破坏、纵火和爆炸事件。该部队的部分兵力还潜入斯利那加的 4 个重点地区——印军兵营、军用仓库、无线电站和政府部门进行袭击。不过，除了对警察打冷枪外，他们没能获得任何实质性胜利。该部队也没能获得当地民众任何支持和欢迎。在愤怒和绝望中，该部队在人口稠密的巴塔马尔卢地区纵火，烧毁了大约 300 座房屋。

该部队的另一部分兵力在安南塔纳加—

▲ 正在和印军交涉的巴军官兵。这是 1971 年达卡停火以后的情景，1965 年时的印军可没这么好说话

阿奇巴尔—卡兹贡德（Kazigund）地区作战。他们把卡格森林变成了一个坚固的据点，并和印度安全部队发生了大型遭遇战。结果，他们完全被击溃，被迫在 8 月 15 日穿过索纳特纳拉（Sonat Nala），逃回巴控克什米尔。随着这支部队被逐退，印控克什米尔地区最大的危机结束了。

卡吉尔地区：该地区活跃的是塔里克部队，任务是向达拉斯和卡吉尔方向出击。该部队兵力大约有 400 人，包括大量的卡拉科鲁姆侦察兵、圣战武装组织和拉扎卡尔斯组织，当然还有巴基斯坦正规军的一些俾路支人补充。该部队任务是穿过古尔塔里、马尔博拉和考巴尔加里渗透。其中一队往佐吉拉和索纳马尔格渗透，他们试图炸掉斯利那加—索纳马尔格公路沿线的汉密尔顿大桥和佐吉拉附近的一座水泥桥。除了给该桥造成轻微损伤外，他们的企图被印度安全部队粉碎（8 月 29 日，双方在苏姆巴尔大桥附近迎面遭遇对打）。在这次战斗中，印度安全部队击毙了 20 名自由战士，余者逃回实际控制线巴方一侧。1965 年 8 月 15 日，印军重新夺回了包括 13620 高地在内的地盘（1965 年 6 月 30 日以来巴方渗透武装人员和巴正规军占领了这

些地区）。由于战斗连续失败，该部队内部发生严重争吵，甚至不少人离队。最终在 9 月 9 日，该部队瓦解。

基申根加地区：该地区分成瑙桑—索波雷—本迪普尔（Nausam-Sopore-Bandipur）地区和基申根加山谷两个部分。巴基斯坦渗透进来的自由战士主要是卡斯姆部队和卡利德部队，在瑙桑—索波雷—本迪普尔积极活动。其中，卡斯姆部队由 500 人组成，他们从陶巴特出发，穿过拉兹丹走廊抵达本迪普尔。该部队的主要基地建在拉兹丹走廊的森林地区。"直布罗陀行动"期间，卡斯姆部队试图在本迪普尔警察局放火。然而，这次尝试却以失败告终。接着，该部队又在 8 月 11 日和 8 月 15 日炸毁肯扎尔文附近的一座大桥。同时，一部分自由战士在马卢德·贝哈克（Malud Behak）建立据点，并出击沃伊尔大桥。在这一地区，印度安全部队使用直升机清缴这些破坏者。据信，印度安全部队击毙了卡斯姆部队所有的士兵。

卡斯姆部队覆灭的同时，卡利德部队的表现也没好到哪里。他们从凯伦出发，自西面包围了亨德瓦拉。该部队分别在 8 月 12 日和 21 日攻击了瑙加姆和林格亚特大桥。可他们却走错路了，炸毁的是卡兹尔普尔大桥，并攻击了乔沃基巴尔。1965 年 8 月底，该部队也被迫解散。

蒂特瓦尔—滕格德哈尔（Tithwal-Tangdhar）地区：该地区的高山可以俯瞰穆扎穆扎法拉巴德—凯尔（Muzaffarabad-Kel）公路，这是基申根加山岭驻防的巴军生命线。粮食、弹药和兵力都通过这条公路向凯尔、古赖兹、米尼马尔格和卡吉尔而去。因此，这条公路对巴军具有特别重要的意义，也增强了蒂特瓦尔—滕格德哈尔地区的战术重要

性。从 1965 年 8 月 5 日到 12 月底，印度安全部队和自由战士在该地区持续不断展开激烈战斗。由于得到巴基斯坦正规军步兵，中型机枪和野战炮支援，努斯拉特部队长期努力经营他们的阵地。从 8 月 13 日到 18 日，巴基斯坦陆军袭击了部分印军边界哨所，引发双方激烈战斗。

印军反应很快。他们在 1965 年 8 月 24 日越过了印巴停火线，拿下了巴军 3 个哨所。在这次战斗中，印军缴获了一份由巴基斯坦陆军第 12 步兵师师长侯赛因·马立克少将签署的作战命令，显示正是他主持了派遣自由战士渗透进克什米尔和查谟的行动。

印度安全部队继续推进到基申根加一线并占领了南岸。这时，巴基斯坦担心印度会过河控制北岸。为了阻止印度可能的进攻，巴基斯坦于 9 月 11 日炸毁了基申根加河上所有桥梁。1965 年 11 月和 12 月，巴军继续组织攻击，试图夺回基申根加失地，但都没有成功。不过，印巴双方在苏联的斡旋下，签署了《塔什干宣言》。1966 年 2 月 25 日，印度把这些哨所还给了巴基斯坦。

莱奥里—钦加斯—杰亨加尔（Ra iauri-Chingas-Jhangar）地区：哈兹纳维部队于 1965 年 8 月第一个星期从科特利往查谟渗透。该部队下辖 6 个连，但兵力很快就增加到近 2000 人。该部队也许是渗透进印控克什米尔的各个部队中兵力规模最大的自由战士。该部队主要在门德哈尔—拉乔里—钦加斯—杰亨加尔（Mendhar-Rajauri-Chingas-Jhangar）地区作战。他们攻击了纳里恩的弹药库，但却被印军部队击退。1965 年 8 月 18 日，他们控制了布德希尔，并在杜达鲁尼建立了他们的指挥部。巴军不定期对他们进行空投接济，其中一次就在达纳投下了 500 条步枪。他们

大胆往印控克什米尔腹地渗透，甚至出现在拉姆本和里阿斯。好在印度安全部队及时行动，才确保拉姆本的杰纳布河大桥，以及乌德哈姆普尔—斯利那加公路的其他桥梁无恙。他们的渗透行动给奔杰和门迪的印军造成了大量伤亡。这支部队比其他游击队有巨大的优势：他们大部分人都是属于同一个部族，对克什米尔人地皆熟。印军直到第二次印巴战争宣布停火后才开始大规模围剿哈兹纳维部队。在印军的打击下，该地区的自由战士都被迫逃回了巴基斯坦境内。

卡利德哈尔—桑巴（Kalidhar-Samba）地区：巴巴尔部队，大约 400 人，他们穿过宾贝尔、沙达巴德和彭加进入印控克什米尔的卡利德哈尔，然后往瑙夏赫拉—孙德尔巴尼地区全面渗透。1965 年 8 月 9 日，大约 150 名自由战士深入查木布北面的本贾洛。8 月 12 日，大约 300 名自由战士在纳里吉拉和帕纳普拉建立了一个营地。大约 200 名自由战士渗透进卡利德哈尔时，和印度安全部队发生遭遇战，损失惨重。1965 年 8 月中旬，他们都在强大的炮火掩护下，退回了巴控克什米尔。

另一方面，从巴基斯坦境内的瑙夏赫拉各个基地出发的另一支自由战士部队袭击了印控查谟的桑巴地区，意在扰乱帕坦科特和查谟的交通，甚至在 8 月和 9 月伏击了印军部分车队。

10 月 10 日，在停火后，只剩大约 500 到 600 人还留在印控克什米尔地区。从 1965 年 8 月 5 日开始，在整个阶段中，"直布罗陀行动"部队中大约有 1000 人被印军击毙，余者逃回了巴控克什米尔，尽管印度安全部队全力以赴封锁边界，也没能阻止他们逃回。

虽然直布罗陀渗透行动成功牵制了印度

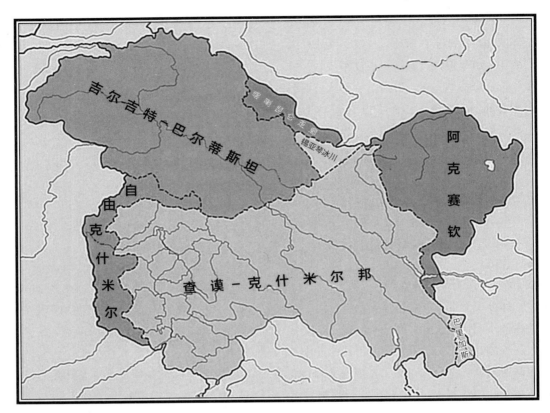

▲ 克什米尔局势示意图

安全部队相当大一部分兵力，但他们没能煽动印控克什米尔的穆斯林起义，可还是在许多破坏和暴恐案件中得手，不过在炸桥、暗杀印控区地方政治领导人，和破坏经济政治社会秩序方面，以及切断印控克什米尔地区主要交通线的计划都没有成功。

最让印度感到震惊的是，竟然有如此多的自由战士能轻易渗透过原本认为是严密警戒的印巴停火线。必须承认的是，这次游击战入侵行动堪称是巴基斯坦方面保密最好的行动之一。"直布罗陀行动"部队的组织、兵力、目的和目标都只是在后来印军从俘虏审讯和缴获的文件中得知的。印度官方虽然预计到了巴基斯坦会搞渗透活动，但却没有料到竟然是规模这么大的协调一致的游击渗

透行动。即便是 1965 年 8 月 2 日，印度军方在斯利那加召开高级军事会议，讨论沿实际控制线的安全部署，都没能料到 72 小时后发生的大规模渗透行动。

在简要介绍完"直布罗陀行动"情况后，让我们来看看行动期间各次主要战斗。

烽火四起

直到印度安全部队于 1965 年 8 月 25 日跨过停火线前，巴方的"直布罗陀行动"中发生的各个主要事件如下：

1965 年 8 月 5 日中午，巴卡尔瓦尔当局收到消息称大群不明武装人员渗透进古尔马尔格地区。据报他们集结在布纳丹瓦斯。1965 年 8 月 5/6 日夜，印军第 7 野战炮兵团

和第 7 比哈尔联队各派 1 个连规模的巡逻队包围了这一地区,并和渗透进来的自由战士发生战斗。印军很快击溃了对手,迫使他们逃进布纳丹瓦斯南面森林。在对该地区进行搜查中,巡逻队缴获了不少猎枪,还有 3 支斯登冲锋枪、9 挺轻机枪和 26 枚手榴弹。

几小时后,大约 18 点 00 分,据报一批巴控克什米尔地方部队往门德哈尔地区的加卢蒂附近的德布洛特地区活动。印军第 120 步兵旅旅部立即派出一支排规模的巡逻队前往查明情况,结果遇到顽强抵抗。在随后发生的短促战斗中,印军巡逻队队长纳赖恩(Narain)·辛格上尉和 3 名士兵战死。在这次激战后,自由战士们也逃回了实际控制线巴方一侧,丢下了一大堆武器弹药和装备。印军宣称 6 名自由战士被击毙,还有一部分被击伤。

在 8 月 5 日的冲突中,印军从一名俘获的自由战士口中得知,大批自由战士正在往蒂特瓦尔地区的布吉纳到多马里加里地区运动的消息。根据印军的判断,自由战士要抵达布吉纳到多马里加里地区,就必须穿过库普瓦拉正北面的阿塔姆加里走廊。要堵截这股渗透进来的自由战士,就必须封锁这条走廊。第二天,印军派出兵力雄厚的巡逻队前往拦截这些意在踏上库普瓦拉—蒂特瓦尔公路,准备深入印控克什米尔腹地的自由战士们。然而,渗透过来的自由战士兵力众多,让印军防不胜防。除了在布吉纳到多马里加里地区展开破坏行动外,自由战士还袭击了驻本迪普尔地区的印军第 3 杰特来复枪联队后方指挥所,并在卡拉鲁奇攻击了印军第 6 禁卫兵联队的 1 个哨所。这些袭击事件给印军造成了一定的伤亡。

与此同时,印军第 68 步兵旅旅部和第 6 多格拉联队转移到坦格马尔格,负责该地区的清剿战斗事宜。到 1965 年 8 月 6 日晚,印军第 25 步兵师师部接到报告称,多股较大数量的"匪帮"在多地集结。估计在卡拉科特附近的塔特塔·帕尼地区的"匪帮"势力最大,达 100 余人;在达拉姆沙尔和纳贡地区也发现了不少小股"散匪"。据报在拉乔里东北 16 公里的敦加加里地区也发现一个"匪帮"的集结地。这些迹象给印军敲响警钟,那就是自由战士在丝毫没有被察觉的情况下已经悄悄渗透到了印控克什米尔腹地!往南,也就是在查木布地区,印军也在德瓦北面 2 公里发现了一股刚刚渗透过来的自由战士,兵力约 60 人。

1965 年 8 月 7 日,印军再次接到紧急报告,称大约 200 名自由战士出现在马加姆,正准备往斯利那加继续渗透。印军第 6 多格拉联队 1 个连和边防警察 1 个排马上出动,拦截这股自由战士,宣称击毙 1 人、活捉 5 人。战斗中,印军 1 名士兵阵亡。夜间,自由战士袭击了克拉拉普尔和索纳尔维恩两座大桥,并将两桥炸坏。在克拉拉普尔桥的战斗中,印军库马盈某联队损失了 10 名士兵。往西,特拉哈加姆附近的一个弹药库也遭到了自由战士的袭击,并引发了持续一夜的激烈战斗,天明后印军一支巡逻队在周围搜查时,活捉了 3 名自由战士。在印军第 25 步兵师防区,巴控克什米尔地方部队一股大约 500 人的兵力据报已经渗透穿过哈吉皮尔地区的科皮尔森林。他们似乎朝纳文和贾米恩瓦里加里前进,显然是想经由巴德加姆往斯利那加渗透。当夜,印度安全部队和自由战士发生了多次激烈冲突,最大规模的战斗发生在加里皮克库埃特地区——这个通往门迪山谷的大门。在这里,巴方发动了 4 次坚决突击,打算攻下这里的印军哨所。但在该地区守备的印军第 7 锡克联队顽强抵抗，击退了巴军所有冲击，给对方造成了惨重的伤亡。与此同时，奔杰地区的 603 和 604 号哨所也遭到了巴方反复攻击，但所有渗透进来的自由战士都被击退，并蒙受惨重损失。在巴尔诺伊南面，印军又和一股大约 100 名渗透南下的自由战士遭遇，缴获 2 支步枪和 4 枚手榴弹。在宾贝尔地区，双方再度发生遭遇战，印军成功击溃了一股大约 200 人的自由战士。

同一夜，在印军第 191 步兵旅防区，大约 40 名自由战士使用 3 英寸迫击炮、中型机枪、轻机枪和火箭筒对驻乔里安兵营的印军第 369 野战炮兵连发动突然袭击，印军炮兵疏于警戒，被打了个措手不及，导致 5 死 5 伤。几台车辆被打坏，虽然仓促还击，但效果不明。

1965 年 8 月 8 日夜，据报大量自由战士渗透到斯利那加郊区。较大的一股据报出现在卡斯巴比卢村，并朝斯利那加机场——印控克什米尔当局最敏感的目标发动突袭。印军第 8 查谟和克什米尔民兵联队 A 连、辛地骑兵联队 2 个坦克排和部分步兵立即出动，奉命保护机场。当夜晚些时候，大约 400 名自由战士突然出现在比姆纳桥和坦格普尔村，朝保卫大桥的印军巡逻队开火。第 8 查谟和克什米尔民兵联队的 2 个连，以及旁遮普邦武装警察的 3 个排马上出动，攻击这些渗透进来的自由战士。出动的部队得到了第 2/9 廓尔喀来复枪联队 1 个连加强，该连刚刚从查谟赶来。显然，自由战士已经迫近了斯利那加，准备进入斯利那加市周围郊区。好在印军反应迅速，这才粉碎了巴方自由战士的渗透行动。

在印军第 25 步兵师防区，渗透进来的自由战士对纳里恩的油桶、汽油和润滑油射击，

▲ 印度总理巴哈杜尔·夏斯特里看望一线官兵

但没有造成太大的损失。对周围地区巡逻的印军抓获了克什米尔武装第 8 营的胡拉姆·侯赛因上尉和克什米尔武装第 14 营的穆罕默德·萨杰加德上尉。他们第一次承认"直布罗陀行动"是一次精心策划的渗透活动。1965 年 8 月 8 日夜，自由战士果敢袭击了印军第 120 步兵旅旅部，但没有造成印军任何伤亡。同一夜，印军第 25 步兵师负责的停火线地带突然遭到巴方全面火力袭击。在奔杰地区，巴军一边用 25 磅炮猛烈轰击各个预定目标，一边出兵发起新一轮渗透作战。在大规模挑起边界武装冲突的同时，巴基斯坦方面的宣传机构和电台却费尽周折去解释说印控克什米尔发生的一系列冲突中，巴方没有动手，伤亡的只是平民而已！在印军第 25 步兵师防区形势迅速恶化的情况下，印军决定把第 26 步兵师所辖的第 52 山地旅调到拉乔里。

1965 年 8 月 9 日，一群自由战士据报出现在哈吉皮尔山岭的贝多里地区。另一群自由战士也从沙尔拉尔往古尔马尔格运动，第三群也朝祖拉霍姆方向扑来。接到报告，印军紧急出动，前往拦截。1965 年 8 月 9 日清晨，一大股自由战士渗透进门迪山谷，接着在 09 点 30 分袭击了门迪警察局，并占领了连通该镇和奔杰之间小道周围的各个山头。与此同时，据报大群自由战士在门迪东面的莫尔沙尔、洛伦和马尔科特集结。在激烈战斗中，门迪镇落入自由战士手中，镇内连通

印军 601、602、603 和 604 哨所的电话线被切断，无线电联络也受到巴军强烈电子干扰，信息没法发出。往南，在印军第 191 步兵旅防区，自由战士大约 120 人据报出现在卡利特地区。

1965 年 8 月 9/10 日夜，部分自由战士又在实际控制线附近的印军第 497 和 499 号哨所，与印军发生激烈战斗，他们试图溜回巴控区。这是印军首次遇到逃回巴控区的自由战士。

然而，在印军第 121 步兵旅防区，自由战士在当夜却非常活跃。他们炸坏了卡吉尔东南方面的帕什克尤姆桥和达拉斯东北 19 公里的斯利那加—列城公路的夏姆夏希大桥。，据印军判断 13620 高地俯瞰的苏鲁河谷是自由战士主要渗透路径之一。印军第 163 步兵旅奉命紧急开赴这个河谷，准备堵截自由战士渗透。途中，印军第 163 步兵旅因前方桥梁被炸毁，只得在卡吉尔驻足，等待桥梁都修复了才继续上路。在这次停留期间，印军第 163 步兵旅连续遭到埋伏在 13620 高地、山鞍部和黑石的巴军狙击。巴军围绕 13620 高地周围俯瞰卡吉尔地区的哨所建立了一系列阵地，严重威胁了印军在这个地区的交通线。

8 月 10 日，印军采取了一系列强制措施，他们在斯利那加外围的坦格普尔地区连续战斗，击毙了许多巴方自由战士，缴获大量武器弹药和装备。与此同时，印军第 19 步兵师以 4 个连的兵力赶往塔特托奥集结。中午，印军第 163 步兵旅一支先遣队从列城赶了过来，第 4 锡克轻步兵联队 2 个连也乘坐运输机在斯利那加机场紧急着陆。随着这些部队的到来，印军解除了巴方自由战士对斯利那加的威胁，第 8 查谟联队和克什米尔民兵联队转移到皮尔彭贾尔。

可斯利那加逐步恢复安全的同时，印控克什米尔情况依旧吃紧。当天，正对达鲁的印军 635 号哨所遭到巴军 81 毫米迫击炮火力急袭。往南，在杰亨加尔，印军第 4/8 廓尔喀联队的行政基地遭到猛烈的射击，但没有出现伤亡。印军在围剿战斗过程中，抓获了巴方一名上尉和 3 名自由战士，并在乔里安捕捉到 8 名伤兵（1 名巴方军官和 7 名自由战士）。在查木布地区，自由战士据报出现在卡利德哈尔—德瓦地区，战斗中印军抓了 2 名自由战士并缴获了他们身上携带的枪支弹药。8 月 10/11 日夜，印军又在斯利那加周围许多地区和自由战士发生零星交火，据报马加姆村被纵火，卡斯巴比鲁的警察局被洗劫一空。在印军第 191 步兵旅防区，沿着停火线和国境线的印军哨所驻军和巴军也在当夜激烈交火。

8 月 11 日，印军一支巡逻队在马哈德沃地区突然遭到 300 名自由战士攻击，帕特雷基的印军哨所也遭到巴方用轻机枪和迫击炮的射击。在乔里安附近的遭遇战中，印军射杀了 4 名自由战士，抓捕 14 人，缴获大量武器装备和弹药。当天下午，印军第 8 掷弹兵联队和第 7 锡克联队 1 个连在第 52 山地旅部统一指挥下，对门迪展开攻击。傍晚，印军肃清了所有俯瞰门迪周围小道的制高点，

◀ 印军卡拉恩少将和巴克什准将在哈吉皮尔走廊用望远镜察看对面的情况，在他们头顶上，印度国旗高高飘扬

并做好了在第二天突击门迪的准备。

8 月 11/12 日夜，印控查谟克什米尔突然一片寂静，只有奔杰和查木布方向有零星战斗。在奔杰地区，印军 421 号、427 号、428 号和 429 号哨所，以及第 93 步兵旅旅部都遭到了巴军持续不断的炮击。双方在杜贝伊（Dubey）桥和宾贝尔还有零星交火。在印军第 191 步兵旅防区，巴军以一个营规模的兵力，在 704 号和 705 号哨所间设伏。遭到伏击后，印军进行激烈还击，双方很快发生大规模战斗。在印军强大的火力还击面前，巴军被迫撤走。8 月 12 日，自由战士大约 50 人出现在迈丹（Maidan），遭印军炮兵轰击，但无法查明确切伤亡。在奔杰地区，印军第 1 马德拉斯联队肃清了埋伏在 4007 高地的自由战士，击毙 12 人，击伤 4 人，活捉 16 人。接着，印军第 52 山地旅夺回了门迪镇。与此同时，在奔杰地区，双方从天明开始就激烈厮杀。

1965 年 8 月 12/13 日夜，自由战士继续对斯利那加进行间断射击。巴军更是沿着停火线向印军哨所组织频繁而猛烈的炮火袭击，包括使用 25 磅炮射击。奔杰、哈内塔尔和卡莱桥也遭到密集的步兵轻武器射击。由于情况紧急，印军将炮兵也投入到战斗中，和巴军炮兵展开激烈对射。

8 月 13 日，自由战士渗透活动进一步加剧。清晨 06 点 00 分，驻瑙加姆的印军第 8 库马盈联队指挥部遭到自由战士突然袭击。双方交火持续 2 个小时，巴方自由战士取得重大胜利，他们击毙了印军第 8 库马楹联队长 H. V. 戈雷中校，打伤副联队长。福无双至，祸不单行。第 8 库马盈联队的车队又在上午遭到伏击。混战中，第 8 库马盈联队 5 人战死，5 人负伤，宣称击毙对方 12 人。同一天，印军第 4 锡克轻步兵联队赶到巴拉穆拉，加强当地守备警戒。眼看巴拉穆拉防备加强，自由战士绕道而过，突然袭击了加里地区。不过，当地印军早有防备，组织顽强抵抗击退了对方的冲击。

与此同时，印军第 191 步兵旅也报告，巴军一个坦克中队出现在马特泰瓦拉地区，查木布对面也有重型车辆在调动。据报巴军在莫埃尔地区集结。这是印军第一次发现巴军在查木布有集结迹象。

考虑到兵力分散难以有效遏制巴基斯坦对印控克什米尔的渗透，因此印军专门抽调第 19 步兵师出来全权负责反渗透作战。1965 年 8 月 14 日，印军专门组建了反渗透部队司令部，乌姆拉奥·辛格少将出任指挥官。根据司令部的命令，第 19 步兵师战术指挥部马上返回巴拉穆拉。当时，巴军的作战行动也步步升级；他们第一次动用了中型炮轰击乌里。双方冲突升级，联合国驻停火线的观察小组向巴拉穆拉的印军第 19 步兵师战术指挥部发出照会，要求双方保持克制，停止射击。可观察组的要求遭到乌姆拉奥·辛格少将的拒绝。辛格少将认为巴军动手在先，印军不能任人宰割。于是，乌姆拉奥·辛格少将无视联合国观察小组的照会，调动中型炮还击，双方在恰科蒂展开了激烈炮战。

在印军第 191 步兵旅防区，巴军组织兵力袭击了帕伦瓦拉警察站，但被击退。印军第 3 马哈尔联队 2 个连出兵追击退却的巴军。8 月 14 日，印军又收到了巴军正规部队在锡亚尔科特地区调动的消息。

1965 年 8 月 15 日，巴军在一架空中观察机的引导下对查木布进行猛烈炮击，炮弹砸在德瓦的一个印军炮兵弹药库，造成了严重的人员伤亡。印军第 191 步兵旅旅部受到

▲ 在清剿战斗中，印军大量使用重炮，图为印军的25磅炮阵地

波及，旅长 B. F. 马斯特尔准将、第8查谟和克什米尔来复枪联队的巴尔拉姆少校、第14野战炮兵团的纳林德尔·辛格少尉、恰哈尔上尉，还有1名下级军官和4名士兵被炸死。2名军官和38名士兵负伤，第14野战炮兵团6门火炮丧失了战斗力。帕伦瓦拉哨所被迫放弃，通往第191步兵旅前沿各部的交通线陷于瘫痪状态。

同一天，印军反渗透部队司令部报告，在斯利那加的巴塔马尔卢地区起火，似乎是自由战士没能完成对斯利那加的袭击任务，然后纵火报复。大约100名自由战士出现在哈格村地区，印军炮兵立即组织对该村的猛烈射击，宣称击毙15名自由战士。与此同时，在奔杰地区，印军准军事武装在被自由战士围攻了一个多星期后于8月15日放弃了加里据点。往南，也就是印军第26步兵师防区，巴方自由战士加大了对实际控制线对面印控区村庄的洗劫力度。

在桑巴附近的巴杰普尔，15位村民遭到自由战士的屠杀。在乌德哈姆普尔地区，自由战士也在多个地点出没。印军第3库马盈联队主动搜索了巴杰马斯塔地区，缴获了一些弹药和爆炸物。1965年8月16日，巴方自

由战士在帕尔基恩集结时遭印度安全部队攻击，印军击毙3名自由战士。根据缴获的情报显示，巴基斯坦正规军1个连已经在伦格瓦尔（Rangwar Gali）西北偏西武装侵入印度境内3公里。虽然并没有证据显示巴军真的进行如此大规模越境活动，但这却是印军第一次收到巴军类似情报。

在印军第25步兵师防区，巴军的敌对活动仅限于对印军哨所的炮击。可再往南从查木布往下，也就是除开莫埃尔和布雷贾尔之间的印军哨所，剩下的保卫通往德瓦周围印军据点都在巴军或自由战士威胁下被迫放弃。1965年8月17日，印军第6多格拉联队1个巡逻队在开赴乔尔彭贾尔途中和一股自由战士遭遇。战斗中，印军打死对手7人。

第二天，也就是在乌里地区，印军炮兵轰击了瑙谢里，摧毁了对方的军官食堂和一些碉堡。往东，印军反渗透部队司令部地区，大约200名自由战士在纳霍姆和哈亚特普尔与印军各个巡逻队发生交火，2名自由战士被击毙。当贝里帕特坦大桥遭到巴军中型炮猛烈射击并被打坏时，印军对巴军可能的炮兵阵地组织猛烈还击，压制了对手。

1965年8月21日，印军第15军对当时情况分析如下：

1. 第25步兵师防区

在当地人的支援下，渗透的"匪帮"在门迪获得了最大程度的胜利。虽然还有一条小走廊在他们手里，但当地的情况已经稳定。奔杰地区的情况仍很紧张，巴方已向该地区运进一些81毫米迫击炮和2门中型炮。虽然门德尔仍有大股"匪帮"渗透，但没有带来大的麻烦。

2. 查木布地区

需要重点关注的就是卡利德哈尔山岭和

查木布河之间的地区。在该地区，"匪帮"得到巴军炮兵的有力支援，导致第191步兵旅旅长马斯特尔准将战死以及德瓦兵营被炸毁。在这里，印军将领比"匪帮"反应迟钝，但局势还在控制中。

同一天，自由战士对蒂特瓦尔地区的一个印军哨所展开攻击却被击退，他们损失惨重。1965年8月22日，在北部地区，印巴双方于本迪普尔—索波尔和库普瓦拉地区爆发了激烈炮战。乔沃基巴尔的印军基地遭到自由战士猛烈射击，2名士兵负伤。在反渗透部队司令部地区，印军高级反游击战术学校也受到冲击——该校派出的巡逻队在亨德瓦拉附近和一群自由战士发生遭遇战，双方大打出手，印军无人伤亡，当然也没法核实对手的损失情况。1965年8月23日，自由战士企图炸毁加卢蒂—拉乔里公路的一座桥梁，但没有得逞，桥梁仅受轻微损坏。当天，印度反渗透部队司令部报告一股匪帮约200人集结在马卢德村。印军立即采取措施，将匪帮击溃。第二天，印军第10步兵师的各个边界哨所遭到巴军炮兵和迫击炮的猛烈轰击，同时这一带的哨所也发现巴军大规模兵力调动迹象。

很快，印度官方就意识到巴方精心策划的大规模渗透游击战行动已经严重威胁到查谟克什米尔的安全，唯一有效铲除他们的方式就是展开大规模攻击，跨过实际控制线，堵住他们的渗透路径，摧毁他们在巴控克什米尔境内的基地。在印度国内，不少议员要求印度应该对巴基斯坦的大胆挑衅进行报复，摧毁自由战士的出发基地。在印度总理巴哈杜尔·夏斯特里做出决定后，印军迅速展开了行动。其中一个决定就是要重新夺回卡吉尔地区的巴方一侧的3个哨所，根除斯利那

▲ 印军军乐队吹着风笛走在印控克什米尔首府斯利那加的街道上

加—列城公路这条印军生命线的安全隐患。几天后，印军进攻蒂特瓦尔地区，占领了几个具有重要战略位置的巴军哨所，夺取了重要的哈吉皮尔走廊，这是印军在还击行动中获得的最大胜利。

重夺卡吉尔地区周围高地

前面提到，1965年5月印军在卡吉尔地区展开攻势，从巴军手中夺回了丢失的13620高地周围据点，但又在1965年6月响应联合国的倡议放弃了这些据点。8月，印军第17旁遮普联队2个连在边界哨所驻防，2个连和联队指挥部驻卡吉尔的直升机停机坪。前方哨所报告，发现13620高地周围有巴军异常活动迹象。显然，巴军又开始在13620高地周围虎视眈眈，除了夜间离开外始终盯着这个战略要地。8月14日，印军第17旁遮普联队奉命尽快夺回13620高地。根据上级的命令，第17旁遮普联队迅速调整部署，联队长把攻击任务交给了D连连长巴尔文特·辛格少校。根据联队的要求，巴尔文特·辛格少校拟指挥3个步兵排，在支援分队的配合下，于1965年8月15日05点00分打下13620高地、山鞍和黑石。3个排从三个不同方向同时对各个目标展开攻击。部队从工兵趁夜在雷场开辟的安全通道里钻进去爬上山坡，进入攻击前出发阵地。每个排配1个前进观

察员（FDO）、1 个机动火力指挥员、1 个中型机枪分队和 1 个工兵分遣队（任务是紧急排雷）。00 点 01 分，作战按时打响。由于严格进行无线电静默，印军完全实现了进攻突然性。8 月 15 日清早，巴尔文特·辛格少校兴奋地向联队长报告，D 连以零伤亡代价出色地完成了任务！

蒂特瓦尔地区

在卡吉尔地区周围高地夺回作战取得胜利的同时，印度安全部队也在蒂特瓦尔地区展开有限进攻，目标是确保一系列具有战术价值的重要山头。

1965 年 8 月 23 日 23 点 40 分，印军第 2 拉吉普特联队和第 3/8 廓尔喀联队抽调兵力组成一支临时巡逻队，越过实际控制线前往环廓（Ring Contour）区。虽然印军没有受到任何抵抗就抵达了目的地，但巴军炮兵却对该地区持续轰击了一夜，不过拉吉普特和廓尔喀兵没有后退一步。

1965 年 8 月 24 日 21 点 30 分，印军第 1 锡克联队（欠 2 连）在第 138 山地炮兵连和第 17 野战炮兵连（隶属于第 7 野战炮兵团）的支援下，由 S. 卡普尔（勇士查克拉勋章获得者）少校率领，对里奇赫马尔山岭的巴军哨所（约 1 个排兵力驻防）展开攻击。在印军的突然进攻下，巴军被打了个措手不及，慌乱溃逃。初战得手后，印军继续朝巴基斯坦境内推进，遭到巴控克什米尔第 16 武装营 1 个连（欠 1 个排）和巴军第 5 旁遮普联队的顽强抵抗。战至 22 点 50 分，印军终于粉碎了巴军的抵抗，攻下了里奇赫马尔山岭。这次战斗，印军宣称击毙敌 8 人，抓俘 5 人，己方损失为 1 死 7 伤，缴获大批武器装备和弹药补给，包括 4 挺 7.62 毫米机枪、

1 挺 12.7 毫米机枪和 4 门 81 毫米迫击炮。印军第 1 锡克联队迅速拿这些缴获的武器装备武装自己，它们在接下来的战斗中发挥了不小的作用。

接着，第 1 锡克联队又在 8 月 25/26 日夜攻击了皮尔沙希巴高地，守敌估计为 1 个连的兵力。在印军第 138 山地炮兵连的支援下，锡克兵们勇敢爬上陡坡，进行短促冲击杀进了巴军的阵地。巴军虽也打得英勇顽强，可还是没法挡住锡克兵的坚决冲击。在连续获得一系列胜利后，印军已经可以从新占领的阵地俯瞰巴军控制区，尤其是自由战士经常使用的进入印控克什米尔的渗透路径。9 月的第一周，印军第 1 锡克联队继续北进，又夺取了不少新的山头，进一步改善了防渗透态势。

接着，印军第 3/8 廓尔喀联队在山野轻炮兵的支援下，于 1965 年 9 月 3/4 日夜大规模突击了孙乔伊山的巴军哨所。这个哨所由巴控克什米尔 1 个武装连和库尔拉拉民兵 1 个连把守。在炮火支援下，印军跨过了雷场，勇猛冲进巴军阵地展开肉搏，廓尔喀兵灵活运用库利克弯刀（Khukri）左砍右杀，将巴军赶出了阵地。印军宣称击毙巴军 28 人，第 3/8 廓尔喀联队损失 16 人，缴获大量武器弹药。

巴军对丢失孙乔伊感到异常愤怒，连续在 9 月 4/5 日夜和 9 月 6/7 日夜实施两次反击，力求重新夺回这个重要山头，可两次突击都被击退，并损失 1 名军官和 7 名士兵。印军第 3/8 廓尔喀联队损失 1 名军官和 1 名士兵。在这次战斗中，印军缴获了巴军第 12 步兵师师长马立克少将签发的作战命令。作战命令显示，巴军一个旅的兵力要从多个方向迂回到印军背后，切断在该地区作战的印军补给线，然后再组织对该地区印军指挥所、炮兵

阵地和驻地展开攻击。遗憾的是，马立克少将的意图没能实现。

随着孙乔伊进攻战斗胜利，印军前出到穆扎穆扎法拉巴德东北几公里的米尔普尔郊外。目前，印军已经控制了基申根加河东面的整个区域。

夺取孙乔伊高地后，印军第 3/8 廓尔喀联队在一个山地和野战炮兵连的支援下，又对俯瞰米尔普尔大桥的环廓巴军哨所展开攻击。9 月 10/11 日，印军断然突击。虽然巴军在肉搏战中败北，让出了阵地，但退却的巴军还是炸毁了米尔普尔桥，有效阻止印军过河。这次战斗规模不大，但巴军损失不小，计 8 人战死，40 人负伤。印军缴获了大量武器弹药。9 月 12 日，印军第 3/8 廓尔喀联队派巡逻队往米尔普尔方向出动，发现巴军已经放弃了帕尔尼的哨所，米尔普尔也无敌踪。

第 3/8 廓尔喀联队自然不会满足于这点成绩。他们的目光又盯上了由巴控克什米尔第 23 武装营 2 个连据守的 9013 高地。巴军对这个阵地十分重视，在通往高地山顶的各个通道密布地雷。9 月 20/21 日夜，印军第 4 库马盈联队对该阵地展开攻击。经过 3 个多小时的激烈战斗，拿下了 9013 高地。战斗中，印军炮兵打得十分出色，他们重创了巴军，宣称毙敌 55 人，包括 1 名军官。印军损失为 2 名军官和 5 名士兵战死，31 名士兵负伤。拿下 9013 高地意味着印军已经完全控制了米尔普尔到基申根加河畔的久拉（Jura）桥之间的地区。

夺取哈吉皮尔走廊

随着卡吉尔地区和蒂特瓦尔地区的胜利，印军下一步作战目标就是要夺取哈吉皮尔走廊。

在巴基斯坦对印控克什米尔的渗透计划

▲ 印军 3.7 英寸火炮

里，哈吉皮尔走廊是重要的一环。在乌里—奔杰地区所有的渗透行动都必须经过这条走廊，这是一条自由战士的生命线。这条走廊由周围三个重要制高点相控制——东面的贝多里（海拔 3760 米），西面的申克（海拔 2895 米）和西南面的列德瓦立加里（海拔 3140 米）。只要占领这三个高地的哨所，就可以安全穿过哈吉皮尔走廊（海拔 2637 米）。贝多里位于乌里东南 14 公里，距停火线以南约 4 公里。哈吉皮尔走廊在贝多里西南约 10 公里。

鉴于战略位置重要，印军决心用奇正结合的方式攻取哈吉皮尔走廊。他们打算用一部兵力沿着乌里—哈吉皮尔走廊轴线实施正面突击，同时分兵一部从南面沿着奔杰—卡胡塔山地机动路实施迂回，保障完全控制这条重要走廊，粉碎自由战士继续渗透的可能。根据命令，印军第 19 步兵师奉命从北面以哈吉皮尔走廊作为正面进攻目标，师长把进攻任务交给了第 68 步兵旅，作战行动代号为"巴克什行动"。为了不负师长厚望，第 68 步兵旅在接到命令后迅速制定了用兵方略，计划以第 1 伞兵联队、第 19 旁遮普联队、第 4 拉吉普特联队、第 6 查谟和克什米尔来复枪联队、第 4 锡克轻步兵联队、第 164 野战炮兵团（欠 1 个连）、第 144 山地炮兵连、第 39

山地炮兵团 B 排、第 18 野战炮兵连和 1 个 4.2 英寸迫击炮班展开攻击。从南面实施迂回作战的任务交给了印军第 25 步兵师所属的第 93 步兵旅。他们以 2 个联队的兵力实施，作战代号为 "法拉德行动"。

进行山地攻坚战斗，情报保障至关重要。据印军第 19 步兵师判断，第 68 步兵旅当面的巴军兵力为 14 个连约合 3 个半营兵力，包括巴军第 20 旁遮普联队。此外，在正对印军 8370 高地哨所还有大约 1 个营的兵力。巴军的防御工事都是精心修筑的，形成正面、侧射、倒打结合火力配系。据信，巴军在防御阵地上配置了大量的轻机枪和中型机枪。针对巴军的防御部署，印军第 68 步兵旅定下了左右两翼包抄进攻的决心：

右翼：乌里—申克—列德瓦立加里—哈吉皮尔（Uri –Sank – Ledwali Gali–Haji Pir）走廊

左翼：乌里—贝多里—库特纳尔迪加里—基伦—哈吉皮尔

整个作战分成 3 个阶段：

第一阶段

(a) 8 月 25 日 01 点 00 分，印军第 19 旁遮普联队要夺取环廊和帕特拉。

(b) 8 月 25 日 05 点 00 分，印军第 1 伞兵联队要夺取申克山岭到列德瓦立之间地区和沙文帕特里地区。

第二阶段

(a) 8 月 25 日 06 点 00 分，印军第 19 旁遮普联队要夺取贝多里和库特纳尔迪地区。

(b) 8 月 25 日 12 点 00 分，印军第 4 拉吉普特联队要确保环廊和夺取哈吉皮尔走廊。

第三阶段

第 19 旁遮普联队（欠 1 个连）要在第 4 拉吉普特联队 1 个连的支援下扫荡残敌。

▲ 在印控克什米尔，畜力运输是当时印军的主要后勤补给方式

第 4 锡克轻步兵联队和第 6 查谟和克什米尔来复枪联队要迅速前出建立稳固的前进阵地。

H 时：进攻发起时刻——1965 年 8 月 24 日 20 点 00 分。

在第 68 步兵旅的作战计划中，左右两翼的包抄行动分别由印军第 1 伞兵联队和第 19 旁遮普联队负责。他们在乌里地区的阵地于 8 月 22/23 日夜和 23/24 日夜，分别由第 4 锡克轻步兵联队和第 6 查谟克什米尔来复枪联队接防。两个联队预计要在 1965 年 8 月 24 日 21 点 50 分展开攻击。印军第 19 旁遮普联队于 8 月 23 日夜间和第 6 查谟克什米尔联队顺利换防，可第 1 伞兵联队却遇到大雨没法按时和第 4 锡克轻步兵联队换防。由于换防不及，进攻时间只能推迟 24 小时。此外，第 4 拉吉普特联队奉命紧随第 4 锡克轻步兵联队之后前出到乌里，但途中不得不穿过拉格马。不幸的是，乌里地区的倾盆大雨让该联队无法徒步通过。基于此，印军第 68 步兵旅旅长只得修改作战计划，让第 4 拉吉普特联队转移到第 19 旁遮普联队背后跟进打击，一举拿下目标。

巴克什行动

1965 年 8 月 25 日，印军按时展开了巴克什行动。在右翼，印军炮兵先对疑是巴军炮兵阵地所在的 9591 高地、沙文帕特里和阿吉瓦斯实施密集炮火突击。接着，印军第 1 伞兵联队以 2 个连的兵力对申克山岭展开拂晓前突击。A 连先冲击，C 连跟进，迅速踏上申克河岸。印军伞兵悄悄逼近到巴军阵地前沿 45 米，然后突然集中各种武器开火。遇此情况巴军也不示弱，集中火力猛烈还击，打得印军伞兵抬不起头。09 点 30 分，眼看 A 连和 C 连伤亡很大，又没法攻克目标，印军第 1 伞兵联队只得撤了下来。夜间，第 1 伞兵联队重新组织攻击。尽管得到了猛烈的炮火支援，但印军还是没能冲进巴军阵地。通往山岭的道路本身就很复杂，加上之前的大雨使路面更湿滑泥泞，使印军伞兵一筹莫展。

8 月 26 日拂晓，在和巴军脱离接触后，印军又准备第三次进攻。这次，印军还打算祭出夜袭的招数。26 日 22 点 30 分，印军第 1 伞兵联队以 B 连在前、D 连在后突击了 9591 高地。这次，不甘寂寞的巴军冲出了堑壕，用中型机枪、轻机枪和其他步兵轻武器猛烈射击。印军也组织各种武器猛烈还击，迫使巴军撤回堑壕。8 月 27 日 04 点 30 分，印军第 1 伞兵联队 B 连冲到敌阵前 450 米，展开战斗队形直接对巴军实施冲击。其中，印军尖刀排果敢突击，打掉了巴军的轻机枪和中型机枪。经此打击，巴军扔下了 16 具尸体往沙尔山退却。印军观察到巴军撤退组织虽然有些混乱，可还是带走了约 100 名伤员。这种从不丢弃战友的做法，赢得了印军的尊重。

虽然印军拔掉了申克山岭的巴军据点，但该阵地却遭到来自沙尔方向的巴军火力封锁，印军没法确保这个新阵地。在这种情况下，印军第 1 伞兵联队 D 连奉命前出攻下沙尔高地。D 连表现得十分出色，他们不仅火速攻

▲ 印军正在展示缴获的部分巴军装备

下了沙尔，而且前出到了列德瓦立。在这里，巴军后卫部队为了掩护主力撤下来，顽强打到了 11 点 00 分。另一方面，继续往沙文帕特里和阿吉瓦斯的印军第 1 伞兵联队 B 连在 14 点 00 分仅遇巴军微弱抵抗。C 连也很快抵达了申克山岭，任务是肃清申克山岭南面地区残敌。

在击破申克山岭的巴军的抵抗后，印军第 1 伞兵联队的 A 连和 D 连抽调兵力组成一支小型混编战斗群，由伦吉特·辛格·达亚尔少校率领，直插哈吉皮尔走廊。印军一路上要攀爬 1220 米的陡峭山路，行路艰辛，这一切都是在漆黑的夜间完成的。在从列德瓦立加里出发后，这支小型战斗群于 8 月 27/28 日夜穿过海德拉巴干峡，相继夺取了 1194、1094 环廊。接着，战斗群开始下山，于 8 月 27 日 15 点 30 分从列德瓦立加里沿着山嘴往海德拉巴干峡前进，先是沿着西南方向行进，然后往哈吉皮尔走廊攀登。不久，巴方武装人员突然从走廊西侧用中型机枪朝印军射击，从列德瓦立加里东部也有轻武器火力打过来。遭到火力封锁的伦吉特·辛格·达亚尔少校马上命令随同前进的炮兵观察员对照炮兵坐标地图，标定走廊东西两侧的火力点位置坐标，然后呼叫炮火支援。借助炮兵的压制，

战斗群巧妙地脱离了巴军火力打击区。接着，战斗群沿着海德拉巴干峡周围环廊继续前进，很快又跨过走廊侧面山头。大约17点30分，天空下起大雨，路面一片泥泞，给印军继续行进带来很大的困难。至19点00分，他们终于抵达了海德拉巴干峡。此时，天色已经完全黑了下来。伦吉特·辛格·达亚尔少校决定爬上哈吉皮尔走廊。路上，战斗群包围了一座藏匿巴方武装人员的房屋，缴获1挺轻机枪和9条步枪，抓获自由克什米尔民兵10人。8月28日凌晨04点30分，该战斗群终于前出到旧的乌里—奔杰公路。在拂晓组织突击前，他们获得了宝贵的2个小时休息时间。

07点00分，战斗群再次上路。他们沿着公路边行进，于09点00分走出走廊700米。巴军在夜幕降临后的大雨中与印军失去了接触，却惊讶地发现印军居然顶风冒雨在漆黑的夜色中走了过来，出现在自己面前。瞬间，巴军就从错愕中惊醒，于哈吉皮尔走廊西肩角再次组织中型机枪火力抗击，同时在走廊上组织步枪火力袭扰。可印军早有准备，伦吉特·辛格·达亚尔少校一边命令炮兵观察员呼叫炮兵压制对方目标，一边命令2个排爬上山嘴，从走廊西面实施突击，迅速席卷了哈吉皮尔走廊上的巴军轻机枪火力点。在印军果敢的突击下，巴军陷入混乱，只得往哈吉皮尔走廊西面的一个山头退却。8月28日10点00分，战斗群完全控制了哈吉皮尔走廊。至此，印军第1伞兵联队完成了所有任务。

8月29日，巴军猛烈反扑意在夺回走廊。然而，他们的进攻被印军的顽强抵抗所击败。为了巩固阵地，第1伞兵联队又在8月30日拿下了环廊，9月1日打下了8786高地。由于在夺取哈吉皮尔走廊的战斗中指挥有方，表现出色，伦吉特·辛格·达亚尔少校获得嘉奖，并得到一枚勇士查克拉勋章。

在第1伞兵联队出色完成任务的同时，哈吉皮尔走廊左翼的印军第19旁遮普联队却诸事不顺。8月25日21点50分，印军第19旁遮普联队开始朝贝迪里出击。在第一阶段作战中，印军第19旁遮普联队没有遇到巴军任何抵抗，倒是恶劣的天气让官兵们抱怨不已。尽管如此，他们还是在当夜翻过了10944高地，拿下了帕特拉。8月26日04点30分，印军第19旁遮普联队C连和D连开始实施第二阶段作战，目标是夺取贝多里。可他们刚刚抵达攻击前出发阵地，就遭到巴军一阵中型机枪火力急袭。在巴军火力威胁大的不利情况下，印军第19旁遮普联队还发现通往目的地的机动路十分狭窄，两侧都是深渊。于是，原定计划中从西北方向对哈吉皮尔走廊实施攻击就变得十分困难。

这次失败，让印军第19旁遮普联队意识到要打下贝多里，唯一的机动路就是从东北方向迂回。可要是改走东北方向就要重新调整部署，这会耽搁36个小时。战场上惜时如金，每分每秒都是十分宝贵的，36个小时足以给巴军足够的时间加强贝多里和哈吉皮尔走廊。为了争分夺秒攻克目标，印军最理想

◀ 成功夺回哈吉皮尔走廊的印军正在举行升旗仪式

的做法就是从附近调第 7 比哈尔联队上来，直接从东北方向展开攻击。遗憾的是，当时第 7 比哈尔联队只有 1 个连的兵力可用，他们奉命对目标展开攻击，但没有成功。8 月 27 日，印军第 4 垃吉普特联队也从北面展开攻击，同样没有得手。

最终，第 19 旁遮普联队决定再从东北方向试一次。他们穿过昆拉里、加加尔希尔、蒂尔帕特拉、贾巴尔、贝多里走廊，从东北方向攻击贝多里山岭。8 月 28 日 05 点 00 分，全联队除了 A 连外都再次上路，他们乘坐卡车于 07 点 15 分抵达赫门布尼亚尔。在第 7 比哈尔联队的支援下，朝贝多里溪运动，准备以此为集结地实施突击。

8 月 29 日 03 点 30 分，印军第 19 旁遮普联队跨过攻击前出发阵地，准备对海拔 3760 米（相对贝多里溪高 610 米）的贝多里山岭发起攻击。算起来，这已经是印军对贝多里山岭发起的第 4 次突击了。这一次，第 19 旁遮普联队 B 连和 C 连一鼓作气于 06 点 00 分拿下了贝多里山岭主峰。在这次战斗中，印军 1 门 3.7 英寸山炮起到了重要作用。8 月 28 日，当印军第 19 旁遮普联队计划展开攻击的时候，他们就发现巴军在贝多里山顶依托岩石众多的地利特征，用石头修建了大量的"桑加尔"（意思是石造坚固工事）。为了击破巴军的防御，印军决心调上山炮兵用直瞄火力摧毁巴军的"桑加尔"。这门山炮在 8 月 28 日拂晓前 30 分钟到位，在炮兵的努力下，用一天时间展开阵地。在 29 日拂晓的攻坚战斗中，这门山炮成功摧毁了巴军"桑加尔"，助了第 19 旁遮普联队一臂之力。攻克贝多里山岭后，印军第 19 旁遮普联队加快步伐，冲过库特纳尔迪，前出到基伦，于 9 月 1 日和第 1 伞兵联队会师。

夺取哈吉皮尔的战斗结束了，这是一次出色的作战行动，印军获得了巨大胜利。虽然原定的计划和战场现实有一定的差距，但印军能够根据实际情况灵活调整计划，并弹性执行。在战斗中，印军第 1 伞兵联队和第 19 旁遮普联队所表现出来的勇气和决心，以及高昂的士气都是他们胜利的保证。

"法拉德"行动

奔杰和卡胡塔之间有许多俯瞰控制奔杰—哈吉皮尔走廊的山头。在这些山头中，巴军建立了不少由伪装良好、构筑巧妙的中型机枪火力点和防炮掩体组成的阵地。通往这些阵地的所有通道都遭到中型机枪、火炮和迫击炮火力封锁。负责突破奔杰—哈吉尔走廊之间地带的印军第 93 步兵旅的任务就是要夺取这些山头，打开通往卡胡塔的通道。在这些山头中，最重要的是拉贾和特克里两座高地，它们是巴军防御体系的基石，阵地前沿由带刺铁丝网和绵密的雷场保护。

第 93 步兵旅在初战受挫后，仍决心继续往北打，完成上级交付的任务。对第 93 步兵旅来说，"法拉德"行动是一次规模宏大的作战行动，双方的战斗主要围绕拉贾和特克里两个高地展开。在巴军眼里，这两个高地都是坚不可摧的。拉贾和特克里山是该地区的锁钥之地，可以俯瞰周围大部分地区，他们位于贝塔尔渠东面，通过哈吉皮尔走廊与奔杰相通。这些山头上的巴军哨所均是自由战士的主要定期营地，印控克什米尔的奔杰地区的所有渗透活动源头均系此地。夺取这些山头对印军来说极为必要，不仅可以消除哈吉皮尔地区的隐患，还可以摧毁对方两大渗透基地，可谓一举两得。

考虑到这两个高地的重要性，巴军进行

哈吉皮尔走廊的胜利旗帜。印军打赢了这场战斗

了重点布防和守备，两个高地守军总兵力为1个营（欠1个连），得到2门3.7毫米野战炮和2门81毫米迫击炮的支援。巴军还修建了许多防炮掩体，布置清一色自动武器，阵地外围拉置大量带刺铁丝网，并埋设绵密的雷场，力求把这两个高地变成坚固的要塞，让进攻的印军头破血流。

1965年9月5/6日夜，印军第2锡克联队和第3多格拉联队分别对拉贾和特克里展开攻击。印军炮兵虽进行了猛烈的炮火支援，可他们射出的炮弹却没法有效贯穿巴军的工事。通往山顶的机动路陡峭而湿滑，进攻的印军往往是爬而不是走上去。当他们靠近巴军阵地时，又遭到了自动火力拦阻。在巴军猛烈的火力打击下，印军一度犹豫不前，但在坚强的联队长和连长们的领导下，部队迅速从错愕中恢复回来，突破雷场和铁丝网障碍带，冲进了巴军阵地，双方展开了2个小时的肉搏战，最终印军攻下了拉贾和特克里两个高地。巴军打得十分顽强，拉贾高地守军战斗到最后一个人。印军的损失也很大。第3多格拉联队的G. C. 维尔马少校和G. S. 巴瓦上尉战死，第2锡克联队长N. N. 亨纳中校在率部冲击时被巴军火力打倒在地，身负重伤。由于表现勇敢，N. N. 亨纳中校获得了一枚大勇士查克拉勋章。

随着拉贾和特克里两个高地的陷落，巴方"直布罗陀行动"部队在该地区的基地和后方已经完全崩溃，印军第93步兵旅毫不费力地扫荡该地区的巴军残部。为了掩护主力部队撤退，巴军后卫部队在各个据点都进行了坚决而顽强的抵抗，保障大部队逃了出去。1965年9月10日，印军第93步兵旅夺取了卡胡塔，与印军第68步兵旅顺利会师，贝塔尔渠东面巴正规军和自由战士的抵抗宣告结束。

直升机支援

在这次反击巴方"直布罗陀行动"的清剿战斗中，印军组建了一支直升机特遣队，最初包括2个中队，但很快扩编到3个中队，他们的任务是在1965年8月协助地面部队打击渗透进印控查谟克什米尔的自由战士。这个直升机特遣队的主要基地是在斯利那加，从1965年8月20日到敌对行动结束为止，他们一共出动了79次攻击任务。印度空军也积极出动，特别是对哈吉皮尔走廊、滕格德哈尔、巴德加姆、门迪、布迪尔和古莱斯周围山头实施绵密的火力突击，狠狠打击了渗透的自由战士。虽然这些出击并没有给自由战士造成致命的损害，但毋庸置疑还是在遏制巴基斯坦大规模渗透游击活动中起到了重要作用。在补给支援方面，这些出击的作用也是不可或缺的。直升机共将92000千克紧急物资和弹药直接吊送给在缺乏陆地交通的地区进行艰苦战斗的部队。在组织撤退伤员方面，直升机也表现出色，共从山区及时救走198名伤员，每架飞机飞进飞出都承受了最大载荷。包括3架"云雀"直升机在内的部分直升机直接供陆军高级将领乘坐，亲自察看整个战区作战情况，以便快速拟定作战计划和对渗透的自由战士组织反击。总的来说，这是印军在高原第一次运用直升机支援地面部队作战，效果令人较为满意。

联合国的角色

在 1965 年 8 月 5 日到 31 日期间，除了双方在地面进行激烈的渗透和反渗透战斗外，两国宣传部门也开足马力大肆指责对方。面对印度的指控，巴基斯坦方面断然否认自己和"直布罗陀行动"有任何瓜葛，时任巴基斯坦外交部部长的阿里·布托更是撒起谎来脸不红，在 1965 年 8 月 20 日召开的新闻发布会上，他断然否认巴基斯坦参与和指导针对印控克什米尔的大规模渗透活动。他坚称这些武装人员根本不是巴基斯坦人，而是印控克什米尔当地为了反抗印度暴政的自由战士。然而，巴基斯坦的谎言很快被联合国拆穿。驻克什米尔停火线的联合国军事观察组组长 R. H. 尼姆莫将军的报告中明确指出，联合国观察哨发现巴基斯坦数千名武装人员越过停火线挑衅。联合国秘书长吴丹在给联合国安理会的报告中，明确指出是巴基斯坦的越界渗透行为引发印控克什米尔境内的激烈冲突。1965 年 9 月 3 日，吴丹在提交给安理会的报告中声称："尼姆莫将军向我表示，

▲ 以马帮运输队运输是印军在克什米尔作战的一个显著特征

从 8 月 5 日开始连续多日发生大规模冲突，大量武装人员均未穿军服，从巴方一侧越过实际控制线，武装侵入印度一侧……"吴丹还补充道："还有炮兵的冲突事件，8 月 15 日到 16 日、19 日和 26 日从实际控制线查木布—宾贝尔地区的巴方一侧连续轰击了奔杰镇，部分炮弹甚至落在了联合国军事观察员所在的观察所。"

根据 1965 年 8 月 30 日联合国军事观察组组长给联合国秘书长的报告指出，8 月 5 日到 8 月 30 日之间，双方在克什米尔停火线共发生了 23 起冲突。其中至少 19 次是巴基斯坦挑起的，武装人员从巴方一侧越界侵入印军哨所和伏击巡逻队。在 23 起事件中只有 4 次是印度挑起的，分别是 8 月 12 日到 24 日的报复行动。联合国军事观察组既没有偏袒巴基斯坦（当然有美国庇护和随时行使反对票的权利保护巴基斯坦，所以联合国安理会没法通过谴责巴基斯坦的决议），也没有偏向印度。

在讨论 1965 年 8 月 5 日到 8 月 10 日巴方发起"直布罗陀行动"派遣大批自由战士进行渗透活动情况的同时，应该引用驻克什米尔的联合国军事观察组组长尼姆莫将军的报告。他指出，许多袭击都发生在沿实际控制线 400 多公里的多个地点，而且其中至少有一起事件是巴控克什米尔地方部队卷入的。其中最严重的袭击事件发生在 1965 年 8 月 7/8 日夜，导致渗透的武装人员夺取了奔杰附近的门迪镇达 4 天之久。尼姆莫将军在报告中还补充道："袭击者数量估计过千。现有证据表明，部分袭击者肯定是越过了停火线。8 月 24 日，部分袭击者依然逗留在门迪北面的印军部分哨所周围。"在停火线北段，袭击者也在卡吉尔地区展开攻击，根据联合国

军事观察组的报告，被印军打死的1名武装人员身上的着装很像巴基斯坦边防军侦察兵制服。另一个报告指出，8月7/8日夜发生在通往斯利那加公路要点卡拉穆拉的袭击事件表明："观察员询问了一名被印军俘虏的武装人员，他承认自己是自由克什米尔第16步兵营的一位战士，并指出他们这个武装渗透部队包括16营的300名士兵和100名圣战组织（经过游击战训练的武装平民）成员。联合国军事观察员还注意到这些武装人员遗弃的一些装备显然都是由巴基斯坦制造的。"

然而，不管联合国怎么努力调查，对巴基斯坦来说都是徒劳。既然要发动战争，作为战争先期的"直布罗陀行动"不管成败，巴方都不会罢手。

那么，"直布罗陀行动"为什么会失败呢？虽然自由战士成功渗透进了印控克什米尔，并牵制了印度安全部队大量兵力，创造了较好的局面，但他们还是没能完成预定的任务。其原因很可能是：

巴基斯坦误判了印控克什米尔的政治气氛。巴基斯坦方面想当然地认为"直布罗陀行动"会得到印控克什米尔穆斯林的广泛支持。遗憾的是，在印控克什米尔人口稠密区，他们没有得到当地民众的支持，只有在一些偏远的、特别是靠近实际控制线的地区的人民受到了自由克什米尔政府的电台广播影响，他们给予自由战士比较充分的支持。总的来说，巴基斯坦反印宣传对印控克什米尔主体民众影响很小。即便是亲巴基斯坦党派也不敢公然站出来支持自由战士。

根据巴基斯坦方面公开的消息可以看出，巴基斯坦保密工作做得"太好"，以至于都没能给印控克什米尔的穆斯林领导人以足够的信心。结果，当巴基斯坦实施"直布罗陀

行动"的时候，印控克什米尔的穆斯林领导人的反应是大吃一惊，这没能给自由战士提供有组织性和实质性的帮助。另一方面，如果巴基斯坦提前向印控克什米尔境内的亲巴基斯坦穆斯林领导人通报"直布罗陀行动"计划的话，他们也会担心印控克什米尔领导人里面有叛徒，会把这个消息出卖给印度。结果，他们期望的掀起人民战争"解放"克什米尔并没有到来。

圣战组织和拉扎卡尔斯组织的人数占到自由战士比例的70%，他们的士气不佳，似乎是因为他们是"被自愿"和强迫参加的。在"直布罗陀行动"中，他们的逃亡数量十分惊人，特别是在北部地区，印军重点封锁停火线给他们的撤退带来了很大的困难，导致溃散逃兵众多。

巴基斯坦高估了自己游击战的能力，低估了印度安全部队的战斗力和决心。而且政策的举棋不定，导致了渗透行动的士气低落和逃亡不断。即便是在渗透活动的高峰期，他们也依然缺乏兵力，且决心不足。

另外，巴基斯坦临时取消了第二波渗透，目的就是为了等待第一波渗透的效果。可实际上短时间内连续多波渗透很可能给印度安全部队造成更大的压力，结果反而对巴基斯坦有利。

游击战要想获得胜利，就需要精力充沛且有能力的领导人和干劲十足、有理想信念的战士。如果可能的话，不管在数量还是质量上都要有一定要求。巴基斯坦进行的这次渗透游击战最根本的错误是游击队员都是（相对印控克什米尔）都是外国/外地人，基本没有本地人。而游击运动要想生根发芽和获得胜利，必须要紧紧依靠当地民众并得到他们的支持。可在这次行动中，印控克什米尔穆斯林民众并没有支

持绝大部分渗透进来的自由战士。渗透进来的自由战士绝大部分根本挺不懂克什米尔语。自由战士们的主食是干面包，可克什米尔民众主食却是大米。更糟糕的是，自由战士根本不知道公称制度已经在印控克什米尔通行了很久。当他们要去印控克什米尔商店买东西的时候，他们对公称制度（千克、克）一无所知，还在沿用巴基斯坦国内的磅秤制度，这样就很容易被逮个正着。

虽然损失惨重，但巴基斯坦发动的这次"直布罗陀行动"还是获得了一个巨大的间接胜利：他们在查谟克什米尔牵制了印军 4 个师的兵力，让这 4 个师的兵力在烽火连天的 1965 年 9 月为了对付巴基斯坦渗透武装人员而无法动弹。一旦这 4 个师的印军用于突击巴基斯坦的旁遮普战场的话，那么巴基斯坦陆军面临的将是史无前例的惨败。当然，"直布罗陀行动"直接导致了 1965 年 9 月的印巴战争，恼羞成怒的巴基斯坦对"直布罗陀行动"的失败是绝不会善罢甘休的，他们很快就越过边界，对印度发动了战争。

第五章

"大满贯行动"

"直布罗陀行动"失败后，巴基斯坦决心调动正规军参加战争。和"直布罗陀行动"计划一样，他们早已拟好详细计划，只待付诸实施。

"阿布拉泽行动"

讨论印度在 1965 年 8 月的反应、军事计划和兵力部署前，还是应该先来谈谈 1965 年 5 月到 6 月的"阿布拉泽行动"。1965 年 4 月巴军连续发起三次"沙漠之鹰"行动，攻击库奇兰恩的印军哨所后，印度陆军总司令部就拟定了"阿布拉泽行动"计划，内容为沿印巴国境线展开的印军采取报复行动。根据"阿布拉泽行动"计划，所有驻旁遮普邦的印军全部拉响一级红色警报（最高战备）。

驻旁遮普邦的是印度陆军第 11 军，下辖第 15 步兵师和第 7 步兵师。第 15 步兵师驻阿姆利则（Amritsar），接到命令后迅速开赴国境线各个指定位置；第 4 步兵师和第 7 步兵师也展开了兵力，师部分别驻扎法齐尔卡和比基温德。1965 年 5 月 6 日，印度陆军第 11 军所属的第 4、7、15 步兵师奉命在边界完成所有防御战斗准备，包括战术布雷。在印度国土上布雷，是印度开国以来从未有过的罕见措施，对耕田密集的农业大邦旁遮普而言更是如此，这充分说明了当时形势的紧迫。各位师长虽然没有接到上级命令，却从民间渠道得知，在 1965 年 4 月 29 日，印度总理巴哈杜尔·夏斯特里批准了对巴基斯坦进行有限军事打击的作战计划，时间和地点均由陆军选择，总参谋长乔杜里上将拟在 1965 年 5 月 10 日开始实施"阿布拉泽行动"计划。

接着，第 11 军召开秘密作战会议，第 4、7、15 步兵师师长莅临会议。令他们惊讶的是，会上没有透露任何己方作战意图和巴军兵力部署，唯一的消息就是判断巴军 1 个装甲师驻莱温德地区。印度陆军第 11 军军长 J. S. 德希尔隆中将对各位师长的话也是点到为止，没有详述计划内容。不过，他对作战目标进行了说明，那就是第 11 军要出击的话就是打击巴基斯坦境内从马拉卡普尔到根达之间的伊乔吉尔运河。进攻地带划分为三个区域，第 4、7、15 师各负责一个区域：第 15 步兵师负责拿下从马拉卡普尔到达胡里之间伊乔吉尔运河东岸，打通从瓦格赫到多格莱之间公路主干线。德希尔隆中将对第 15 步兵师的额外要求是，如有可能尽量完整夺取横跨伊乔吉尔运河的公路桥和铁路桥，以及贾尔洛便桥。鉴于任务的重要性，印军第 15 步兵师师长尼兰詹·普拉沙德少将组织了几次地面侦察和一次空中侦察，基本查明了进攻地区的地形情况。

在"阿布拉泽行动"中，印度陆军第 11 军要先进行一次兵棋推演，然后拟定往伊乔吉尔运河突击的作战计划。这次作战由印度陆军第 11 军军长德希尔隆中将全权负责。由于参加过罗尔基的水利工程建设，印军第 11 军军长很清楚伊乔吉尔运河沿线各个设施的重要性，也了解它们的军事意义。遗憾的是，J. S. 德希尔隆中将并没有把运河周围的兵要地志和水文情况，特别是各个运河的军事意义和工程价值等详情透露给手下各个师长。另一方面，他还指示各位师长关于任务指示只能传达到中尉一级，这样能在充分保密的情况下更好组织军官们拟定作战计划。可到了 1965 年 5 月中旬，各种迹象显示印度陆军暂不需要对巴基斯坦采取有限进攻，双方已经开始就库奇兰恩的停火事宜展开谈判对话。1965 年 6 月中旬，印度陆军总参谋长乔杜里上将前往阿姆利则视察，并在第 15 步兵师部召开作战会议，西部军区参谋长和第 11 军军长德希尔隆中将与会。会后，乔杜里上将特别强调："我所学的一切经验告诉我，绝对不要'跨过一条（敌对国）水障'实施作战；就我个人来看，我已排除了进攻拉合尔或跨过德拉巴巴纳纳克的可能性。"1965 年 6 月 30 日，双方就库奇兰恩的冲突签署停火协议。根据这个协议，印巴双方开始撤军。这样，"阿布拉泽行动"还没有实施就寿终正寝。印度陆军第 11 军被迫拆除了防御设施和排除自己布设的雷场区——这是最令人讨厌的活儿——这片雷场没有杀伤任何一名巴军士兵，却给印军官兵和平民造成了不小的伤亡。1965 年 7 月，双方撤军，各部返回原先驻地。印军方面，第 1 装甲师仅仅撤回临时集结地——贾朗达尔。巴基斯坦也在旁遮普省保留了第 1 装甲师和第 6 装甲师，随时准备开战。

巴基斯坦的作战计划

随着不断修改和完善，巴基斯坦逐步拟定出 1965 年 9 月的作战计划——"大满贯行动"。巴军判断，印军在印控克什米尔驻有 4 个步兵师和大量民兵，并可得到不少独立步兵旅和独立步兵营的增援；在西巴方向，

◀ 印度陆军总司令乔杜里上将（左）

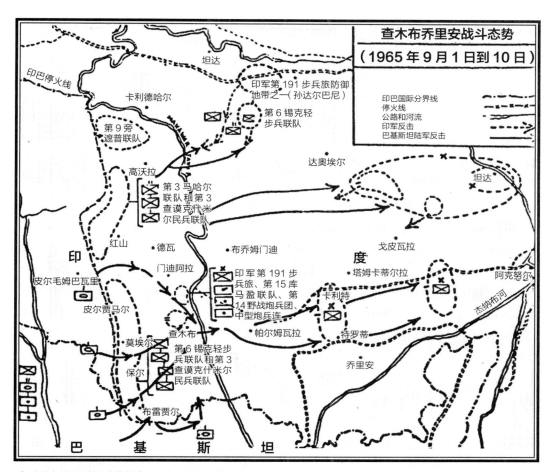

▲ 查木布乔里安战斗态势图（1965年9月1日到10日）

印军部署有1个装甲师、1个独立装甲旅、9个步兵师和3个独立步兵旅；在东巴方向，印军部署了1个步兵师和1个独立步兵旅。在北面，印军部署了2个步兵师与中国对峙。

巴军拟定的总体作战设想是在用自由战士于宽大的正面渗透进印控克什米尔的同时，再用特勤团战士袭击印控克什米尔的预定目标。在必要的情况下，动用巴基斯坦正规军支援这些自由战士的行动，打一场常规战争。巴军方计划是以北部地区侦察兵和卡拉库拉姆侦察兵在特勤团突击队员的配合下切断斯利那加到列城之间的公路，孤立卡吉尔；通

过穿过纳什塔琼（Nastachun）走廊和图特马里贾里（Tutmari Gali）朝印控克什米尔实施突击，同时结合对北恰尔利埃什（Northern Callies）的渗透行动，重创通往蒂特瓦尔（Tithwal）的交通公路网；通过组织对阿克努尔—瑙夏赫拉（Akhnur–Naushahra）地区的突击切断印军往拉乔里（Rajauri）和奔杰（Punch）的交通公路网；扰乱从帕坦科特（Pathankot）起往各地延伸的各条主要交通线，孤立查谟克什米尔战场。

在旁遮普和拉贾斯坦邦，巴军主要通过调动第1装甲师主力（下辖2个M47/

M48"巴顿"式装甲团，和 1 个装备 M24"霞飞"坦克的装甲团）进入拉合尔遂行积极防御；巴军第 7 步兵师主力从白沙瓦转移到莱亚普尔—谢胡布尔（Lyallpur-Sheikhupura），该师一个旅驻扎在马尔拉赫阿德沃克斯（Marala Headworks）附近。巴军第 6 装甲师所属的 2 个装甲团（第 11 骑兵团和第 13 枪骑兵团）驻沙卡尔加尔赫突出部（Shakargarh Salient），该师余部集中在锡亚尔科特—古杰兰瓦拉（Sialkot-Gujranwala）地区。印度陆军西部军区司令哈尔巴克什·辛格（Harbakhsh Singh）中将很快意识到巴军这些战术调动是想封锁印军可能朝德拉巴巴纳纳克（Dera Baba Nanak）大桥突击的举动，以及掩护伊乔吉尔运河地区来保卫拉合尔。在组织积极防御的同时，巴军还计划对印度的凯姆兰卡（Khem Karan）地区实施突击，然而这一带运河与河汊众多，给从卡苏尔方向威胁旁遮普的行动造成了很大的困难。

巴基斯坦陆军总司令穆萨上将提出了自己的观点。他认为随着战争的进行，印度很可能寻求采取快速打击的方式摧毁巴基斯坦的战争能力，他们将出动重兵闪击夺取西巴地盘。他判断，印军很可能在查谟方向的技术兵种的支援下，以 1 个步兵师对锡亚尔科特实施突击，求得在杰纳布—拉维（Chenab-Ravi）走廊撕开突破口，切断瓦齐拉巴德（Wazirabad）和古杰兰瓦拉之间的公路主干线，然后沿着两条主要公路：阿姆利则—瓦格赫（Wagah）和哈里克—拉合尔对拉合尔市实施突击，意在夺取拉合尔和拉维大桥。如果未能完整夺桥的话，至少也要打下拉合尔。与此同时，穆萨上将还判断，印军还可能在贝迪恩和卡苏尔之间实施突破，从南面迂回拉合尔；以及从费洛泽普尔方向跨过众多河渠突击卡苏尔，把巴军的注意力吸引过来，掩护对拉合尔方向的主攻。当然，穆萨上将认为，印军突击卡苏尔的目的并不只是佯攻掩护而已，他们还将威胁苏莱曼科，并对信德省实施辅助突击，扩大战线分散巴军兵力，阻止巴军从印军战役佯攻方向调动到其他地区救援。

对巴控克什米尔来说，巴基斯坦判断印军的计划是集中兵力从乌里和蒂特瓦尔两个方向对穆扎法拉巴德（Muzaffarabad）实施钳形突击；从奔杰（Punch）朝哈吉拉实施突击，然后向拉瓦拉科特（Rawalakot）或帕伦达里（Palandari）发展进攻，保护重要的杰纳布（Chenab）大桥，确保查木布—乔里安—阿克努尔公路的安全。

在仔细分析了印军的举动后，巴军决定将 2 个装甲师、3 个步兵师，3 个独立步兵旅安排在旁遮普省，把这里定为未来双方交战的主战场。这些大部队的任务是防止印军沿拉维河以南的拉布运河突击拉合尔和卡苏尔，在顶住印军进攻的同时，从该地区靠南的指定集结地实施战役反攻。在计划中，巴军总参谋部要求要不惜一切代价守住锡亚尔科特和拉合尔；同时，巴基斯坦陆军也要确保自由克什米尔（巴控克什米尔）的领土完整，同时组织驻巴控克什米尔的各个步兵师对印控克什米尔实施突击，也要警惕印军对东巴的袭扰（尽管印军在东巴方向只部署了 1 个步兵师和 1 个独立步兵旅）。根据这个战略，巴基斯坦的作战计划是以 1 个步兵师守住锡亚尔科特—帕斯路尔地区，以 1 个独立步兵旅守住贾斯萨尔（Jassar）；将第 6 装甲师从古杰兰瓦拉附近集结地调到帕斯路尔；以 1 个步兵师保卫拉合尔和拉布运河。以第 11 步兵师在贝迪恩—卡苏尔地区组织防御，任务是击退印军进攻阻止对方靠近运河；在法齐尔卡（Fazilka）地区组织积极的防御战斗，并以一个步兵旅保卫苏莱曼科渠；转入战役反攻时，拟调动第1装甲师和第7步兵师（师长叶海亚·汗少将）实施；密切注意信德省对面的印军调动，防范其实施辅助突击。

巴军的战略设想基本点是把印军主力缠在西巴，战斗规模越大越好，这样印军就没有足够的兵力东移威胁防御薄弱的东巴。从双方兵力部署来看，巴军在一线展开了至少4个装甲团和几个步兵师，主力第1装甲师和第6装甲师均放在战役防御纵深集结地（一个在拉维河北面，一个在拉维河南），随时准备参加战役反攻。以下是巴基斯坦陆军在西巴地区的兵力部署态势：

巴控克什米尔地区：

沿着停火线 巴军第12步兵师，驻穆尔里

斯卡度地区 巴尔蒂部队指挥部，驻斯卡度

卡拉库拉姆侦察部队（200人）

南瓦齐里斯坦侦察部队（850人）

第1马哈苏德联队（350人）

俾路支第19联队（特勤团，约100人）

凯尔—米尼马尔格（Kel-Minimarg）地区：
第2和第3联队、北部侦察部队

兹霍布（Zhob）民兵（553人）

第一分区指挥部 巴控克什米尔地方部队第9、13、16、23步兵营，驻穆扎法拉巴德

第二分区指挥部 巴控克什米尔地方部队第4、6、7、10、12步兵营，驻拉瓦尔科特

第三分区指挥部 巴控克什米尔地方部队第1、8、11、18、19、21步兵营，驻科特利

第四分区指挥部 巴军第102步兵旅（下辖3个步兵营）

巴控克什米尔地方部队（第2、5、14营），驻宾贝尔（Bhimber）

查木布—锡亚科特—夏卡尔贾尔赫地区：
巴军第4军司令部，驻锡亚尔科特
巴军第6装甲师，驻锡亚尔科特
巴军第7步兵师，驻锡亚尔科特
巴军第15步兵师，驻锡亚尔科特
第4军炮兵群，驻瓦齐拉巴德—锡亚尔科特

拉合尔—卡苏尔—苏莱曼科地区：
巴军第1军司令部，驻谢胡布尔
巴军第1装甲师，驻拉合尔—谢胡布尔－莱温德
巴军第10步兵师师部，驻拉合尔
巴军第114步兵旅，驻瓦格赫
巴军第103步兵旅，驻拉合尔—海拉（Khaira）公路
巴军第22步兵旅，驻卡苏尔
巴军第105步兵旅群，驻苏莱曼科
巴军独立第106步兵旅，驻哈尔本斯普拉（拉合尔）
巴军第1军直属炮兵群，驻拉合尔
巴军第11步兵师，驻贝迪恩地区

◀ 巴基斯坦总统阿尤布·汗亲临一线，听取将领们的汇报

印军的作战准备

到目前为止，印军针对巴基斯坦的作战计划，主要都是以积极防御为主。不过，印军高层和政府要员不少人都认为应该实施有限进攻，摧毁巴基斯坦的战斗潜力及占领部分领土，这样印度就可以在未来（关于克什米尔问题）的谈判中处于有利地位。根据上述政治要求，印度西部军区草拟了对巴基斯坦的作战方案，基本任务为：

1. 确保印控克什米尔、旁遮普邦和拉贾斯坦邦的安全，防范巴基斯坦准军事武装和穆斯林游击队的渗透。

2. 确保达拉克地区和苏加尔安全。

3. 对巴基斯坦实施有限进攻。

上述三项基本任务重确保印控克什米尔是重中之重，而要完成第一项任务的关键就是要保住斯利那加和克什米尔山谷，最大限度重创阿克努尔和奔杰之间渗透进来的自由战士，保护帕坦科特—乌德哈姆普尔（Udhampur）—斯利那加—列城公路网。在旁遮普邦，印军西部军区要尽可能在靠近国境线一侧组织有力防御，其中，在拉贾斯坦邦的任务是把敌人牵制在亚塞东面的信德省海得拉巴到印度久德普（Jodhpur）之间的铁路沿线，然后越界实施有限进攻。

遵照陆军总司令部的指示，在有限进攻中，包括组织从苏莱曼科（Sulaimanke）往巴基斯坦境内蒙哥马利镇（Montgomery）的袭击作战，从费洛泽普尔（Ferozepur）—凯姆卡兰（Khem Karan）往巴里多亚布（Bari Doab）运河实施突击，和沿着阿姆利则的公路主干大道（Grand Trunk road）和卡尔拉—拉合尔公路朝伊乔吉尔运河突击。另外，印军还要在拉维运河对面的德拉巴巴纳纳克—帕坦科特建立一个桥头堡。印军当时虽然没有发现巴军大规模积极行动的迹象，但巴军为总攻进行的后勤准备却没法掩饰，他们准备了 10 日份的弹药粮秣。注意到巴军在库奇方向的积极行动和 1965 年 8 月对克什印控克什米尔大规模游击渗透活动后，印度陆军迅速拟定了对巴基斯坦的作战计划，并于 1965 年 8 月 9 日以第 36 号作战命令下达。根据陆军总司令乔杜里上将的命令，西部军区要同时组织以下战斗行动：

1. 确保从主干大道至贝迪恩之间的伊乔吉尔运河段。

2. 在穆姆卡到吉尔之间建立一个稳固的桥头堡。

3. 往锡亚尔科特实施有限突击，以不到一个营的兵力在扎法尔瓦尔（Zafarwal）和夏卡尔贾尔赫北面跨过边界。

4. 夺取坦达。

完成上述任务后，印军需继续展开如下行动：

1. 确保德哈尔勒瓦里—乌希拉姆—达斯卡—曼德哈里一线。

2. 继续往拉合尔挺进。

印军对印控克什米尔或拉贾斯坦邦方向的任务没有改变。可印度西部军区司令部注意到巴基斯坦陆军的战役后勤准备在进攻打响 48 小时内准备了 5 日份的弹药粮秣，而不是先前判断的 10 日份。西部军区有些轻敌了，忽视了对印控克什米尔方向的防御，直接导致了巴军实施"大满贯行动"初期印军的被动。以下是西部军区所部部署情况：

印军第 1 军军部　军长 P. O. 敦恩中将

印军第 14 步兵师　师长 R. K. 伦吉特（Ranjit）·辛格少将

印军第 11 军军部　军长 J. S. 德希尔隆中将

印军第 4 山地师 师长古尔巴斯克（Gurbaksh）·辛格少将（大勇士查克拉勋章获得者）

印军第 7 步兵师 师长 H. K. 希巴尔少将（大勇士查克拉勋章获得者）

印军第 15 步兵师 师长尼兰詹·普拉沙德少将

独立第 2 装甲旅 旅长 T. K. 泰奥加拉杰准将

印军第 15 军军部 军长克什米尔·辛格·卡托奇（Kashmir Singh Katoch）中将（勇士查克拉勋章获得者）

印军第 3 步兵师 师长 G. B. S. 辛格少将（勇士查克拉勋章获得者）

印军第 19 步兵师 师长 S. S. 卡拉恩（Kalaan）少将（大勇士查克拉勋章和勇士查克拉勋章获得者）

印军第 25 步兵师 师长阿姆里克·辛格少将

印军第 26 步兵师 师长 M. L. 特彭（Thapan）少将

印军第 68 步兵旅群 旅长 S. C. 巴克什准将（大勇士查克拉勋章和查克拉十字勋章获得者）

印军第 121 步兵旅群 旅长 V. K. 格伊准将

印军第 191 步兵旅群 旅长曼默汉·辛格准将

印军第 1 装甲师 师长拉金德尔·辛格·斯帕尔洛沃（Sparrow）少将（大勇士查克拉勋章获得者）

印军第 28 步兵旅 旅长普里特帕尔·辛格准将

印军第 41 山地旅 旅长拉杰瓦德准将

印军第 67 步兵旅 旅长本特·辛格准将

印军第 15 军的作战计划和战斗序列

1965 年 8 月最后一周，接到前线各个哨所报告巴军在查木布对面频繁进行兵力调动和集结的情况后，印度陆军第 15 军军长 K. S. 卡托奇中将（查克拉十字勋章获得者）命令所属部队进入红色一号警报：

一般任务

(a) 守住停火线印度一侧的各个哨所（阵地）与查谟克什米尔邦的国境线。

(b) 歼灭巴基斯坦 / 巴控克什米尔所有渗透者，最大限度粉碎巴方的一切渗透企图。

特别任务

印军第 121 步兵旅：坚守德拉斯和卡吉尔。

印军第 19 步兵师：守住古尔马尔格、乌里周围高地、图特马里贾里、瑙夏赫拉小径、恰尔利埃什北部和拉扎德海能根（Razdhainangan）山径；注意封锁北部和西部进入克什米尔山谷的各条通道。

SRI 部队：严防死守确保斯利那加和周围郊区的安全，同时积极对周围渗透进来的匪帮组织战斗活动，守备斯利那加机场。

印军第 25 步兵师：坚守奔杰、门德哈尔、宾贝尔加里和瑙夏赫拉，阻止巴军扩展锡亚尔科特—曼迪走廊。

印军第 191 步兵旅：坚守卡利德哈尔山岭和阿克努尔镇，特别是重要的阿克努尔大桥绝不能丢。

印军第 26 步兵师：坚守查谟和桑巴（Samba），给查谟境内的 43 号到 628 号哨所提供支援。

进攻任务

由以下各单位实施：

印军第 19 步兵师：夺取巴多里（Badori）

和哈吉皮尔走廊。

印军第 25 步兵师：沿着山岭往哈吉皮尔走廊攻击前进，求得和印军第 19 步兵师取得联系。

印军第 26 步兵师：在印军第 1 军军部指挥下参加进攻战斗。

印军第 121 步兵旅：沿着古尔古尔度马洛尔（Gurgurdu-Marol）轴线对马洛尔实施突击。

印军第 191 步兵旅：夺取巴塔拉山岭。

虽然军长和军区司令还要视战况发展而确定进攻战斗任务的具体内容，但夺取停火线有利地形，改善整体防御态势却是印军早已定下的作战决心。

为了完成上述任务，印军第 15 军调整了编制：

印军第 19 步兵师

师部　师长：S.S. 卡拉恩少将

下辖第 68 步兵旅（旅长：巴克什准将）

第 1 伞兵联队、第 19 旁遮普联队、第 4 拉吉普特联队、第 6 杰特来福枪联队

第 104 步兵旅　旅长：琼亨准将

第 1 锡克联队、第 2 拉吉普特联队、第 4 库马盈联队、第 8 库马盈联队、第 3/8 廓尔喀联队

第 161 步兵旅　旅长：M. K. 巴拉琴德伦准将

第 7 马拉塔联队、第 20 马拉塔联队、第 6 多格拉联队、第 4 锡克轻步兵联队、第 6 比哈尔联队、第 7 比哈尔联队

第 268 步兵旅　旅长：S. N. 恩蒂亚准将

第 6 禁卫兵联队、第 3 锡克联队、第 3 杰特联队、第 2 查谟克什米尔民兵联队、第 13 查谟克什米尔民兵联队

炮兵：

第 7 野战炮兵团

第 164 野战炮兵团

第 37 山地炮兵团

2 个山地炮兵连

1 个重型榴弹炮连

第 25 步兵师：

师部　师长：阿姆里克·辛格少将

第 62 山地旅　旅长：H. C. 贾赫劳特准将

第 2 多格拉联队、第 14 库马盈联队、第 4/5 廓尔喀联队、第 3/11 廓尔喀联队和第 11 查谟克什米尔民兵联队

第 80 步兵旅　旅长：U. B. S. 维尔玛准将

第 1 马德拉斯联队、第 5 锡克轻步兵联队、第 2 比哈尔联队、第 4/3 廓尔喀联队、第 4/8 廓尔喀联队、第 9 查谟克什米尔民兵联队（欠 1 个连）

第 93 步兵旅　旅长：佐拉·辛格准将

第 7 马德拉斯联队、第 8 掷弹兵联队、第 3 拉吉普特来福枪联队、第 3 拉吉普特联队、第 7 锡克联队、第 3 多格拉联队、第 2 锡克联队

第 120 步兵旅　旅长：巴拉特·辛格准将

第 22 马拉塔联队、第 14 杰特联队、第 2 加特来福枪联队、第 10 马哈尔联队

炮兵：

第 23 混成山炮团

第 52 混成山炮团（欠 2 个连）

第 42 野战炮兵团

第 169 野战炮兵团

第 31 轻炮兵团

第 39 山地炮兵团 1 个分队

第 163 野战炮兵团

第 26 步兵师

师部 师长：M. L. 塔彭少将

第 19 步兵旅 旅长：阿本·奈度准将

第 14 多格拉联队、第 8 杰特来福枪联队、第 2/1 廓尔喀联队

第 162 步兵旅 旅长：R. S. 绍奥伦准将

第 6 杰特联队、第 7 杰特联队、第 1 锡克轻步兵联队

第 168 步兵旅 旅长：A. K. 卢特拉准将（查克拉十字勋章获得者）

第 9 马哈尔联队和第 5/4 廓尔喀联队

装甲兵：

第 18 装甲骑兵团和第 62 装甲骑兵团

炮兵：

第 13 野战炮兵团

第 168 野战炮兵团

第 36 山地炮兵团

SRI 部队

SRI 部队指挥部 乌姆劳·辛格少将

第 163 步兵旅 旅长：G. S. 卡勒准将

第 1 马拉塔联队、第 2/9 廓尔喀联队

第 31 混成 Z 分区司令部 A. J. R. 德耶尔准将

第 8 查谟克什米尔民兵联队（欠 1 个连）

查谟克什米尔指挥部 哈尔迪特·辛格准将

第 12 查谟克什米尔联队（欠 2 个连）

装甲兵：

一个轻骑兵中队（欠 1 个排）

炮兵：

第 25 轻型高射炮兵团（欠 1 个连）

第 121 步兵旅群 旅长：V. K. 格伊准将

第 1 禁卫兵联队、第 17 旁遮普联队、第 1 查谟克什米尔民兵联队、第 12 查谟克什米尔民兵联队 2 个连

炮兵：

第 85 轻炮兵团（欠 1 个连）

第 191 步兵旅 旅长：曼默汉·辛格准将

第 9 旁遮普联队、第 6 拉吉普特联队、第 6 锡克轻步兵联队、第 3 马哈尔联队、第 3 查谟克什米尔民兵联队

第 15 库马盈联队配属给第 26 步兵师，6 小时待命

装甲兵：

第 20 枪骑兵团 B 中队

炮兵：

第 14 野战炮兵团

第 39 山地炮兵团（欠 1 个连又 1 个分队）

第 85 轻炮兵连

第 15 军炮兵旅 旅长：苏拉特·辛格准将

第 27 轻型高射炮团、第 2 空中炮兵观察所

乌德哈姆普尔指挥站

第 8 查谟克什米尔民兵联队 1 个连

第 9 查谟克什米尔民兵联队 1 个连

印度中央警察 4 个连

印度陆军第 15 军预备队

第 41 山地旅 旅长：M. R. 拉杰瓦德准将

第 3 库马盈联队、第 6/5 廓尔喀联队和第 1/8 廓尔喀联队

剑在弦上

在"直布罗陀行动"失败后，巴基斯坦对印控克什米尔的第一阶段的"入侵"结束了。可游击战的威胁依然挥之不去。大量自由战士仍在克什米尔山谷里活动，他们的同僚也

在北部和查谟游动。为了摧毁印控克什米尔腹地的穆斯林游击队基地，印军对哈吉·皮尔走廊展开攻击，有效堵住了对奔杰和乌里方向的渗透活动。巴基斯坦担心印军如果继续向西推进的话，会对整个巴控克什米尔地区造成威胁。另一方面印军这个有限作战行动也威胁到了克什米尔北部的巴军和自由战士的交通联络线。

在这种情况下，巴基斯坦决心实施第二阶段作战，发起"大满贯行动"。巴军古尔扎尔·艾哈迈德（Gulzar Ahmed）准将描述道："印度在克什米尔展开攻势后，巴基斯坦总统阿尤布·汗与巴基斯坦陆军总司令穆萨上将开会讨论，决定实施攻势作战，进攻查木布和乔里安（Jaurian）。"这次主要的突击的目标是夺取或摧毁距实际控制线纵深40公里的阿克努尔大桥（Akhnur bridge）。这座桥具有重要的战略价值，它是查谟—拉乔里公路的重要枢纽，炸毁或者夺取它，就可以切断查谟和帕坦科特（Pathankot）与瑙夏赫拉、拉乔里（Rajauri）和奔杰之间的交通，孤立在印控克什米尔西北地区作战的印军部队。如能完整夺取阿克努尔大桥，巴军将组织对30公里外的查谟市进行坦克突击。只要拿下了查谟市，那么驻查谟和克什米尔的印军就将被分割，陷入孤立各自为战的境地。而查谟在手，也将使巴基斯坦总统阿尤布·汗获得和印度讨价还价的重要筹码。

这是一个宏伟而精心策划的作战计划，在一定程度上巴军很好地执行贯彻了该计划。巴军选择查木布—乔里安地区作为步坦协同进攻地带是有自己的理由的。这一带从停火线西面起，往南延伸到两国边界线大部分地带都是平坦的高原平地。卡利德哈尔（Kalidhar）山脉构成查木布—乔里安区域的

北部地界，马纳瓦尔塔维河是该地区仅有的江河屏障。而且，就算是这条河对坦克来说也只能算部分江河天堑，在旱季的时候没法阻止坦克涉过。印军在这一带没有反坦克防御系统，印度一侧的地形也限制了他们的主战坦克在该地区的展开。可对巴军而言，他们的坦克群却可以自由机动（巴方一侧地形平坦）直接扑向印军防御地带。从巴方的角度来看，这里是查谟和克什米尔地区最适合巴军使用坦克群，发挥他们战斗威力的战场。除了地形对坦克突击有利外，巴军的补给基地锡亚尔科特和卡里亚（Kharian）离一线很近，补给便利。巴军古尔扎尔·艾哈迈德准将认为："从印军的角度来看，这一带的地形对他们相当不利。他们的补给交通线长达180公里，还包括一条从帕坦科特延伸过来的单向公路。（该地区）部分靠近印巴边界地段的公路，承载力是很脆弱的。阿克努尔的杰纳布河大桥根本没法承载重型坦克。"此外，杰纳布河给巴基斯坦的进攻提供了天然右翼屏障的同时，也给印军在该地区作战的后勤保障带来了很大的麻烦。

然而，巴军要进行大规模步坦协同进攻作战，战役准备是没法隐瞒的。驻克什米尔的联合国军事观察小组及时发现了这一情况，并警告印度官方称巴军准备在这一带发动进攻。

然而，印军并没有把联合国军事观察小组的警告当回事，自然也就没有采取紧急措施去应对。在巴军发起"大满贯行动"前，印军在查木布—乔里安地区的兵力大约为1000人，主要还是装备步兵轻武器的警察，并筑有不少混凝土碉堡，各碉堡通过加顶盖的交通壕相连。负责查木布—乔里安地区防务的是印度陆军第191步兵旅群，该旅群下辖：

1. 第191步兵旅旅部，驻门迪阿拉

▲ 巴基斯坦陆军的装甲中坚 M48 坦克

（Mandiala）大桥

　　2. 第 6 锡克轻步兵联队，驻布雷贾尔（Burejal）到皮尔贾马尔（Pir Jamal）之间停火线

　　3. 第 15 库马盈联队，驻门迪阿拉地区

　　4. 第 3 马哈尔联队和第 3 查谟克什米尔民兵联队一部，驻扎皮尔贾马尔北部地区

　　5. 第 6/5 廓尔喀来福枪联队，驻扎卡利德哈尔地区

　　6. 第 20 枪骑兵团 C 中队，驻门迪阿拉西面

　　7. 第 14 野战炮兵团，（欠 1 个连）驻查木布和 1 个连驻德哈克巴尼亚尔

　　8. 中型炮兵连，驻查木布东面

　　9. 第 6 拉吉普特联队，1965 年 8 月 30 日 07 点 30 分驻查木布

　　根据印军的情报，当时在实际控制线前沿对峙的只有巴军自由克什米尔 2 个武装营和大约 600 名准军事人员，一个装甲骑兵中队和 1 个俾路支联队在纵深做预备队；沿着国境线往南，巴军还有 1 个步兵营、1 个装甲团（欠 2 个中队）和 1 个机械化营驻扎。巴军的预备队保留在宾贝尔和马拉拉两渠，包括 2 个步兵营、1 个装甲团和第 14 伞兵旅

（欠 1 个营）。炮兵部队包括 2 个野战炮兵团、1 个中型炮兵连（155 毫米榴弹炮）和 2 个重迫击炮连。

　　由于情报低估，导致印军错判了巴军的企图。印军认为巴军在查木布—乔里安地区兵力不大，对当面的印军不构成大的威胁。他们能做的最多就是进行炮击、搞袭击和自由战士渗透。1965 年 8 月 31 日在斯利那加召开的作战会议上，印度陆军总参谋长、第 15 军军长和作战部长认为："迄今为止，巴军都没有公开用武力直接支援渗透分子，但即便他们这么做，也可能只进攻查木布，同时进一步加大渗透力度。"他稍后强调："目前很难判明巴基斯坦究竟是采取防御还是进攻措施，但不管怎么说巴军都不会推进得太远。"对于印度陆军总参谋部作战部部长的判断，印军第 15 军军长卡托奇却认为："巴军肯定会对印军在哈吉皮尔的行动采取措施，要么攻打查木布地区。"但他又认为巴军进攻目的不太可能是要拿下阿克努尔大桥。这些判断和巴军实际的作战计划相去甚远，充分说明了巴军战前的欺敌行动和兵力调动瞒住了印军，导致印军上下误判了巴军的战役决心和企图。

　　相对印军的错误估计，巴军却已经调动了 2 个装甲团（M4"谢尔曼"坦克和 M48"巴顿"坦克混编，80% 是 M48"巴顿"式坦克）、2 个野战炮兵团、2 个中型炮兵团、1 个重迫击炮连和第 7 步兵师（包括 8 个步兵营）准备在查木布方向实施主要突击。巴军统帅部给这些部队赋予的任务是：

　　(a) 在进攻当天就要拿下马纳瓦尔塔维河西岸，并有效确保查木布—门迪阿拉地区的各座桥梁。

　　(b) 尽快夺取阿克努尔大桥。

　　(c) 利用卡利德哈尔山脉和卡利特之间山

▲ 二战名车 M4"谢尔曼"坦克在 1965 年的第二次印巴战争中继续发挥余热

岳地带继续组织自由战士渗透，和用步兵在坦达地区的孙德尔巴尼和阿克努尔之间地区建立路障，封锁该地区公路网。

印军方面，1965 年 8 月 31 日第 15 军任务如下：

(a) 寻歼渗透的巴方武装人员。

(b) 完全打通乌里—奔杰（Uri-Punch）之间联系。

(c) 准备防范巴基斯坦的进攻。

印军第 15 军军长欣然接受了这些任务，并希望在 9 月 3 日完成乌里—奔杰的联系。他相信所部能够轻松击退巴军对杰亨加尔的进攻。当前，他最担心的是实际控制线附近

己方炮兵力量过于薄弱。为此，他命令第 26 步兵师的一个中型炮兵团和一个野战炮兵团随时做好战斗准备，要做到招之即来。接着，他在作战会议上再次肯定了巴军对查木布方向进攻的可能，但始终不认为巴军有能力夺取阿克努尔大桥。有关查木布方向的防御部署情况的讨论一直持续到巴军发起"大满贯行动"前一刻都没有停止。

1965 年 8 月 15 日，曼默汉·辛格准将接替在巴军炮击中身亡的马斯特尔准将，出任印军第 191 步兵旅旅长一职。履新前，他是驻查谟地区印军第 26 步兵师所属的第 162 步兵旅旅长。从组织编制上看，印军第 191

步兵旅是一个独立作战单位，归第 15 军直辖。该旅防区广大，涵盖国境线 83 公里和停火线 32 公里上的 66 个边界哨所。根据印军的部署，在印巴国境线上的各个哨所由旁遮普邦武装警察〔Punjab Armed Police（PAP）〕负责，停火线上的哨所由印度陆军负责。1965 年 8 月 16 日，在与巴军的边界冲突中，印军第 3 查谟克什米尔民兵联队丢掉了 8 个哨所。截至当时，曼默汉·辛格准将手下的部队只有第 9 旁遮普联队和第 3 马哈尔联队。不久，第 2 锡克联队也纳入第 191 步兵旅序列内。8 月 24 日，印军第 191 步兵旅夺回了丢失的 8 个哨所。恢复边防后，曼默汉·辛格准将打算在特洛蒂山脊安排一个步兵营，可他发现自己兵力不足。更糟糕的是，军长又从第 191 步兵旅内抽走了第 2 锡克联队、2 个中型炮兵团和部分步兵单位，加强给了奔杰。

曼默汉·辛格准将曾请求上级配发反坦克地雷，却被驳回。他很担心巴军会突然进攻，因此特派手下的坦克车长参加步兵的巡逻，偷听停火线对面是否有坦克发动机轰鸣声或者地面是否有坦克车辙印，来判明巴军是否集结坦克。采取这种极为原始的情报收集法，曼默汉·辛格准将发现巴军确实在实际控制线对面集结了坦克，但军部却根本不信这个报告，自然也就不会给印军第 191 步兵旅增配防坦克武器。一切只能靠自己，曼默汉·辛格准将只得把手上所有的 106.6 毫米无后坐力炮集中到德瓦公路，坦克群（不到 1 个中队规模，其中 3 辆坦克没法动弹）靠南部署。

相对印军的无知，巴军却已经成功完成了战前准备。1965 年 9 月 1 日 04 点 00 分，巴军以 1 个步兵师和 2 个装甲团在强大的炮火支援下，突然对查木布地区停火线上的印军哨所展开攻击，掀开了 1965 年印巴战争的

序幕。根据指挥这次突破战斗的巴军第 4 军军长拉纳中将的描述，"大满贯行动"之初，巴军第 4 军炮兵群投入战斗的单位如下：

第 2 野战炮兵团

第 39 野战炮兵团

第 81 自由克什米尔炮兵连

第 8 中型炮兵团

第 28 中型炮兵团

第 10 中型炮兵团所属第 32 炮兵连

第 33 重型炮兵团 124 连（155 毫米榴弹炮）

第 34 重型炮兵团 127 连（8 英寸榴弹炮）

第 29 轻型高射炮团 111 连

第 17 军炮兵团

在猛烈的炮声中，1965 年印巴战争拉开了帷幕。

查木布—门迪阿拉之战

从帕德哈尔周围，巴基斯坦陆军第 4 军炮兵群在军长拉纳中将的统一指挥下，对查木布方向的停火线印控区一侧，从红山到布雷贾尔之间的哨所实施绵密的炮火准备，炮火突击重点是查木布和门迪阿拉，以及门迪阿拉大桥和印军第 14 野战炮兵团阵地。巴军炮火准备气势宏大，以至于距战场 80 公里外的查谟市内建筑物也遭到炮火强烈的冲击余波。

在强大的炮火掩护下，巴军迅速展开攻击。在查木布方向实施突击的同时，巴军也在 04 点 00 分于查木布西北 56 公里的杰亨加尔展开攻势。为了迷惑印军，巴军炮兵同样对该地区进行了持续 2 个小时的猛烈炮轰，让印军没法猜透巴军的主攻方向。

大约 06 点 00 分，巴军首先攻击了查木布南面，也就是停火线和印巴国境线交叉点的布雷贾尔哨所。虽然印军击退了对方第一次冲击，但很快又遭到另一股越过国境线的

▲ 在克什米尔山地战斗的巴基斯坦陆军步兵战士们

巴军冲击。巴军两次进攻都得到了大约 1 个中队坦克群的支援。与此同时，巴军第三股兵力在 M48"巴顿"式坦克一个中队的掩护下，于 00 点 30 分从莫埃尔（Moel）和保尔（Paur）之间的印军防线缺口钻进去一路向前挺进。为了堵住巴军坦克冲击，印军马上把第 20 枪骑兵团 C 中队投入战斗，双方狭路相逢，爆发了 1965 年印巴战争中的第一次坦克战。印军宣称击毁敌 10 辆坦克。虽然印军在最初战斗中打得不错，可这些只不过巴军的试探进攻而已，沿着查木布—门迪阿拉，巴军掀起了进攻狂潮，他们主要的突击方向是沿着绿岭—布拉米亚—德瓦公路朝门迪阿拉挺进，投入战斗的兵力为 1 个步兵旅和 1 个"巴顿"坦克团，外加一个摩托化步兵营。

　　由于缺乏强有力的装甲兵支援，印军第 191 步兵旅根本无法阻止巴军的全面进攻。战至 10 点 00 分，巴军分割孤立了印军第 3 马哈尔联队，将其团团包围在德瓦以南。印军紧急从查木布抽调 1 个 AMX-13 坦克排赶来救援，却被巴军 M48"巴顿"式坦克群拦下，全排覆灭。在巴军强大的坦克群全面冲击下，印军在边界的莫埃尔、保尔和布雷贾尔哨所相继被攻破。得手的巴军坦克群一路攻击前进，很快就扑到印军第 15 库马盈联队阵地，很快打垮了该联队 2 个连的阻击，一鼓作气冲到印军第 191 步兵旅旅部 450 米内。在这

个危难关头，印军第 15 库马盈联队 1 门 106 毫米无后坐力炮表现出色，准确击毁了冲在最前面的巴军 M48"巴顿"坦克，接着又炸坏了跟进的第二辆坦克的炮管。在第 15 库马盈联队的顽强抵抗下，第 191 步兵旅紧急命令周围的各个坦克排和无后坐力炮赶来"护驾"。眼看印军在 191 旅部周围筑起了反坦克火力体系，巴军坦克转向南面，试图支援步兵拿下印军前沿哨所。可到了这个时候，查木布—门迪阿拉沿线的印军各个哨所几乎都被巴军攻克，各哨所的印军官兵非死即俘。

　　鉴于战况极为不利，印军第 191 步兵旅旅长曼默汉辛格准将请求印度空军立即出动，对巴军坦克群实施空中打击，遏制巴军的突破势头。遗憾的是，印度空军攻击机群直到 17 点 00 分才飞临战场，此时形势已经发生了急剧变化。更令人气愤的是，印度空军的对地攻击机不仅迟滞于巴军坦克群的推进速度，还误炸了印军炮兵阵地和坦克集结地，造成了严重的损失。在这次不幸的误击事件中，印军第 191 步兵旅部所有拉炮弹的卡车，以及 3 辆 AMX-13 坦克、1 辆坦克救援车和 1 辆满载坦克炮弹的卡车都被炸毁。

　　虽然遭到轰炸，但巴军仍在前进，18 点 00 分他们成功在门迪阿拉和查木布之间达成新的突破。至战至 22 点 00 分，10 辆巴军坦克开上了马纳瓦尔塔维河东岸。伴随这次突击，巴军还对查木布地区山岭展开攻击，从印军第 3 查谟克什米尔民兵联队手里夺取了红山和绿山哨所。巴军的多路突击，使印军第 191 步兵旅旅部陷入了被合围的危险。9 月 1 日 21 点 00 分，曼默汉·辛格准将下令第 6 锡克轻步兵联队、第 15 库马盈联队、第 14 野战炮兵团，以及中型炮兵团、第 20 枪骑兵团 C 中队残部放弃重装备统统往乔里安退却。

曼默汉·辛格准将在仓促下达撤退命令的同时，却仍然命令被巴军分割孤立的第3马哈尔联队、第6/5廓尔喀来复枪联队和第3查谟克什米尔民兵联队余部继续坚守在卡利德哈尔的阵地。这种命令实在是令人费解。

撤退下来的印军第191步兵旅担负起了包括阿克努尔大桥在内的阿克努尔地区守备任务。为此，第191步兵旅编制再次做出调整，原本负责守备阿克努尔大桥的印军第6拉吉普特联队，划归印军第191步兵旅节制。1965年9月2日06点30分，巴空军F86"佩刀"喷气式战斗机临空，用航空火箭弹、炸弹和机枪子弹狂扫乔里安地区，给印军造成了重大伤亡，特别是第3旁遮普邦武装警察联队损失尤为惨重。这时，印军第191步兵旅（欠第9旁遮普联队和第3马哈尔联队）在阿克努尔周围重新调整部署，积极组织防御。第20枪骑兵团C中队残部奉命配合第41山地旅，防守乔里安周围高地群。

与此同时，印军第15军军部也密切关注急剧恶化的战况。早在1965年9月1日下午，第15军就命令印军第10步兵师迅速赶来，全面接管查木布方向的防御战斗。第15军给第10步兵师的任务是顶住巴军攻势，守住阿克努尔大桥和卡利德哈尔路口。印军第10步

兵师不敢怠慢，迅速调兵遣将增援查木布方向。1965年9月1日，第10步兵师下达如下兵力调度指示：

（a）第163山地旅所属的第6拉吉普特联队担任阿克努尔大桥守备任务。（该联队于1965年9月2日拂晓赶到目的地。）

（b）第20枪骑兵团（欠2个中队）从帕坦科特赶来。（到位后，第20枪骑兵团归印军第41山地旅节制，任务是保卫乔里安。）

（c）印军第28步兵旅（包括第2掷弹兵联队、第5/8廓尔喀联队和第1/1廓尔喀来复枪联队）从帕坦科特赶到达马纳。该部务必在1965年9月2日08点00分到位，并担任军预备队。第161野战炮兵团及配属炮兵各部要前出到乔里安支援第41山地旅作战。第1/1廓尔喀联队奉命转移到乔基乔拉（Chauki Chaura）地区，准备保护阿克努尔—孙德尔巴尼公路交通线。

总的来说，第一天战斗的结果表明，虽然巴军掌握了战役的突然性，充分抓住了印军反应迟缓等弱点攻下了查木布，实现了"大满贯行动"的初胜，可是巴军的进攻势头却没有继续保持。他们没有抓住战机，继续朝乔里安发展进攻，而是停下来就地等待弹药粮秣补充，直到9月3日才继续进攻，这给了印军第41山地旅宝贵的时间来加强阿克努尔防御工事。根据巴基斯坦陆军总司令穆萨上将的说法，"大满贯行动"第一阶段进攻目标就是夺取查木布。在第二阶段战斗中，马立克少将指挥的第12步兵师和叶海亚·汗少将（Yahya Khan）指挥的第7步兵师换防，换防行动在9月2日11点00分开始。这个换防行动实在令人费解，为什么不利用首战的突破成功一鼓作气打下最终目标？要知道巴军第12步兵师在第一天战斗的损失并不

▲ 巴基斯坦空军给陆军提供了强有力的支援，对"大满贯行动"初战告捷贡献良多

大，牺牲人员仅仅 103 人。在牺牲如此少的情况下，第二天就要换防无论如何都不是一招好棋。

不过，印军第 191 步兵旅的突然崩溃也给查木布—门迪阿拉地区形势带来空前危机。印军第 15 军最初考虑让第 41 山地旅和第 28 步兵旅在乔里安—卡利特一线组织坚固防线，但最终还是决定只把第 41 山地旅放在乔里安，第 28 步兵旅作为军预备队防守阿克努尔。第 15 军军长卡托奇中将紧急命令第 41 山地旅（当时仅下辖 2 个联队）迅速占领乔里安—特洛蒂阵地。

接到命令的印军第 41 山地旅反应很快，他们在 1965 年 9 月 3 日清晨报告自己已经在乔里安占领有利阵地，组织防御准备迎击来犯的巴军。印军第 20 枪骑兵团（欠 2 个中队）也赶到了战场，他们和 C 中队残部一起负责给第 41 山地旅提供坦克支援。V. N. 斯瓦米中校指挥的印军第 161 野战炮兵团和印军第 38 野战炮兵团 1 个连负责为第 41 山地旅提供炮火支援。

在此期间，巴军步兵也沿着马纳瓦尔塔维河巩固他们的阵地。至 1965 年 9 月 2 日 19 点 30 分，在没有遇到任何抵抗的情况下，巴军成功过河，并在对岸建立了一个坚固的桥头堡。9 月 3 日大约 12 点 00 分，巴军重新组织攻击。18 点 00 分，巴军在强大的炮火掩护下，以 30 辆坦克配合步兵从北面突击乔里安。虽然印军击退了巴军第一次冲击，双方都付出了很大的损失，但很显然印军第 41 山地旅在巴军这种规模的进攻面前很难坚持很长时间。再英勇的步兵也挡不住潮水般冲击而来的步兵和坦克流，无奈的印军除了撤退没有别的办法。此时，印军第 191 步兵旅仍在阿克努尔地区重新组织防御，但他们目前的实力是

不足以挡住巴军哪怕一次大规模冲击的。印军第 28 步兵旅下辖第 2 掷弹兵联队和第 5/8 廓尔喀来复枪联队奉命前出，缓解第 41 山地旅和第 191 步兵旅面临的进攻压力。1965 年 9 月 3 日傍晚，印军第 28 步兵旅划归印军第 10 步兵师节制，任务是从 1965 年 9 月 4 日拂晓起，在阿克努尔西面大约 10 公里的法特瓦尔山岭一线组织阵地防御，尽量迟滞巴军推进。

1965 年 9 月 2 日到 5 日，印军第 10 步兵师战斗序列如下：

印军第 191 步兵旅群

阿克努尔：

第 6 拉吉普特联队（新近到位）

第 6 锡克轻步兵联队

第 15 库马盈联队

第 6/5 廓尔喀联队

第 3 旁遮普邦武装警察联队

第 14 野战炮兵团（一部）

卡利德哈尔 / 孙德尔巴尼地区：

第 3 马哈尔联队

第 9 旁遮普联队

第 3 查谟克什米尔民兵联队

第 123 山地炮兵团一个排

第 41 山地旅（乔里安）

▲ 巴军正在展示于 1965 年 9 月 1 日击落的印度空军第 45 中队一架"吸血鬼"式战斗机的残骸

第 9 马哈尔联队

第 1/8 廓尔喀联队

第 161 野战炮兵团

地 123 野战炮兵团（欠 1 个连又 1 个排）

第 28 步兵旅（达马纳／法特瓦尔）

第 2 掷弹兵联队

第 1/1 廓尔喀联队

第 5/8 廓尔喀联队

9 月 4 日，在印军第 10 步兵师防区部署的其他部队为：

乔里安—特洛蒂：第 41 山地旅正遭到巴军猛烈进攻，但估计还能把阵地守到 1965 年 9 月 4/5 日夜。

法特瓦尔山岭：第 28 步兵旅正在仓促组织防御。

阿克努尔：印军第 191 步兵旅正在阿克努尔周围布雷，加强防御阵地。

卡利德哈尔山岭：1965 年 9 月 3/4 日夜，707 号哨所已经陷落。第 3 马哈尔联队、第 9 旁遮普联队和第 3 查谟克什米尔民兵联队部分兵力在 1965 年 9 月 1/2 日夜把防务交给了第 6/5 廓尔喀联队。

1965 年 9 月 4 日 11 点 00 分，巴军恢复对乔里安方向的进攻，他们在尝试用坦克群从南面迂回印军乔里安阵地的同时，还在正面投入 2 个步兵营和 1 个装甲团，在野战炮和中型炮各 1 个团，以及 1 个重迫击炮连的支援下，从北面坚决突击。双方惨烈的战斗一直持续到 14 点 00 分，在巴军步兵和坦克的反复突击下，印军三个连阵地相继被突破，好在印军顽强组织反突击才稳住了局面。傍晚，巴军部队源源不断跨过马纳瓦尔塔维河，往乔里安和卡利特方向突击，同时乔里安阵地南北两面也集结有巴军强大的步坦集群。显然，印军第 41 山地旅形势越来越危急，他们的阵地随时有被巴军

突破的危险。为了避免崩溃，印军第 41 山地旅于 1965 年 9 月 4/5 日夜主动撤出了乔里安，穿过法特瓦尔山岭阵地（由印军第 28 步兵旅把守）转移到阿克努尔地区。在这次激烈的战斗中，印军第 161 野战炮兵团擅自放弃了自己的火炮，这种对宝贵的装备极其不负责任的做法激怒了印军高层。上级严令该团要不惜一切代价抢回火炮，避免资敌。然而，在巴军猛烈的炮火下，抢回火炮并没有那么容易。第 161 野战炮兵团没法执行命令，在该团历史上留下了极为耻辱的一笔。

这一次，获胜的巴军没有再停下前进的步伐，他们尾追退却的印军一路前进，于 9 月 5 日下午前出到乔里安和卡吉特公路沿线的印军阵地前沿。9 月 5 日 15 点 30 分，巴军一面用炮兵和坦克对印军第 28 步兵旅（第 2 掷弹兵联队和第 5/8 廓尔喀联队）实施火力打击，一面出动巡逻队和侦察分队不断和印军保持接触。9 月 6 日，巴军突然在猛烈的炮火、坦克火力和吉普车载中机枪的支援下对印军第 28 步兵旅左翼的第 2 掷弹兵联队展开坚决攻击，但被印军第 2 掷弹兵联队击退。接着，巴军又从北面实施突击，也没有得手。

与此同时，从 9 月 2 日起，驻克什米尔停火线的联合国军事观察小组一再呼吁印巴双方克制，要求双方停火。但巴基斯坦不予理睬。1965 年 9 月 4 日，联合国安理会做出决议，要求印巴双方立即停火，恢复 1965 年 8 月 5 日以前态势。巴基斯坦继续无视联合国安理会的呼吁，而且在 9 月 5 日空袭了阿姆利则机场。至此，查木布方向的战斗冲突已经迅速升级演变成局部战争。为了减轻查木布—乔里安—阿克努尔方向的印军防守压力，陆军总司令部决定于 9 月 6 日以第 11 军和第 1 军对拉合尔与锡亚尔科特展开全面进

▲ 巴基斯坦陆军士兵站在一门被摧毁的印军火炮前。在巴军的猛烈打击下，查木布方向的印军垂头丧气，要不是靠拉合尔和锡亚尔科特方向的友军的救援，重要的阿克努尔大桥早就落入巴军之手，查谟市也将不保

攻。在印军发起拉哈尔和锡亚尔科特攻势后，巴军被迫从查木布方向抽调大量坦克、火炮和 1 个步兵旅南下救援。巴军要夺取阿克努尔，直下查谟的企图就此被粉碎。

不过，巴军撤下 M47/M48 坦克团的同时，却换上了一个坦克歼击单位，同时也没有放松对印军的炮击。为了继续保持对印军的压力，巴军改变战术增加步兵战斗活动。但随着巴军抽调炮兵和装甲兵南下，他们的进攻势头完全停止了。有鉴于此，查木布方向的印军决心组织反攻。1965 年 9 月 6/7 日夜，印军第 15 军拟定了反攻计划：

1. 印军第 28 步兵旅在第 20 枪骑兵团（欠 1 个中队又 1 个小队）、第 6/5 廓尔喀来复枪联队和第 5/8 廓尔喀来复枪联队的支援下沿着主要公路前进，确保乔里安周围高地，并准备夺回查木布大桥。

2. 第 191 步兵旅，在第 20 枪骑兵团 2 个小队、第 6 拉吉普特联队和第 15 库马盈联队的支援下，沿着阿克努尔—卡利特轴线前进，先确保卡利特，再拿下门迪阿拉大桥。

3. 在第 28 步兵旅夺回乔里安后，第 41 山地旅和第 1/1 廓尔喀联队和第 1/8 廓尔喀联

队一起超越第 28 步兵旅，对查木布展开攻击。

然而，印军在坦克和炮兵上没有任何优势，进展甚微。9 月 7 日，印军反攻部队遭到巴军第 7 步兵师猛烈的坦克和炮兵火力打击，冲击连番受阻，第 28 步兵旅仅取得恰克卡尔帕尔的微小战果。同一天，印军第 191 步兵旅群以第 15 库马盈联队和第 20 枪骑兵团 2 个小队转移到凯恩克地区。接着，第 15 库马盈联队沿着阿克努尔—卡利特公路于 07 点 30 分与印军第 20 枪骑兵团 2 个小队会合。巴军很快发现了扑过来的印军，立即组织坦克、无后坐力炮和中型机枪火力在卡德组织了一次成功的火力阻击战，打坏 1 辆 AMX–13 坦克，击溃了印军步兵，分割了印军步坦协同。接着，巴军又在贾德地区伏击了印军第 15 库马盈联队 1 个连。虽然印军步兵和坦克兵在战事不利的情况下迅速退却，但还是蒙受了很大的损失——伤亡 120 多人，其中 30 人战死，损失 2 辆 AMX–13。1965 年 9 月 8 日，印军第 15 军再次调整部署，重新给各部分配任务：

1. 第 28 步兵旅，以第 6/5 廓尔喀联队、第 2 掷弹兵联队和第 20 枪骑兵团 1 个中队支援下，防守阿克努尔—乔里安公路两侧。

2. 第 191 步兵旅，以第 5/8 廓尔拉来复枪联队、第 6 拉吉普特联队、第 15 库马盈联队和第 20 枪骑兵团 2 个小队部署在阿克努尔—凯恩克—卡利特公路沿线。

3. 第 41 山地旅，以第 6 锡克轻步兵联队、第 1/1 廓尔喀来复枪联队和第 1/8 廓尔喀来

◀ 巴军正在展示在乔里安战斗中缴获的印军第 161 野战炮兵团的全部火炮

复枪联队一起负责防卫阿克努尔，随时准备顶上乔里安。

1965年9月8/9日夜，印军第28步兵旅和第191步兵旅继续加强阵地防御，并对当面展开积极巡逻。期间，他们不断遭到巴军炮兵猛烈袭击，双方巡逻队也发生了不少战斗。1965年9月9日，形势渐渐稳定。印军第15军再次计划对巴军反攻。1965年9月9日16点00分，印度陆军第10步兵师师长下达口头命令，指示部队分三步实施反攻：

1. 第一阶段：

第28步兵旅指挥的第2掷弹兵联队要在1965年9月9/10日夜进攻恰克卡尔帕尔。

2. 第二阶段：

第15库马盈联队1个连在2个坦克小队支援下，于1965年9月10日拂晓出动，从北面威胁恰克卡尔帕尔，这次进攻由印军第191步兵旅负责指挥。

3. 第三阶段

接着，第41山地旅又往乔里安推进。

1965年9月10日，印军第2掷弹兵联队又在1个坦克中队的支援下沿着乔里安轴线反击，再次企图夺回恰克卡尔帕尔。可他们还是遭到了猛烈的炮火和中机枪的火力打击，甚至整个联队还没展开队形就被巴军火力击溃，不得不取消进攻。在巴军的火力打击下，印军第2掷弹兵联队损失惨重，计14人战死、46人负伤、12人失踪。印军第15库马盈联队1个连的兵力也在2个坦克小队的支援下从北面扑向恰克卡尔帕尔，遭到巴军2个"谢尔曼"坦克小队1个连步兵和4门无后坐力炮，以及强大炮兵火力的抗击。第15库马盈联队和巴军打了6个小时，也没能制服对手，只好被迫撤退。这次战斗，双方损失都不小，巴军损失3辆M4"谢尔曼"坦克和1门无后坐力炮，印军损失3辆AMX-13坦克。

同一天，印军第41山地旅奉命转移到第11军战区。这个调动进一步削弱了印军第10步兵师的战斗力。虽然印军已经巩固了法特瓦尔山岭阵地，但叶海亚·汗少将指挥的巴军第7步兵师还是继续对印军据守的法特瓦尔山岭阵地施压力，并往北面的法特瓦尔山岭和卡利德哈尔之间山地渗透。为了粉碎巴军的企图，牢牢确保现阵地，印军第10步兵师再次调整兵力部署：

1. 第28步兵旅以第6拉吉普特联队、第6/5廓尔喀来复枪联队、第5/8廓尔喀来复枪联队、第1/1廓尔喀联队1个连和第20枪骑兵团1个中队，在法特瓦尔山岭作战，任务是封闭两条主要干线。

2. 印军第191步兵旅群以第1/1廓尔喀联队（欠1个连）、第3库马盈联队和第2掷弹兵联队在北面山区作战。在卡利德哈尔地区作战的部队（主要是第9旁遮普联队、第3马哈尔联队和第3查谟克什米尔民兵联队一部）由第191步兵旅群节制，第191步兵旅旅部转移到坦达。

1965年9月1/2日夜和3/4日夜退却后，印军第3马哈尔联队和第9旁遮普联队在卡利德哈尔山岭重新组织防御。随着查木布—乔里安战事的不断深入，巴军一再试图驱逐卡利德哈尔山岭的印军2个联队，他们投入2个步兵营、一个准军事部队，先是进行正面攻击，眼看强攻没法突破又改采取渗透战术，突入加特北面。1965年9月14日，印军巡逻队报告发现一股兵力较大的巴军在圣战武装组织的配合下前出到马纳尼—古拉巴恰普帕尔地区。印军马上抽调第1/1廓尔喀联队和第3库马盈联队，赶往歼灭这股巴军。第1/1廓尔喀联队在当天攻下了2357高地，重创了对

▲ 巴军展示在乔里安战斗中缴获自印军第 20 骑兵团的 2 辆 AMX-13 坦克

手。9 月 18 日，他们又经短促激战再度给予对手沉重打击，拿下了哈纳尼。在第 1/1 廓尔喀联队获胜的同时，第 3 库马盈联队也于 9 月 17 日 15 点 30 分攻取了古拉巴恰普帕尔的巴军阵地，缴获大量武器装备和弹药，当然自身损失也很大——伤亡 63 人，其中 33 人战死。在印军的坚决打击下，巴军渗透部队受到较大损失，被迫往戈皮瓦拉退却。印军第 3 库马盈联队乘胜追击，又在 9 月 18 日 03 点 00 分对凯里发起攻击，却遭到对方炮兵猛烈轰击和巴军 3 个连坚决反突击，追击受挫。

1965 年 9 月 19 日，印军第 10 步兵师接到第 15 军通报，称巴军 1 个中型坦克团似乎要往阿克努尔地区突击。第 15 军军长卡托奇中将赋予第 10 步兵师的任务是：

1. 守住阿克努尔前方阵地群。

2. 不惜一切代价守住阿克努尔。

3. 守住卡利德哈尔山岭。

4. 准备组织反攻，夺回特洛蒂—卡利特阵地，并向马纳瓦尔塔维发展进攻。

5. 确保阿克努尔—孙德尔巴尼公路安全。

6. 如果条件成熟，就夺取达格尔地区。

对这次进攻战斗，印军打算以 1 个步兵营和 1 个 AMX-13 坦克中队实施，第 2 掷弹兵联队做军预备队，进入 6 小时待命状态。

1965 年 9 月 20 日，印军第 15 军情报显示，巴军在古拉巴恰普帕尔地区的活动显著增加。

双方巡逻队之间冲突频繁，都受到损失。尽管巴军已有所防备，但印军第 15 军还是决心展开攻击，军长卡托奇中将命令第 28 步兵旅准备对达格尔展开攻击——第 6 锡克轻步兵联队（欠 1 个连）和第 2 掷弹兵联队（欠 1 个连）在第 28 步兵旅统一指挥下，计划在 1965 年 9 月 22/23 日夜，沿着阿克努尔—乔里安公路首先实施突击。除了上述两个联队外，第 28 步兵旅还打算把第 11 库马盈联队、第 1/1 廓尔喀联队和第 20 枪骑兵团 1 个中队投入战斗。然而，1965 年 9 月 23 日印巴双方签署的停火协议生效，这次反攻行动也不了了之。

梅格多奥特部队

在查木布—乔里安正面战场激战正酣的时候，印军也模仿英帕尔战役前英军温盖特伞兵旅奇袭日军后方钦敦江一样，出动一支奇兵—梅格多奥特部队渗透到乌里—奔杰和查木布地区的巴军后方，实施扰乱作战配合正面战场的防御。指挥这支部队的梅格·辛格少校曾于第二次世界大战中在印缅战场出生入死、屡立战功，虽然他快到退休年龄，但老骥伏枥，志在千里，在得知印巴战争打响后，不甘寂寞的他向印度陆军西部军区司令哈尔巴克什（Harbakhsh）·辛格中将提议派一支精干小分队插到敌后战场，实施特种扰乱作战。哈克巴什·辛格中将爽快答应了这个意见，梅格·辛格少校获准在印军第 3 拉吉普特联队中甄选一批意志坚定的士兵。在经过短促而密集的训练后，梅格·辛格少校带着他的部队出发，声称要"钻到敌人的肠子里狠狠揍他们"。

1965 年 9 月 1/2 日夜，梅格多奥特部队深入敌后 10 公里，炸毁了德瓦伦迪（Dwarandi）—本迪戈帕尔普尔（Bandigopalpur）

公路沿线一个重要的涵洞。9月6/7日夜，梅格·辛格少校拔掉了巴军后方2个据点——内扎皮尔（Neza Pir）和阿里多克（Ari Dhok），为正面战场拉杰和琴德泰克里的进攻起到了积极的策应作用。在印军第3多格拉联队正面打下了琴德泰克里后，又在卡胡塔（Kahuta）大桥附近受到巴军顽强抵抗，进攻受挫。梅格多奥特部队赶紧过来支援。在梅格·辛格少校的精心策划和大胆行动下，梅格多奥特部队将守桥的巴军逼走。1965年9月10日，梅格·辛格少校的梅格多奥特部队于哈吉皮尔南面和第68步兵旅胜利会师。由于梅格·辛格少校的杰出表现，他获得了一枚查克拉十字勋章，并于1965年9月16日晋级中校。

在哈吉皮尔方向的战事平静之后，梅格多奥特部队又奉命转移到查木布地区。在那里，梅格·辛格少校同样指挥部队进行了多次敌后袭击战斗，给巴军后方制造了不小的混乱。9月18日，梅格多奥特部队夺取了巴军后方4公里卡利德哈尔地区的一个据点（蒂尔），宣称毙敌50人、伤70，己方只有2人负伤。接着，梅格多奥特部队又袭击了巴军后方12公里的纳塔尔仓库区，巴守军约1个连的兵力完全被打得措手不及。炸毁了巴军仓库后，梅格多奥特部队安全返回，路上又在图格吉的巴军哨所打了一仗，宣称以1死

▲ 在拉合尔展示从印军缴获的坦克

3伤的代价毙敌22人，伤敌40人。不幸的是，老辛格中校在战斗中负伤。这次战斗也宣告梅格多奥特部队使命的结束。

停火后的战斗

虽然印巴双方约定在1965年9月23日停火，但巴基斯坦方面却像一个不服输的赌徒，继续组织往印控区的武装渗透。在查木布方向上，巴方自由战士大规模渗透，拿下了马尔拉和3776高地。这些行动严重威胁到印控区通往孙德尔巴尼公路的安全，印军决心采取措施实施大规模攻击，粉碎巴军继续渗透的企图。1965年9月30日夜到10月1日凌晨，印军第1马德拉斯联队顶着巴军的猛烈炮火和机枪火力的拦阻，沿着一条崎岖的小道攀爬上去，对马尔拉和3376高地展开反击。与此同时，印军第6锡克轻步兵联队也扑了上去。经过激烈战斗，第1马德拉斯联队于1965年10月1日06点45分拿下了马尔拉。丢失阵地后，巴军对马尔拉进行猛烈炮火覆盖。巴军使用空爆法射击，给占领山头的第1马德拉斯联队造成了惨重的损失。

夺回马尔拉不易，攻坚3776高地更难。这项任务由印军第6锡克轻步兵联队负责。要突击主峰，首先就得拿下山脚周围的2个环廊。9月28日，第6锡克轻步兵联队经过艰难地攀爬陡崖后，拿下了这两个环廊。巴军也深知这两个环廊对3776高地的重要性。在第6锡克轻步兵联队拿下环廊后，巴军先是用炮火猛轰，然后以2个连的兵力在中机枪和迫击炮支援下实施反突击，将第6锡克轻步兵联队赶了出去。第一次进攻受挫并没有让印军气馁，反而让他们引起了足够的重视。10月3日，印军第25步兵师所属第163野战炮兵团（欠1个连）、一个中型炮兵排（从

阿克努尔），以及第 14 野战炮兵团所属的第 100 野战炮兵连相继赶到战场，准备支援第 6 锡克轻步兵联队冲击。

10 月 4 日，印军第 10 步兵师所属的第 52 山地旅（旅长 R. D. 希拉准将）赶到乔基乔拉，归印军第 10 步兵师辖制。第 191 步兵旅的战斗序列也再度发生变更：

第 9 旁遮普联队

第 1 马德拉斯联队

第 6 锡克轻步兵联队

第 3 马哈尔联队

第 11 马哈尔联队

第 2 掷弹兵联队（欠 1 个连）

第 3 查谟克什米尔民兵联队（欠 1 个连）

在战斗序列变更的同时，印军第 191 步兵旅领受了新任务：

1. 守住杰亨加尔北面高地群。

2. 确保 3776 高地。

3. 守住卡利德哈尔山岭。

4. 守住孙德尔巴尼。

当前，印军第 191 步兵旅最紧要的任务就是通过三路进攻夺回并守住 3776 高地。10 月 4 日 04 点 50 分，印军炮兵首先对 3776 高地的巴军阵地进行炮火准备。根据情报，3776 高地据守的巴军兵力约 1 个连配有迫击炮、中机枪和轻机枪。炮火准备后，印军第 6 锡克轻步兵联队展开攻击，经过激烈战斗夺取了 3776 高地对面的一对圆丘。在第 6 锡克轻步兵联队得手的同时，从南面实施主要方向突击的第 11 马哈尔联队却被巴军猛烈的炮火打垮。从西面攻击的第 3 马哈尔联队 1 个连也毫无进展。这下子，能否夺取 3776 高地，就全看第 6 锡克轻步兵联队的表现了！看到印军三个进攻方向上有两个失败，巴军士气大振，主动进行了 2 次反击，试图把印军硕

果仅存的第 6 锡克轻步兵联队的气势给压下去。但这一次巴军失算了。他们的冲击被第 6 锡克轻步兵联队击退。趁着巴军反扑受挫之机，第 6 锡克轻步兵联队顶住巴军炮火拦阻，继续进攻。在付出了很大的伤亡代价后，于 14 点 30 分夺回了 3776 高地山脚的两个环廓。

与此同时，印军第 2 掷弹兵联队 1 个连也从杰亨夫赶来抢占 2317 高地，准备火力支援第 6 锡克轻步兵联队攻坚。10 月 5 日清晨，印军第 6 锡克轻步兵联队在 2317 高地的火力支援下，对 3776 高地发起坚决冲击。最终，印军第 6 锡克轻步兵联队在气势上压倒了对手，于 07 点 00 分攻克了 3776 高地。这次战斗，第 6 锡克轻步兵联队宣称击毙巴军 44 人、击伤 50 人。由于战功卓著，第 6 锡克轻步兵联队长纳恩德·戈帕尔获得了大勇士查克拉勋章。除了他，联队里还有 3 人获得大勇士查克拉勋章（其中 2 人是追授），3 人获得查克拉十字勋章。

在印军第 25 步兵师防区，巴军也组织了不少渗透活动，但遭到了印军坚决堵截。至 1965 年 10 月 16 日，最后一股渗透进来的自由战士被扫出查谟和克什米尔。

总结

总的来说，印度陆军第 15 军在查谟克什

▲ 在印控克什米尔进行搜索战斗的印军士兵

米尔的防御和反击，以及反渗透作战既不算太成功，也谈不上失，只能说算中规中矩。在反渗透方面，第15军表现得非常出色，他们夺取了卡吉尔周围高地、哈吉皮尔走廊等地，有效堵住了巴方自由战士的渗透。可在查木布—乔里安防御战斗中，由于步兵、炮兵和装甲兵实力薄弱，缺乏周密计划，准备不足，导致了印军的灾难。最糟糕的是，印军连弹药都不充足，第191步兵旅战前申请的防坦克和反步兵雷都没有送到，虽然印军在帕坦科特集结了第20枪骑兵团（欠2个连，装备AMX-13坦克），但却没有及时往查木布方向出动，致使第191步兵旅在巴军的进攻下仅一天就被打垮。

虽然在重要的马纳瓦尔塔维河东岸，印军应该部署强大的防御阵地，辅以反坦克火力配系，阻止巴军坦克冲击。可是，印军第15军在战前始终认为巴军的进攻不过是单纯的步兵冲击而已，不可能投入坦克群，导致东岸印军既没有部署坦克，也没有部署炮兵进行阻击，让巴军一鼓作气突破了马纳瓦尔塔维（Manawar Tawi）河，此举危及了阿克努尔大桥。幸好印军从其他方向调来援军，加强了该地区的防御。另一方面，印军第11军和第1军分别对拉合尔和锡亚尔科特展开攻击，分散了巴军的兵力，也挽救了阿克努尔。

相对巴基斯坦空军在旁遮普和信德省有效地对地支援，印度空军在查木布—乔里安战斗中的对地支援一塌糊涂。"吸血鬼"和"神秘"式攻击机打掉了不少印军自己的坦克和车辆，还炸掉了己方的弹药库。也许，这是因为缺乏足够的无线电设备仓促呼叫近距离空中支援时，没法标定攻击目标和区别己方位置而导致的悲剧。另一方面，印军的斗志不佳，贪生怕死案例不少。除了印军第15军

▲ 正在组织阵地防御的印军士兵

通报批评的第163野战炮兵团集体扔掉火炮仓皇后退外，还有不少印军步兵扔掉武器逃命。事实上，由于印度陆军兵力规模急速扩充，导致各部队新兵充斥，战前教育不到位，对新兵训练也不够，打仗时擅离职守事件之多，值得印军反思。另外，印军无线电通信网也是问题丛生，第3马哈尔联队在持续23天的战斗中竟然一直没法和自己的直属上级——第191步兵旅的曼默汉·辛格准将取得联系！只有第20枪骑兵团C中队（AMX-13坦克）处于巴斯卡尔·罗伊（Bhaskar Roy）少校的指挥下，虽然力量对比为1∶6，处于绝对劣势，但仍顽强战斗，在一定程度上迟滞了巴军的推进速度，给印军第11军和第1军在旁遮普和信德方向组织反攻争取了宝贵时间。

然而，阿克努尔大桥的无恙，甚至可以说查谟市的安全的关键因素并非是印军努力的结果，而是巴军在突破马纳瓦尔塔维河后，竟然中途"换马"，让初战胜利、损失不大的第12步兵师（师长：马立克少将）和第7步兵师（师长：叶海亚·汗少将）换防。然而，穆萨上将却声称在查木布方向这种莫名其妙变更指挥系统的做法，是他计划中的一部分，他认为马立克少将指挥不力，没能迅速跨过

马纳瓦尔塔维河。这个指责是有欠公允的。马立克少将的第 12 步兵师当时就在马纳瓦尔塔维河西岸，正等待总部下达过河行动，而马立克少将是不可能没有看到迅速渡河后就发展战机的。除了对马立克少将表示不满外，穆萨上将也责备了第 7 步兵师师长叶海亚·汗少将，他认为叶海亚·汗在攻克乔里安后推进速度慢如蜗牛，没能抢在印军突击拉哈尔和锡亚科特之前拿下阿克努尔大桥，导致巴军在印军"左勾拳"的打击下陷入了战略被动态势。和其他战场不同的是，印军第 15 军方向的战斗从 9 月 1 日一直持续到停火协议生效后的 11 月才基本结束。据印军统计，第 10 步兵师从 9 月 1 日到 10 月 1 日停止大规模战斗为止，共伤亡 2006 人，详见下表：

	战死	负伤	失踪
军官	11	47	13
下级军官	15	36	13
士兵	358	800	713
小计	384	883	739

第六章

全面战争

　　1965 年 9 月 4 日，联合国安理会发出要求印巴双方克制，立即停火恢复原有态势的呼吁，巴基斯坦置之不理。第二天，也就是 1965 年 9 月 5 日，巴基斯坦空军轰炸了印度境内的阿姆利则机场。印度政府一再警告巴基斯坦政府，对印控克什米尔进犯就是对印度本土的侵略，但巴基斯坦政府一直把印度的警告当成耳边风。为了给巴基斯坦一个"教训"，印军决心按照 8 月 9 日拟定的作战计划，对巴基斯坦的拉合尔和锡亚尔科特实施有限进攻。本章描述的是印军第 11 军进攻拉合尔方向的战斗，在叙述具体战况前，先让我们来看看战区的兵要地志。

地形

　　印军计划从阿姆利则北面 51 公里的德拉巴巴纳纳克（Dera Baba Nanak）到南面萨特莱杰之间的宽大正面实施对巴基斯坦旁遮普省和信德省的有限进攻。进攻地带由北往南穿过一片平坦而肥沃的平原，人口稠密，公铁路网发达，各条运河沟渠纵横交错。在这一带，印军前进基地阿姆利则距巴基斯坦边界约 28 公里，通往边界的道路数量众多且便利。其中三条公路最为重要：一条公路穿过拉姆蒂尔特和科哈里，与阿姆利则和拉尼恩相连；另一条是往东北方向延伸，穿过阿杰纳拉，通往印巴边界附近拉维河畔的德拉巴巴纳纳克（Dera Baba Nanak）；第三条公路，也就是最重要的主干大道（Grand Trunk Road）。巴基斯坦边境最大的城市拉合尔（距边界 29 公里）就是这条主干大道的一个重要节点。主干大道经由巴基斯坦边界重要枢纽比基温德，左拐抵达印度边界重镇——位于阿姆利则东南 60 公里的凯姆卡兰。从凯姆卡兰需要经比基温德才能左拐沿公路进拉合尔，但从印度境内进拉合尔并非一定要走凯姆卡兰这段左拐路线，印度人还可以从萨特莱杰出发，穿过哈里克（Harike）、哈尔拉（Khalra）和巴尔基抵达拉合尔。其中，哈里克有一条穿过塔兰塔兰的公路通达阿姆利则，拐弯后经由帕特蒂和瓦尔托哈抵达凯姆卡兰。另一条公路是从塔兰塔兰出发，向西延伸在拉贾塔尔附近抵达印巴边界。各条主要公路边上都有铁路线，连通着拉合尔与阿姆利则。德拉巴巴纳纳克与凯姆卡兰也有铁路直通阿姆利则。

在河流方面，阿姆利则东面 43 公里的比阿斯镇就有一条大河流过。河上有两座重要桥梁：一座在比阿斯镇，叫比阿斯大桥；另一座在哈里克镇，是比阿斯河与萨特莱杰河交汇处的哈里克大桥。前者是主干大道重要的公路桥，后者是阿姆利则—哈里克—卢德希阿纳公路的一个重要结点。胡迪阿拉渠从阿姆利则东北起，往西南流淌，在印巴边界东面 9 公里和主干大道相交，然后在拉贾塔尔南面流入巴基斯坦境内。巴基斯坦境内的胡迪阿拉镇正处在比基温德—拉合尔公路上。

上巴里多阿布（Bari Doab）运河在印度

境内的马德霍普尔分叉成多条支流，从不同地点流入巴基斯坦。其中，往拉合尔的支流就在科哈利附近经过阿姆利则—拉尼恩公路，并在瓦格赫附近流入巴基斯坦。运河主流经阿姆利则西南，从贝迪恩附近流入巴基斯坦。

此外，巴基斯坦自己也修了许多水利工程，最有名的莫过于伊乔吉尔运河（Ichhogil Canal），这是巴军用来保卫拉合尔接近地的天堑屏障。伊乔吉尔运河自北往南流，距边界 5 到 14 公里，最终和拉维河相连。河深约 5 米，许多地段河宽约 45 米。沿着伊乔吉尔运河，巴军修筑了一些永备工事火力点，但守备兵力薄弱。运河最重要的价值是它位于多格莱村，从主干大道的一个小节点的东面流过，成为印军往拉合尔方向实施有限进攻的拦路虎。

为了报复巴军的"大满贯行动"，印军拟威胁拉合尔，并在拉合尔与锡亚尔科特之间达成突破，深深楔入巴基斯坦本土。印军的作战目标并不是夺取巴基斯坦国土浅近纵深的各座城市，而是着眼于摧毁巴方的战争潜力。准确说，印军有限进攻的目的主要是把防线推进到巴基斯坦境内的伊乔吉尔运河，确保印度境内旁遮普邦的安全，同时以占领巴基斯坦领土作为筹码，在未来的印巴停火谈判中最大限度捞取利益。

印度陆军第 11 军

早在 1965 年 8 月 9 日，印度陆军总司令部就对第 11 军下达了预先号令，着令第 11 军做好有限进攻的战斗准备。印军总部赋予第 11 军的任务是：

1. 歼灭一切侵犯旁遮普邦和拉贾斯坦邦冈格阿加纳尔（Ganganagar）的敌军部队。

2. 据西部军区司令的指示，同时实施：

▲ 一队印军正在农田里搜索对方士兵

（a）沿着主干大道，比基温德—卡哈拉和比基温德—凯姆卡兰公路进抵伊乔吉尔运河一线，夺取拉尼恩对面（不含）到迪帕尔普尔（Dipalpur）的枢纽，至胡塞尼瓦拉（Hussainiwala，不含）对面之间的巴基斯坦国土。

（b）拔掉德拉巴巴纳纳克的巴军桥头堡，如有可能，完整夺桥。

（c）完成上述任务后，准备继续朝拉合尔前进。

第11军兵力编制如下：

1. 第4山地师，下辖2个山地旅、1个炮兵旅和1个山地炮兵团。

2. 第7步兵师，下辖2个步兵旅、1个炮兵旅和1个装甲团，以及1个山炮连。

3. 第15步兵师，下辖2个步兵旅、1个炮兵旅、1个装甲团（欠1个中队）、1个重型炮兵团、1个山地炮兵连。

4. 2个独立装甲旅，各下辖2个装甲团；1个野战炮兵团（装备自行火炮）、1个摩托化营。

5. 独立第29步兵旅，下辖3个步兵营和1个坦克中队，1个野战炮兵团和1个轻炮兵连。

6. 第57步兵旅，辖下3个步兵营；1个坦克中队，1个野战炮兵团，61骑兵团，和2个联邦预备役警察联队，负责守备冈格阿加纳尔。

7. 第96步兵旅，下辖3个步兵营。

简单地说，第11军各部的任务是直接从和平时期驻地出发，在第11军的指挥下同时展开有限进攻，最大限度达成进攻突然性：第15步兵师沿着阿姆利则—拉合尔突击；第7步兵师沿着卡尔拉—巴尔基突击；第4山地师沿着凯姆卡兰—卡苏尔轴线突击，三个

▲ 伊乔吉尔运河

师的任务就是要以迅雷不及掩耳之势拿下伊乔吉尔运河东岸。进攻发起时的H时，定为04点00分。在H时到来前，第11军所辖各部必须严守无线电静默。在敌情判断上，第11军认为，印军第4山地师从凯姆卡兰桥头堡出击时，很可能遭遇巴军主力1个装甲师和2个步兵旅的猛烈反击，这个方向的战斗会打得很艰苦。在最坏的情况下，印军第4山地师可能没法冲到伊乔吉尔运河东岸的预定目标，第7步兵师和第15步兵师可能会在进攻中遇到仓促抵抗之敌，不过他们受到的威胁不大。

为了展开这次攻击，第11军向各师交代任务如下：

1. 第15步兵师的任务是夺取从北起拉维河与运河交汇点，南到运河与公路交汇点止的国境线到伊乔吉尔运河之间的巴基斯坦国土地带。在这项任务中，优先夺取并守住横跨伊乔吉尔运河的主干大道公路桥、上伊乔吉尔公路桥和贾尔洛的公路桥。第15步兵师和第7步兵师作战分界线是特拉奇克（Track）运河枢纽—马尼哈拉（Manihala）—拉贾塔尔（Rajatal）—德亨德（Dhand）—本达拉

（Bundala）。

2. 第 7 步兵师的任务是夺取从国境线到伊乔吉尔运河东岸之间的运河公路枢纽到运河－运河交汇点之间的巴基斯坦国土地带。在这项任务中，优先夺取并守住横跨伊乔吉尔运河的公路桥和巴尔基，阻止巴军往贝迪恩运动。夺取目标后，留 1 个营的兵力，在第 67 步兵旅节制下守备胡塞尼瓦拉大桥。第 7 步兵师和第 4 山地师之间作战分界线是运河－运河交汇点—帕特蒂—西尔哈里卡兰（Sirhali Kalan）。

3. 第 4 山地师（欠第 33 山地旅）任务是占领从运河－运河交汇点到 798439 号检查站之间的伊乔吉尔运河东岸，摧毁凯姆卡兰—卡苏尔公路延伸横跨伊乔吉尔运河的公路桥，占领有利地形组织防御，准备打击敌人 1 个装甲师和 2 个步兵旅的反扑，特别要注意沿卡苏尔—凯姆卡兰和根达辛格瓦拉（Gandasinghwala）—凯姆卡兰两条公路的敌人动向。为此，印军第 2 独立装甲旅优先进行支援。第 4 山地师和第 67 步兵旅的作战分界线沿萨特莱杰（Sutlej）—哈里克北岸。

4. 第 29 步兵旅群的任务是摧毁德拉巴巴纳纳克桥头堡的巴军，如有可能完整夺取德拉巴巴纳纳克大桥。第 29 步兵旅群和第 15 步兵师的作战分界线是拉尼恩—丘根文（Chuganwan）—马吉塔—马赫塔公路枢纽。

5. 第 67 步兵旅群的任务是守住胡塞尼瓦拉大桥；阻止敌人在苏莱门克（Sulaimanke）地区建立桥头堡；封锁胡塞尼瓦拉－费罗泽普尔（Ferozepur）轴线上的 2 条运河与苏莱门克－法齐尔卡（Fazilka）—马劳特—特赫里拉姆比—希尔沙之间的地区，随时准备歼灭反扑冈格阿加纳尔的敌人。

6. 军预备队包括集结在本达拉的第 2 独立装甲旅，和一个集结在塔兰塔兰的第 96 步兵旅。第 2 独立装甲旅的任务是做好一切战斗准备，随时配合第 4 山地师粉碎自卡苏尔方向反扑之敌。如有需要，根据军部命令，采取独立行动，或得到第 96 步兵旅配合，实施反击稳定第 7 和第 15 步兵师方向的局势。

7. 第 96 步兵旅的任务是，根据军部的命令，采取独立行动，或在第 2 独立装甲旅的配合下，实施反击，稳住第 7、15 或第 4 山地师方向的局势。

1965 年 8 月 9 日，鉴于印巴冲突愈演愈烈，印度陆军第 11 军准备实施有限进攻第一阶段作战。与"阿布拉泽行动"不同的是，第 11 军指示所属各部要从和平时期的驻地出发，直接跨过边界发起攻击，而不是先在指定位置完成集结再行动，更不是在边界附近先占领防御阵地再动。1965 年 8 月 12 日，军长 J. S. 德希尔隆中将召集第 4 山地师和第 7、15 步兵师师长开会，决定把跨过边界的进攻时刻 H 时，定为 D 日清晨 04 点 00 分。J. S. 德希尔隆中将决定让三个师同时进攻，对伊乔吉尔（拉合尔方向）运河实施突击。可是，这个安排有欠妥当，三个师平时的驻地距国境线远近不一。最远的第 4 山地师若按 H 时才出发的话，是无论如何都不可能在天明前冲过哈里克的。尽管第 4 山地师师长古尔巴斯克·辛格少将（大勇士查克拉勋章获得者）向德希尔隆中将提出了自己的看法，要求第 4 山地师提前行动，保证三个师同步越过国境线，但德希尔隆中将最初并没有同意。为了保守保密，达成进攻突然性，德希尔隆中将甚至要求第 4 山地师、第 7 步兵师和第 15 步兵师在行动前不得进行任何道路和边界侦察。虽然德希尔隆中将的做法确实将巴军打了一个措手不及（印军在拉合尔方向的战役准备

▲ 乘坐吉普车的印军突击队员

完全瞒住巴方的同时，巴军在查木布对面的战役准备也瞒过了印度），可三个师在夜间沿着丝毫未曾侦察过的道路（而且还是本国道路）进行大规模战斗行军，无论如何都不能说是一个妙招。

1965 年 9 月 1/2 日夜，印度陆军总司令部通过无线电给第 11 军发来密语："镯子（bangle）。"此密语提醒 11 军，敌对行动迫在眉睫。9 月 3 日，第 11 军军长德希尔隆中将在贾朗达尔（第 11 军军部所在地）向所属各部下达口头命令，将 K 日定为 1965 年 9 月 5 日，接着又推迟到 9 月 6 日。眼看 K 日越推越晚，第 4 山地师师长古尔巴斯克·辛格少将和第 7 步兵师师长希巴尔少将鉴于夜间行军的困难，联合向德希尔隆中将提议把 H 时延迟到 05 点 00 分。也许是架不住两位大勇士查克拉勋章获得者的威名，德希尔隆中将对进攻命令做了个小小的修改，将 H 时改到 05 点 00 分。

为了给部队打气，军长德希尔隆中将特地把古尔巴斯克·辛格少将、希巴尔少将和尼兰詹·普拉沙德少将召到军部，强调必须全力以赴、坚定决心和不惜代价地实施这次进攻。印度陆军西部军区司令哈尔巴克什·辛格中将（查克拉十字勋章获得者）在军长德希尔隆中将的陪同下，视察了第 4 山地师和第 7、15 两个步兵师的战前准备工作。9 月 5 日 04 点 00 分到 05 点 00 分，根据预定计划，印军第 11 军所属的第 4 山地师、第 7 步兵师和第 15 步兵师从和平时期的各自驻地出发，沿着北起拉尼恩、南到罗希瓦尔（Rohiwal）之间的宽大正面突入了巴基斯坦境内。最初的行动出奇顺利，没有遭到巴军有力抵抗。

前面已经提过，印军第 11 军的最初任务就是拿下伊乔吉尔运河东岸地区，然后在各个指定点跨过伊乔吉尔运河，在西岸建立桥头堡。在第 11 军作战计划中，突然性是关键要素。可以说，印军圆满地达到了进攻突然性的要求，第 11 军所辖三个师都获得了显著的胜利：在南面，古尔巴斯克·辛格少将指挥的第 4 山地师沿着凯姆卡兰—卡苏尔轴线进击，于 9 月 6 日 12 点 30 分成功拿下了几乎所有预定目标。往北，希巴尔少将指挥的第 7 步兵师也在 9 月 6 日 10 点 30 分夺取了胡迪阿拉。尼兰詹·普拉沙德少将指挥的第 15 步兵师也打得不错，该师以 1 个营的兵力在多格莱（Dograi）跨过伊乔吉尔运河后，前出到拉合尔市郊的巴塔波雷；该师所属的另一个营在布海尼德希尔文（Bhaini Dhilwan）附近（多格莱北面 9 公里）跨过伊乔吉尔运河。在三个师相继得手的同时，印军独立第 29 步兵旅也完整夺取了德拉巴巴纳纳克大桥。在第一阶段的进攻中，印军很好地贯彻了军长德希尔隆中将提出的全力以赴、坚定决心和不惜代价的三原则，圆满完成了初始任务。

然而，巴军的反应也并不慢。从最初遭到突袭的错愕中惊醒后，他们迅速调集兵力实施反扑，从印军手中夺回了部分失地。正如印军战前判断的，巴军在卡苏尔方向上集

▲ 正拉着火炮进入阵地的印军士兵

结了强大的兵力。第 4 山地师承受不住巴军的重拳，被迫从伊乔吉尔运河往国境线退却。与此同时，普拉沙德少将指挥的第 15 步兵师也在巴军持续不断的反突击下，被迫从拉合尔市郊的巴塔波雷和布海尼德希尔文附近的伊乔吉尔运河大桥往后退却。独立第 29 步兵旅也让出了德拉巴巴纳纳克大桥。从 9 月 6 日到 9 月 23 日，双方在伊乔吉尔运河到国境线展开了激烈的争夺战，进攻和反攻交织，令人眼花缭乱。虽然印军在第 4 山地师方向的进攻没有取得胜利，但第 7 和第 15 步兵师还是牢牢守住了大部分已夺地带，第 4 山地师也在凯姆卡兰粉碎了巴军第 1 装甲师的进攻。从占地交换比来看，印军是赢家，也基本达到了战前第 11 军的占地要挟谈判筹码的目的。不过，摧毁巴基斯坦战争潜能的目的没有达到，印军仅是打瘫了巴军第 1 装甲师而已，巴军步兵和炮兵战斗力依旧完整。

　　下面，作者将从北往南，逐个描述印军第 15 步兵师、第 7 步兵师和第 4 山地师在拉合尔方向的战斗情况。

第 15 步兵师

　　印军第 11 军军长德希尔隆中将给第 15 步兵师师长尼兰詹·普拉沙德少将的任务是：

"夺取国境线到伊乔吉尔东岸之间巴基斯坦国土地带，其中贵师负责的伊乔吉尔运河地段从运河 – 河段枢纽坐标 701221 公路站到运河 – 公路枢纽坐标 740043 之间地带。" 在这项任务中，优先夺取并守住横跨伊乔吉尔运河的主干大道公路桥、上伊乔吉尔公路桥和贾尔洛（Jallo）的公路桥。

　　1965 年 9 月 1 日，尼兰詹·普拉沙德少将也收到了"镯子"的电码密语，接着又在 9 月 3 日收到军长德希尔隆中将下达的详细命令。第 11 军作战设想分为两步走：

　　第一阶段：

　　1. 以第 54 步兵旅推进到伊乔吉尔运河，夺取横跨运河的主干大道公路桥和主干大道 / 贾尔洛公路桥。

　　2. 第 1 杰特联队要进攻并夺取伊乔吉尔运河公路桥。

　　第二阶段：

　　第 38 步兵旅要夺取多盖奇赫—巴哈辛（Dogaich – Bhasin），并确保伊乔吉尔运河东岸。

　　作为一个新组建的步兵师，第 15 步兵师经验不足、缺乏传统。该师下辖第 38 步兵旅、第 54 步兵旅，第 15 炮兵旅（欠第 5 野战炮兵团），得到第 60 重炮兵团和 1 个山地炮兵连，以及第 14 骑兵团（欠 1 个中队，装备

▲ 巴基斯坦境内的德拉巴巴纳克市

M4"谢尔曼"坦克)和第96步兵旅(旅长：V. N.
马尔霍特拉准将)加强。但第96步兵旅很快
被抽出，充当第11军预备队。根据第11军
军长德希尔隆中将的指示，第96步兵旅放在
主干大道侧翼的胡迪阿拉渠，保护阿姆利则
的安全。

　　对于这次进攻战役设想，第15步兵师师
长尼兰詹·普拉沙德少将和第11军军长德希
尔隆中将，以及印度陆军西部军区司令哈尔
巴克什·辛格中将存在很大分歧，大家意见
对立，以致于哈尔巴克什·辛格中将有一次
甚至要求德希尔隆中将解除尼兰詹·普拉沙
德少将的职务。按照哈尔巴克什·辛格中将
的要求，印军第11军拿下整个伊乔吉尔运河，
军长德希尔隆根据计划生搬硬套，把伊乔吉
尔运河东岸地带划分成3个地区，各由第4
山地师、第7步兵师和第15步兵师负责。为
了达成任务，第11军所属的三个师就要拆成
各个步兵旅群和步兵营战斗群，在宽大的正
面上沿着各条轴线朝伊乔吉尔运河推进。按
照普拉沙德少将的说法，军长德希尔隆中将
在下达作战命令的时候，并没有向各师说明
这次作战的战略目的或政治目的。更糟糕的
是，德希尔隆也没有把印军整体战争计划向
各位师长说明，也没有指出印度空军和印度
海军在战争扮演的角色，以及和陆军的协同；
更没有关于巴军的兵力部署、作战目标和战
略意图的情报资料。为了保密起见，德希尔
隆中将甚至不允许各位师长向营以下军官透
露进攻计划。为了达成战役突然性，各个步
兵师不准靠近边界集结，必须直接从平时的
驻地直接出发，不准进行任何战前敌情、地
形和火力侦察，就要直接出动、跨过国境线
投入战斗。这种做法导致各个步兵师所属的
各步兵旅和各技术兵种单位在根本没有集结

◀ 巴基斯坦陆军已经做好了战斗准备，战斗一开始就打得很激烈

的情况下，就从各自驻地同时出发投入战斗。
这种做法，给各兵种之间战斗协同以及后勤
保障带来了巨大的困难和压力。另外，普拉
沙德少将进一步认为，进攻发起时刻选择不
当，拂晓前从驻地出发跨过国境线冲击，很
容易让部队在天亮后的挺进过程中遭到巴基
斯坦空军和巴陆军炮兵的火力打击。为此，
普拉沙德少将要求德希尔隆中将提供空中支
援、目标区航拍照片和大比例尺作战地图。
对于普拉沙德的要求，德希尔隆中将冷淡回
应，空中支援没有，印度空军要全力以赴夺
取制空权，顾不上对地攻击。至于目标区航
拍照片和大比例尺作战地图，德希尔隆中将
更是两手一摊，没有。外部支援指望不上，
第15步兵师建制内的技术兵种配合也困难重
重。由于炮兵要在夜间才能进入阵地，导致
天亮后至少一个小时内，第17步兵师没法得
到炮火支援。师属防空部队也是H时才从驻
地出发，要赶上师战斗队形还要耗费相当长
的时间。与此同时，军部还抽走了第96步兵
旅，使第15步兵师的兵力从一开始就有些捉
襟见肘。

　　普拉沙德少将估计巴军的主要防御地带
必定是伊乔吉尔运河，这个拉合尔接近地重
要的江河障碍，主要防御地带的支援阵地主
要设在戈沙尔迪阿尔（Gosal Dial），由约1
个步兵营在强大技术兵种单位的支援下依托

工事组织防御。在国境线和戈沙尔迪阿尔之间地带，分布着大量巴基斯坦警察和准军事武装据守的检查站和边防哨所。根据对敌情的判断，他向第 11 军军长德希尔隆中将建议，最好在夜幕刚刚降临时刻就冲过国境线。迅速拿下伊乔吉尔运河后，他的部队就可以利用漫漫长夜在东岸掘壕、修工事，巩固既得阵地，拂晓时刻到来时就可高枕无忧。可"死板"的德希尔隆中将根本不理会普拉沙德"苦口婆心"的劝说，将他的意见一口驳回。

无奈的普拉沙德少将只得拟定了作战计划，给本师各部的任务如下：

1. 第 38 步兵旅所属的第 1 杰特联队在辛地（Scinde）骑兵团 1 个小队的 M4"谢尔曼"坦克掩护下，夺取布海尼—马拉卡普尔大桥。

2. 第 54 步兵旅在 M. S. 里克（Rikh）准将率领下，首先沿着主干大道挺进，肃清戈沙尔迪阿尔的敌军后，在该地建立一个稳固的基地；接着，夺取伊乔吉尔运河上的主干大道公路桥和铁路桥。

3. 第 38 步兵旅（欠第 1 杰特联队），在 P. W. 帕塔克准将指挥下，由师部直辖，作为第 54 步兵旅方向的预备队。

根据普拉沙德少将的命令，进攻作战第一阶段主要由印军第 54 步兵旅和第 1 杰特联队（联队长：巴尔比尔·辛格中校）实施。第 54 步兵旅下辖第 13 旁遮普联队、第 3 杰特联队和第 15 多格拉联队，联队长分别是 M. 查特吉中校、D. E. 赫伊德中校和因德尔吉特·辛格中校。1965 年 9 月 6 日 04 点 00 分，印军第 54 步兵旅和第 1 杰特联队跨过了印巴边界，沿着主干大道朝伊乔吉尔运河扑去。印军第 54 步兵旅计划是以第 3 杰特联队采取越野行军，在首轮突击就要拿下戈沙尔迪阿尔。第 15 多格拉联队要打通主干大道，肃清

瓦格赫与瓦格赫到戈沙尔迪阿尔之间的巴军警察和准军事武装人员，炸毁巴方各个边界哨所的铁门，保障部队突击。第 13 旁遮普联队突击排的任务是沿着瓦格赫方向的支流急进，以突袭方式拿下横跨伊乔吉尔运河的贾尔洛大桥。在第 3 杰特联队拿下戈沙尔迪阿尔的同时，第 15 多格拉联队也将迅速前出到伊乔吉尔运河东岸，如有可能要完整夺取横跨运河的主干大道公路桥。

初胜

越过国境线后，印军第 3 杰特联队以迅雷不及掩耳之势，在 06 点 30 分拿下了阿姆利则—拉合尔公路 14 公里路标点。06 点 58 分，第 3 杰特联队又攻下了迪亚尔村。

07 点 00 分，普拉沙德少将战前的担忧变成了现实。巴基斯坦得知印军入侵后，空军紧急派战机对挺进中的第 3 杰特联队和第 15 多格拉联队实施猛烈轰炸，往印军头上扔炸弹和投射火箭弹。紧接着，巴基斯坦空军的 F86"佩刀"式战斗机又对主干大道几个地段，包括普拉沙德的第 15 步兵师师部，以及第 38 步兵旅驻地实施对地攻击。巴空军的攻击打得十分坚决，给印军第 15 步兵师挺进的车队制造了一场灾难。由于空中不见一架印度空军战机，巴基斯坦空军可以毫不费力地放肆攻击沿公路移动的一切目标。在巴基斯坦空军猛烈的火力打击下，印军几辆弹药车中弹起火，车上满载弹药诱爆又持续了几个小时。这些燃烧且不断爆炸的车辆堵塞了主干大道，迫使印军第 15 步兵师后续跟进的部队弃车绕到泥泞的稻田继续前进。对印军来说，F86"佩刀"战斗机简直就是他们的噩梦。第 54 步兵旅的 F 纵队几乎所有车辆都毁于 F86 之手。初战打得很顺手的第 3 杰特联

▲ 印军的突然一击确实把巴军打了个措手不及，巴军在撤过伊乔吉尔运河后炸掉了河上的桥梁

队被炸掉了5门106.6毫米无后坐力炮（全联队共有6门）和3门迫击炮，联队副官也被炸死。

虽然巴空军的打击给印军造成了很大的损失，但印军仍在顽强前进，特别是打先锋的第3杰特联队。在巴空军飞走后，他们冲进了戈沙尔迪阿尔。经过短促战斗，第3杰特联队攻下了这个边界小镇，击毙巴军35人，抓获巴军2名军官和14名水兵，缴获2门106.6毫米无后坐力炮、3辆吉普车、3辆卡车和45件步兵武器，有效补充了先前空袭造成的武器损失。09点00分，第3杰特联队奉命继续朝伊乔吉尔运河挺进。11点30分，第3杰特联队再度挺进1280米，抵达伊乔吉尔运河东岸，夺取了横跨运河的主干大道公路桥。虽然桥面已被巴军爆破损坏，但第3杰特联队士兵还是从残存的桥面过河，踏上了伊乔吉尔河西岸。正当第3杰特联队准备转入防御时，巴军来了！巴军的反应确实快如闪电，第3杰特联队还没喘过口气，就遭到了巴军的反扑。最先冲过来的是2辆满载巴军士兵的8吨卡车，接着又是3辆坦克和100名支援步兵。然而，第3杰特联队依托仓促构筑工事顽强抵抗，击退了巴军两次冲击。不久，巴军一个中队的M4"谢尔曼"坦克沿着运河西岸从南面扑了过来。由于反坦克武器不足，第3杰特联队只得撤到东岸。只是，印军并没有在东岸坚持太久，第14骑兵团的坦克群也赶到了战场。在坦克的掩护下，第3杰特联队A连和B连，以及联队指挥部又一次踏上伊乔吉尔运河西岸。巴军自然也不手软，再度实施坦克反击。双方的M4"谢尔曼"坦克捉对厮杀。与此同时，第3杰特联队C连也过了河，往拉合尔急进，很快就前出到市郊的巴塔波雷镇，和巴军激烈交战。为了击退第3杰特联队C连，巴军紧急命令拉合尔市内驻防的坦克兵出动实施反击。在巴军坦克的反击下，C连陷入苦战，不断呼吁联队指挥部赶紧给他们增派反坦克火器（主要是106毫米无后坐力炮）。除了进行坦克反击外，巴军还持续不断猛烈轰击印军阵地。

激烈的打敌反扑战斗持续到下午，第3杰特联队三个连虽然守住了阵地，可弹药几乎耗尽。普拉沙德的第二个担忧——仓促出击导致的后勤不济变成现实。14点20分，第54步兵旅命令苦战的第3杰特联队放弃伊乔吉尔运河的主干大道公路桥，后撤到戈沙尔迪阿尔与第15多格拉联队会合。在大半天的攻防战斗中，第3杰特联队蒙受了较大损失，计9人战死、43人负伤。联队长赫伊德（Hayde）

▲ 印军第3杰特联队攻下的部分巴军碉堡

轻伤不下火线，指挥部队英勇战斗，击退巴军多次反击，后又率部基本完整撤出战场。由于表现出色，他被授予大勇士查拉克勋章，卡扎恩·辛格（Khazan Singh）被授予一枚查克拉十字勋章。

在第 3 杰特联队奋战的同时，第 15 多格拉联队也在 04 点 00 分跨过国境线，拿下了巴军的边界不少哨所。接着，他们粉碎了巴军 1 个准军事武装连的抵抗，拿下了上巴里多阿布运河大桥。得手后，印军第 15 多格拉联队继续前进，又攻下了不少检查站，抓获包括 1 名军官在内的 20 名俘虏，缴获大量武器弹药、车辆和 1 面巴基斯坦国旗。在一系列战斗中，第 15 多格拉联队也付出了战死 1 名军官、13 名士兵，负伤 1 名军官、1 名下级军官和 16 名士兵的代价。按照计划，第 15 多格拉联队应在第 14 骑兵团 C 中队的配合下，沿着主干大道冲到伊乔吉尔运河，并夺取横跨运河的主干大道公路桥。可因德尔吉特·辛格中校却向旅长撒了个谎，称所部损失太大，没法继续前进。旅长 M.S. 里克不经核实，误信因德尔吉特·辛格中校的"鬼话"，免除了第 15 多格拉联队的任务，改让能者多劳的第 3 杰特联队完成夺取主干大道公路桥的任务。结果如前所述，第 3 杰特联队孤立无援突前遭到巴军不断反击，损失较大被迫撤了下来。而本该执行原定任务的第 15 多格拉联队却轻松撤到迪亚尔享乐，实在是命运捉弄人。

再说第 13 旁遮普联队的突击排，他们顶着瓦格赫西面 550 米的巴军火力打击，顽强冲向贾尔洛铁路桥。至离桥 450 米的铁轨边上，他们遭到巴军炮兵和航空兵的猛烈火力打击，被迫退回瓦格赫火车站。另一方面，第 1 杰特联队于 H 时跨过印巴边境后，遭到伊乔吉尔希塔尔的巴军警察哨所的火力袭击。

印军攻克巴尔基警察局

不过，第 1 杰特联队很快就粉碎了巴军的抵抗，拿下了警察哨所，并于 07 点 00 分夺取了伊乔吉尔乌塔尔桥。看到第 1 杰特联队突破成功，原定跟进的印军几个步兵连和坦克群马上出动，但却遭到了巴军炮兵和空军的打击。这个时候，普拉沙德的第三个担心变成了现实，印军炮兵还没有迅速跟进展开炮群，空中支援也等于零。印军第二梯队只能眼睁睁眼看巴军炮兵和空军肆意发挥，自己只能无奈撤回拉尼恩邦格，重新调整部署以备再战。由于第二梯队没法跟进，印军第 1 杰特联队也没携带工兵用具，导致他们没法掘壕挖工事，没法固守既得地区，也只能跟着第二梯队回撤。在这次功败垂成的进攻战斗中，第 1 杰特联队战死 13 名士兵，1 名军官和 28 名士兵负伤。

师长易人

前方部队苦战的同时，印军第 15 步兵师师长尼兰詹·普拉沙德少将和第 11 军军长德希尔隆中将依然纠纷不断。普拉沙德少将打算让第 54 步兵旅在戈沙尔迪阿尔组织阵地转入巩固；让第 38 步兵旅超越 54 旅，向伊乔吉尔运河发起第二次冲击。然而，军长 J.S. 德希尔隆中将没有同意他的意见，转而下达了新的命令：

1. 第 54 步兵旅要在 9 月 6 日夜进攻和夺取多格莱。

2. 第 38 步兵旅要在 9 月 6 日夜以 1 个营的兵力夺取布海尼—马拉卡普尔（Bhaini-Malakapur）。

3. 第 1 杰特联队要从拉尼恩转往和第 38 步兵旅会合。

4. 第 38 步兵旅以 2 个联队（其中一个是第 1 杰特联队）在 9 月 6 日夜夺取巴哈辛。

对 J. S. 德希尔隆中将的命令，普拉沙德少将表示强烈不满。普拉沙德通过口头和书面回应指出，让第 38 步兵旅夺取巴哈辛和巴哈辛—马拉卡普尔绝对是个败招，这会对第 15 步兵师的作战造成很大的影响。然而，J. S. 德希尔隆中将很不耐烦驳回了他的意见，要求他严格执行命令。

不久，普拉沙德少将向德希尔隆中将报告印军第 15 步兵师损失惨重形势甚危，已经没法继续展开攻击。德尔希隆简直不敢相信自己的耳朵，下午 14 点 00 分他亲自前往阿塔里了解情况。德希尔隆中将指出，第 15 步兵师这点伤亡根本不可能对战斗力造成严重影响，他严令普拉沙德少将要以坚定的决心继续执行命令，一定要在 9 月 7 日拂晓时刻拿下伊乔吉尔运河的主干大道公路桥。与会的印军第 38 步兵旅旅长也被要求在 9 月 6 日下午拿下巴哈辛和主干大道之间的伊乔吉尔运河东岸。

德希尔隆中将确实对印军第 15 步兵师的进展很不满意。9 月 6 日 15 点 30 分，他命令军预备队的第 96 步兵旅所属第 6 库马盈联队做好战斗准备。在给第 6 库马盈联队的指示中，德希尔隆中将表示第 1 杰特联队因巴空军的猛烈扫射没能巩固夺取伊乔吉尔乌塔尔大桥就被迫撤退。他要求第 6 库马盈联队务

必在 1965 年 9 月 7 日拂晓拿下该桥。印军第 6 库马盈联队领命从金迪阿拉地区出动，于 22 点 30 分在拉尼恩邦格完成集结。24 点 00 分，当第 6 库马盈联队展开攻击，前脚刚刚踏出去就遭到了巴军猛烈的炮击。但第 6 库马盈联队是好样的，他们穿过了巴军的炮火封锁，于 9 月 7 日 05 点 00 分拿下了伊乔吉尔乌塔尔大桥。可孤立无援的他们和第 3 杰特联队一样，在巴军炮兵和坦克火力打击，以及不间断的反击下，最终还是放弃了阵地，于 15 点 00 分退回拉尼恩。

1965 年 9 月 7/8 日夜，在第 6 库马盈联队长统一指挥下，第 1 杰特联队和第 6 库马盈联队第三次对伊乔吉尔乌塔尔大桥发起攻击，可还是被巴军猛烈炮火和坦克火力击退。9 月 8 日中午，进攻受挫的 2 个联队垂头丧气地回到拉尼恩。

在主干大道方向上，印军第 38 步兵旅奉命在 9 月 6/7 日夜展开第二阶段作战，夺取多格莱赫—巴哈辛之间地段，确保伊乔吉尔东岸在手。由于第 54 步兵旅和第 6 库马盈联队进攻一再受挫，德希尔隆中将被迫对计划稍做修改，缩短了进攻正面。9 月 6 日傍晚，第 38 步兵旅轻装简从，经由瓦格赫—辛赫普拉，沿着普尔肯杰里公路试图突袭拿下目标。尽管一路上没有遇到什么抵抗，但弃车步行的第 38 步兵旅并没有走太远，他们前进到 RJ7514 地区后就停下脚步，转入防御。

由于无线电联系受阻，第 15 步兵师师长普拉沙德少将没法得知 38 旅的动态位置。为了了解情况，普拉沙德少将亲自带一个小组出发，在茫茫夜色中寻找第 38 步兵旅部位置。遗憾的是，他们刚一出动就遭到了巴军的伏击，12 名印军官兵和 4 辆吉普车被巴军俘虏 / 缴获，其中一辆吉普车上有普拉沙德

少将的笔记本和有关 1962 年他在第 4 山地师长任上被撤职的个人申诉材料（准备呈报给印军总部）。虽然普拉沙德少将迅速乘坐第 5 辆吉普车侥幸逃出了巴军魔掌，但巴基斯坦广播电台却利用这些材料，公开播放普拉沙德文件的内容，给印度军方特别是普拉沙德本人带来了极大的尴尬。

9 月 7 日清晨，印军第 54 步兵旅旅长里克准将负伤后送，第 11 军炮兵主任 S. S. 卡尔哈准将接任 54 旅旅长职务。9 月 7/8 日夜，忍无可忍的德希尔隆中将解除了尼兰詹·普拉沙德少将的职务，改任莫辛德·辛格少将（查克拉十字勋章获得者）为印军第 15 步兵师师长。

9 月 7 日，新官上任的莫辛德·辛格少将下达了他的第一道命令，指示第 38 步兵旅和第 54 步兵旅要在 1965 年 9 月 8 日拂晓完成各自任务。为此，第 38 步兵旅旅长帕塔克准将命令第 1/3 廓尔喀来复枪联队于 9 月 8 日 05 点 30 分，沿着公路北面攻击前进，夺取伊乔吉尔运河上的桥梁。可他们的命运和第 6 库马盈联队无异。巴军的炮兵、中机枪组成的火力网打得第 1/3 廓尔喀联队寸步难行，只得停止进攻。从 9 月 8 日到 9 月 23 日（停火日），印军第 38 步兵旅始终原地踏步，根本没法完成前出到伊乔吉尔运河东岸的任务。

▲ 在巴尔基警察局高高飘扬的印度国旗

停战后，第 38 步兵旅旅长帕塔克准将由于指挥无方，从准将军衔直接降级为中校。

在第 54 步兵旅方向上，S. S. 卡尔哈准将计划以第 13 旁遮普联队在 9 月 7/8 日夜沿着上巴里多阿布运河轴线前进，而第 15 多格拉联队在 9 月 8 日天亮后从戈沙尔迪阿尔村（在第 14 骑兵团 A 中队支援下）沿着主干大道前进，任务是分别拿下运河公路桥（地图坐标 RJ7310）和铁路桥（地图坐标 RJ7309），以及主干道公路桥。第 3 杰特联队在地图坐标 RJ7510 建立火力基地，用火力支援第二军战斗。印军第 13 旁遮普联队 A 连和 B 连按计划出击，顺利在 9 月 8 日拂晓到来时抵达了运河公路桥（地图坐标 RJ7310），然后掘壕固守。巴军虽然撤出了运河公路桥，但却加强了铁路桥方向的防御。当第 13 旁遮普联队 D 连往铁路桥前进时，突然遭到巴军猛烈炮击。天亮后，巴军坦克群赶到战场，第 13 旁遮普联队在没有任何命令的情况下，放弃阵地擅自撤了下来。眼看进攻又一次没有达到目的，S. S. 卡尔哈准将只得命令所部转入防御：第 15 多格拉联队在地图方格 RJ7611 组织防御，第 13 旁遮普联队在地图方格 RJ7610 组织防御，第 3 杰特联队和第 54 步兵旅旅部在地图方格 RJ7812 组织防御。至此，印军第 38 步兵旅和第 54 步兵旅的进攻都没能达成目的，只能暂时转攻为守。

9 月 8 日至 10 日，巴军持续不断对印军第 15 步兵师组织步兵袭击、炮火轰击和坦克冲击，但都被印军击退。巴军损失惨重，未得寸土。不过，拉尼恩轴线方向却是个例外。9 月 10 日，巴军成功冲击，迫使印军第 1 杰特联队和第 6 库马盈联队退到洛普凯，将拉尼恩和卡克卡尔让给了巴军。同一天，第 96 步兵旅结束了归第 11 军预备队的日子，第 50

伞兵旅接替他们，成为第 11 军预备队。脱离军部直辖后，第 96 步兵旅又回到了印军第 15 步兵师麾下，担任右翼防卫，任务是阻止巴军坦克群从斯亚洪方向的突击。在胜利完成最初任务后，第 96 步兵旅又转移到科哈利地区，协助当地印军击退了巴军反扑，继而重新准备对伊乔吉尔运河的突击。

印军第 15 步兵师师长莫辛德·辛格少将给第 96 步兵旅旅长 S.S. 卡尔哈准将下达如下命令：

(a) 在洛普凯—丘根文—阿姆利则公路沿线附近占领营级防御阵地，依托沿拉合尔支流的河岸在科哈利组织防御。

(b) 阻止敌人使用卡克卡尔—洛普凯—科哈利—阿姆利则公路。

(c) 9 月 11 日拂晓夺取伊乔吉尔希塔尔—伊乔吉尔乌塔尔地区。

(d) 歼灭一切突入伊乔吉尔希塔尔东北和东面印度国土的敌军残部。

根据上述命令，第 96 步兵旅旅长 S.S. 卡尔哈准将拟定"飞溅行动"，命令如下：

(a) 第 16 多格拉联队要前出到塔塔德希尔文，并在 772 号地区组织防御。

(b) 第 6 库马盈联队要在洛普凯实施顽强防御，特别要组织好坦克歼击小组。

(c) 第 7 旁遮普联队要在科哈利组织防御，在此地建立一个排封锁点。

第 16 多格拉联队首先领命出击，1965 年 9 月 11 日 04 点 45 分在没有遇到任何抵抗的情况下就完成了任务。

在"飞溅行动"第二阶段，印军第 6 库马盈联队沿着洛普凯—卡克卡尔—拉尼恩轴线挺进，并在 1965 年 9 月 12 日拂晓沿着拉尼恩邦格组织了坚固的防御；第 7 旁遮普联队也在洛普凯建立了一个阵地，支援第 6 库

印军从巴军手中缴获的美制无后坐力炮弹

马盈联队作战，第 16 多格拉联队于 9 月 12 日拂晓击破了巴军在塔塔德希尔文的抵抗。第 6 库马盈联队于 9 月 11 日 21 点 45 分拿下了卡克卡尔，接着又在 9 月 12 日 02 点 45 分攻克拉尼恩。第 16 多格拉联队也在 9 月 11 日 22 点 00 分攻克了阿拉巴什克（Chak Allah Baksh），9 月 12 日 10 点 00 分拿下维斯维恩地区。"飞溅行动"第二阶段作战圆满完成。

在"飞溅行动"第三阶段，印军拟以第 6 旁遮普联队尽可能完整夺取布海尼迪尔瓦尔大桥，然后第三次跨过伊乔吉尔运河在西岸建立一个桥头堡。如果大桥不幸被炸毁，那么第 7 旁遮普联队就退而求其次，在伊乔吉尔运河东岸组织防御。第 7 旁遮普联队是好样的，他们顶着巴军猛烈的炮火，击破对手顽强的抵抗，于 9 月 14 日傍晚冲到了伊乔吉尔乌塔尔大桥边上，控制了运河东岸地区，但大桥已被巴军工兵提前爆破，故印军没能过河，只得在东岸组织防御，巩固既得地区。

巴拉特部队

1965 年 9 月 11 日，印军第 15 步兵师报告，发现一股巴军坦克群在步兵配合下，借助夜幕的掩护，沿着拉尼恩轴线运动，似乎要突击第 15 步兵师防御地带。为此，第 11 军军长德希尔隆中将马上命令印军独立第 2 装甲旅于 9 月 11/12 日夜进入第 15 步兵师防区，准备打敌反扑。不过，第 15 步兵师还没遭到巴军进攻，第 11 军最左翼的第 4 山地师

就已经被巴军第 1 装甲师击回国境线，退往印度边界重镇凯姆卡兰，左翼危急！为了支援第 4 山地师坚决抗击巴军第 1 装甲师突击，德希尔隆中将只得命令充当救火队的独立第 2 装甲旅离开第 15 步兵师防区，火速南下增援凯姆卡兰。可是，在第 15 步兵师防区前沿，巴军也集结了一股强大的坦克群，独立第 2 装甲旅的离去，让第 15 步兵师孤零零地暴露在巴军 M48 "巴顿" 式坦克群的反击下，步兵们心生恐惧。由于在先前进攻战斗中，第 11 军军长德希尔隆中将多次扣下装甲兵做预备队，禁止大规模出动支援步兵进攻（原因是要把坦克，特别是 "百人队长" 保留下来，用于关键时间对巴军坦克群的反突击），导致前出的印军步兵在巴军 "巴顿" 式坦克反复冲击下损失较大，也给印军步兵心理上造成了 "巴顿" 坦克恐惧症。为了打掉巴军 "巴顿" 式坦克的 "神话"，第 11 军决心调动坦克群参战。9 月 11 日，巴哈拉特·辛格中校接任第 14 骑兵团（装备 M4 "谢尔曼" 坦克）。辛格中校一上任，就奉命配属给第 15 步兵师。除了第 14 骑兵团外，德希尔隆中将还把第 1 骑兵团（装备 M4 "谢尔曼" 坦克）、第 7 骑兵团 1 个中队（装备 PT-76）、第 8 骑兵团 1 个中队（装备 AMX-13 坦克），以及第 3 骑兵团一个小队（装备 4 辆 "百人队长" 主战坦克）加强给第 15 步兵师。为了统一指挥第 15 步兵师防区内装甲兵作战，巴哈拉特·辛格中校，这位刚刚在 9 月 11 日出任第 14 骑兵团团长的将校，又在 9 月 12 日出任独立第 2 装甲旅副旅长。由于他参加过第一次克什米尔战争，当时作为一名 M4 "谢尔曼" 坦克车长，在 1948 年 5 月 20 日的德维河攻坚战斗中立下战功，在印军装甲兵中享有盛名。德希尔隆中将决定委任他统一指挥加强给第 15 步兵

师的所有装甲兵，部队命名为巴哈拉特部队。在他的指挥下，巴哈拉特部队全面展开坦克群，在步兵配合下，占领两军战线中间的无人地带。他采取一部分坦克做前沿游动火力点，在步兵 106 毫米无后坐力炮的支援下积极寻歼巴军坦克，大部分坦克隐蔽在后方待命，一旦巴军坦克群反扑，这些坦克即开出，以决战方式粉碎巴军多次坦克冲击，力保第 15 步兵师阵地至 9 月 23 日停战也未失一寸。

这期间部分战例值得一提。1965 年 9 月 15 日，巴军一个中队的坦克试图迂回印军第 54 步兵旅北翼，却被隐蔽良好的 AMX-13 和 "百人队长" 逮个正着，一阵精准射击后，巴军坦克群丢下 2 辆坦克狼狈逃走。接着，在停战前 3 天，第 3 杰特联队在第 14 骑兵团 2 中队的 12 辆 M4 "谢尔曼" 坦克的支援下，第三次攻克多格莱。战斗中，M4 "谢尔曼" 坦克给步兵提供了良好的火力支援。9 月 21/22 日夜，巴军组织兵力对丢失的多格莱进行反扑，第 14 骑兵团 2 中队 "谢尔曼" 坦克群在桑贾少校的指挥下，与第 3 杰特联队密切配合，粉碎了巴军的冲击，牢牢守住了多格莱。与此同时，第 1 骑兵团 1 中队也密切支援了第 7 旁遮普联队打敌反扑的战斗。9 月 21 日夜，巴军步兵乘坐 M113 装甲运兵车，在一个中队的坦克支援下，对印军第 38 步兵旅前沿阵地实施反扑。印军第 14 骑兵团 1 个中队的 M4 "谢尔曼" 坦克群迎了上去，在一阵对射中击毁对方 2 辆坦克和 2 辆牵引车。随着巴哈拉特·辛格中校调集的援军赶到，巴军只得退出战场。根据巴哈拉特·辛格中校的统计，从 9 月 12 日到 23 日，巴哈拉特部队一共缴获了巴军 6 辆 M4 "谢尔曼" IV 型坦克，经过修理它们全部恢复了战斗力，用这 6 辆缴获的 M4 "谢尔曼" 坦克，印军又

▲ 伊乔吉尔运河边警惕的印军士兵

组建了一个中队，命名为巴哈拉特中队。

贾尔洛大桥

9 月 10 日，印军第 50 伞兵旅（旅长：A. M. M. 纳姆比阿尔准将）抵达胡迪阿拉渠，从 9 月 11 日起归第 15 步兵师节制。他们的第一个任务就是要在 1965 年 9 月 14 日拂晓夺取巴哈辛。不过，伞兵们还没能大显身手，就在 9 月 13 日被第 41 山地旅给换了下来，他们的新任务是要确保铁路桥到主干大道公路桥之间的伊乔吉尔运河东岸地带，并在 9 月 17 日傍晚时刻完整夺取贾尔洛大桥。

为了保障第 50 伞兵旅奇袭成功，印军第 54 步兵旅同时要对多格莱展开佯攻，引开巴军注意力。1965 年 9 月 16 日 17 点 00 分，印军第 2 伞兵联队模拟夺桥。与此同时，印军第 54 步兵旅所属的第 15 多格拉联队于 9 月 16 日夜 23 点 30 分从迪阿尔出击，经过激烈战斗，该联队 A 连和 C 连拿下了杰胡格吉恩，但代价不菲——7 死 52 伤。这次战斗胜利，使印军把防线前推 90 米，保障了印军进攻部队更好地近距离观察对手。第 15 多格拉联队指挥部也从迪阿尔转移到 14 公里路标处。

在印军第 15 多格拉联队和第 2 伞兵联队逼真的动作掩护下，第 6 伞兵联队对伊乔吉尔铁路桥展开攻击，以敏捷的动作于 9 月 17 日 03 点 00 分拿下目标。不一会儿，第 6 伞兵联队就对空发射信号弹，向旅部示意自己圆满完成了夺桥任务！在肃清了铁路桥周围的巴军残部后，第 6 伞兵联队转入防御巩固阵地。这次战斗，给第 6 伞兵联队造成了相当大的损失：1 名军官、2 名下级军官和 30 名士兵战死，72 人负伤。然而，印军第 6 伞兵联队的胜利也没有持续太久。天明后，巴军用轻、重武器轮流射击铁路桥区域，迫使第 6 伞兵联队放弃了铁路桥，撤回布哈姆马—布哈塔地区。

9 月 17 日，印军第 38 步兵旅奉命于 9 月 19 日拂晓夺取瓦赫格里恩—多格莱赫。

印军第 96 步兵旅（欠第 16 多格拉联队）奉命组织一个火力基地，牵制住巴哈辛地区的巴军阵地，好支援第 38 步兵旅所属的第 3 迦尔瓦尔（Garhwal）来复枪联队进攻战斗。遗憾的是，第 3 迦尔瓦尔来复枪联队的进攻被巴军炮兵和步兵火力击退。显然，印军的火力支援不够。为此，印军给第 16 多格拉联队的火力基地加强了 2 个小队的坦克。1965 年 9 月 22/23 日夜，印军第 38 步兵旅再次奉命要打下支流和伊乔吉尔运河枢纽，可还没等他们组织进攻，巴军就已经抢先发起攻击，于 9 月 22 日夜攻打了印军第 1 杰特联队。虽然印军击退了巴军的进攻，但自己的进攻计划也泡汤了。

◀ 印军在拉合尔方向抓获的巴军俘虏

二打多格莱

1965 年 9 月 12 日，尼兰詹·辛格准将（查克拉十字勋章获得者）从卡尔哈准将手中接过了第 54 步兵旅旅长指挥权。第 54 步兵旅再次受命要沿主干大道侧翼朝伊乔吉尔运河挺进，并夺取多格。据信，经过连续不断的战斗后，巴军已经沿伊乔吉尔运河和多格莱组织主防线，前沿警戒线设在杰胡格吉恩—达拉斯瓦里—拉克亨凯（Lakhanke）。

印军的计划和准备包括控制两军战线中间无人地带，收集情报，研究如何达成战术突然性和采取欺敌措施，以及各种后勤保障和技术兵种支援措施，坚决不打无把握之仗。这些行动都在 9 月 13 日到 20 日之间有条不紊地进行的。在各种准备活动期间，印军第 54 步兵旅蒙受了 58 人战死（含 3 名军官、4 名下级军官）和 205 人负伤（含 5 名和 7 名下级军官）的损失。

为了查明敌情，印军于 9 月 14/15 日夜捕捉了 2 名巴军俘虏。从他们的口中得知了第 54 步兵旅当面巴军的兵力部署情况：

1. 巴军第 16 旁遮普联队 2 个连位于地图坐标 SB745114 的大桥边上。

2. 一个迫击炮排位于地图坐标 SB743114 的房屋西面。

3. 巴军第 16 旁遮普联队指挥所和剩下 2 个连在多格莱。

4. 巴军第 15 边防来复枪联队 1 个连在主干大道附近。

5. 1 个中队的坦克群驻多格莱。

印军第 54 步兵旅于 1965 年 9 月 20 日 17 点 00 分正式下达作战命令，这次进攻将分两个阶段进行。第一阶段，由印军第 13 旁遮普联队于 9 月 21 日 23 点 59 分进攻 13 公里路标地区；第二阶段，由第 3 杰特联队于

9 月 22 日 01 点 30 分进攻多格莱。

1965 年 9 月 19 日，印军第 13 旁遮普联队把迪阿尔和杰胡格吉恩—达拉斯瓦里的防务交给第 15 多格拉联队，他们的新任务是从拉克亨凯方向实施突击，夺取 13 公里路标周围地区。9 月 21 日，第 54 步兵旅正式命令第 13 旁遮普联队实施第一阶段进攻作战，目标正是 13 公里路标。根据上级的命令，第 13 旁遮普联队拟以 D 连为左翼、C 连为右翼沿着主干大道两侧从杰胡格吉恩实施突击。A 连在把拉克亨凯的防务移交给第 15 多格拉联队后，也于 9 月 21 日 21 点 00 分和联队主力会合（位置在杰胡格吉恩前方约 180 米）。H 时定为 9 月 21 日 23 点 50 分，预计在 9 月 22 日 01 点 30 分夺取目标。火力支援计划是榴弹炮和迫击炮从 H-10 分到 H+4 分之间对 13 公里路标进行密集炮轰。

大约 22 点 00 分，巴军突然对杰胡格吉恩南面的第 16 旁遮普联队 D 连实施冲击。巴军以大约 1 个排的兵力，在机枪和迫击炮的掩护下，试图靠近印军阵地，但却被 D 连坚决还击打退。

由于印军第 16 旁遮普联队在集结过程中遭到巴军猛烈炮击，进攻时间被迫推迟到 9 月 22 日凌晨 01 点 00 分。这次进攻中，印军得到了从杰胡格吉恩南面开出的一个中队坦克群、主干大道北面的迫击炮、主干大道南面第 15 多格拉联队布伦机枪群和第 15 步兵师师属炮兵的支援。尽管巴军从 22 点 00 分开始就持续不断进行猛烈炮轰，但印军第 16 旁遮普联队 C 连和 D 连还是在主干大道两边完成兵力集结，并于 22 日 01 点 00 分展开了攻击。接近巴军阵前约 180 米时，第 16 旁遮普联队 C 连和 D 连突然被从四面八方而来的猛烈机枪、迫击炮和榴弹炮火力压制，尽管

多格莱战斗结束后，正在检查巴军碉堡工事的印军尼兰詹·辛格少将

损失很大（1名军官和24名士兵战死，4名军官、5名下级军官和83名士兵负伤），但C连和D连谁都没有后退半步。天亮后不久，印军坦克群赶到战场，C连和D连剩下的官兵勇敢地爬起来，在坦克的密切支援下继续攻击前进。在印军步坦协同的打击下，巴军放弃了堑壕阵地，撤往多格莱。07点00分，在重创了巴军后，印军第16旁遮普联队攻下了13公里路标周围地区，圆满完成了旅部交给他们的任务。第13旁遮普联队不仅将巴军逐出了13公里路标周围地区，而且还有力地掩护了印军第3杰特联队的展开。跟进打击的第3杰特联队迅速上来打扫战场，在抓获大量战俘的同时，也缴获了大量武器装备和弹药，打通了从印军阵地到伊乔吉尔运河的主干大道公路段，使其畅通。

在胜利的背后，第13旁遮普联队也付出了巨大的代价——计31人战死（包括1名军官和5名下级军官），100多人负伤（包括5名军官和5名下级军官）。宣称击毙巴军15人，抓俘3人。

第3杰特联队进攻

为了准备好第二阶段的进攻，印军第3杰特联队从9月21日清早就多次派出巡逻队，对多格莱进行地形和火力侦察，密切监视敌情动态，为当晚进攻做好准备。通过侦察，

第3杰特联队发现多格莱的巴军严阵以待，巴军各挺轻重机枪随时做好射击准备，备用弹链弹夹已压满子弹，各座房屋也修成明暗步机机枪火力点，各个火力点和阵地间堆放着大量手榴弹。根据印军的侦察，巴军的火力配系达到了每个步兵班2挺轻机枪，而且各个机枪火力点隐蔽良好，巴军在防御时采取的火力拦阻战法主要是用榴弹炮和迫击炮封锁前沿，待印军冲过炮火封锁带后再集中自动火力"伺候"。相比之下，印军第3杰特联队每个班只有1挺轻机枪。除了步兵火力差距外，巴军阵地前面还布设了雷场和较为绵密的带刺铁丝网群。显然，对印军第3杰特连队来说，这是一场艰巨的攻坚战。为了最大限度削弱巴军的火力优势，第3杰特联队采取堑壕延伸战法，把攻击前出发阵地挖到距巴军阵地约400米。接着，第3杰特联队（523人）要以一路纵队顶住巴军密集火力打击，穿过雷场突入多格莱实施攻坚战。考虑到多格莱小镇面积较大（沿着伊乔吉尔运河南北纵长1100米，跨过主干大道东西横宽760米），以及通往小镇的三条机动路各被一个加固的混凝土碉堡封锁的防御特点，第3杰特联队决心从北面展开攻击，小镇也被划分为4个区域，每个连负责打一个区域。按照这个部署，第3杰特联队展开了攻击：

A连（欠1个排）首先出击，迅速在废墟地带（地图坐标SB7412）占领攻击前出发阵地。在A连的掩护下，第3杰特联队主力于9月21日23点30分从森特普拉出发，次日00点45分抵达拉克亨凯北面集结地，全程行军3700米。稍事休息后，于01点10分朝攻击前出发阵地开进。

1965年9月22日01点50分，第3杰特联队D连（连长：瓦特沙少校）首先从攻

击前出发阵地跃出，冲过镇外布雷区，打掉了封锁道路的其中一个混凝土碉堡，夺取了镇子东北角。接着，C 连 2 个排在亚达沃少校的率领下超越 D 连冲击。突然间，C 连先遭到了猛烈火力打击，接着又和据守多格莱北面的阿克巴尔学校区控制伊乔吉尔运河东岸阵地的巴军第 18 俾路支联队 1 个连展开激烈战斗。C 连以大无畏的勇气冲进巴军阵地，用手榴弹和刺刀勇敢地和巴军拼杀。战斗中，C 连的一位排长塔帕中尉和许多将士都纷纷倒下。突入学校区的 2 个排只剩 1 名军官和 7 名士兵，但最终还是将守卫阿克巴尔学校区的巴军消灭殆尽。C 连第三个排在巴利上尉率领下，打下了镇子西北角，撞开了多格莱西北的大门！

在 C 连和 D 连打开胜利之门后，B 连跟进打击，穿过多格莱小镇中心区，冲击西南角。他们以娴熟的动作，打掉了镇内主干大道和伊乔吉尔运河结合部的一个混凝土碉堡，并压住了依托伊乔吉尔运河东岸抵抗的巴军第 3 俾路支联队 1 个排。

看到 C、D、B 连相继胜利后，A 连也在特亚吉少校指挥下，沿着多格莱东部边缘迂回，插到小镇南部边缘，迅速打掉了主干大道路上的一个机枪碉堡，强行突破公路，逼降了巴军第 23 骑兵团 1 个小队的坦克，并抓获巴军第 16 旁遮普联队不少俘虏，缴获巴军 14 门迫击炮（9 门仍完整可用，5 门受损）。可巴军并没有放弃抵抗，他们的第 8 旁遮普联队 1 个连依托封锁南面通往多格莱道路的一个混凝土碉堡疯狂抵抗，密集的火力给 A 连造成不少伤亡，身先士卒的 A 连连长特亚吉少校也重伤倒地。

战至 9 月 22 日 05 点 30 分，印军第 3 杰特联队基本控制了多格莱小镇，可镇内仍有

不少巴军残部仍在抵抗，特别是多格莱东部边缘的主干大道两侧房屋，经过巴军改造，形成了一个个坚固的小据点。为了彻底粉碎巴军抵抗，第 3 杰特联队以 1 个排的兵力逐个扫荡这些房屋。清剿战斗快结束时，大约 12 名巴军突然从一座屋子里冲出来，其中一人试图跳河逃生，但被印军及时按倒。经查问才发现，他是巴军第 16 旁遮普联队长 G. F. 格雷瓦拉中校。至此，27 小时不间断的战斗终于结束，第 3 杰特联队攻克了多格莱小镇。可是，遭受的代价之大令人咋舌——第 3 杰特联队参战 523 名官兵，共有 63 人战死（含 4 名军官），153 人负伤（含 6 名军官和 5 名下级军官）。

随着多格莱的到手，印军第 54 步兵旅也圆满完成了预定任务。这次作战虽然代价高昂，可战绩也很可观。除了缴获大量武器装备和 108 名战俘（包括巴军第 16 旁遮普联队长 G. F. 格雷瓦拉中校）外，还在战场清点到 300 具巴军尸体。在这次惨烈的战斗中，不少印军官兵表现出大无畏的勇气，印军统帅部给 2 名军官颁发了大勇士查拉克勋章，2 名下级军官和 1 名士兵获得查克拉十字勋章。

获胜后，第 3 杰特联队紧急要求加强后勤补给，守住既得阵地。首先要补充的是弹药和粮秣，其次是援军。遗憾的是，第 3 杰特联队既没有获得援军，也没有获得弹药补

▲ 印军试射缴获的巴军 83 毫米无后座力炮

充。这是印军战场后勤严重失职，差点让到手的胜利溜走。在后勤补给没有跟上的同时，空中支援也付之阙如。虽然印军第 15 步兵师急需空中支援压制当面巴军，可军长德希尔隆中将却并没有批准。在第 15 步兵师的整个作战过程中（9 月 6 日到 23 日），印度空军竟然没有 1 架战斗机飞临 15 师上空。其结果就是，第 15 步兵师在 17 天的战斗中反复遭到巴基斯坦空军蹂躏，不少官兵白白丧命，许多车辆和武器装备也被击毁打坏。多格莱之战结束的第二天，也就是 9 月 23 日，印巴双方签署的停火协议生效，饱受巴空军折磨的印军第 15 步兵师总算松了口气。多格莱的惨烈战斗，让印度西部军区司令哈尔巴克什·辛格中将感慨万分，他认为多格莱之战将作为印军历史上从未经历过的最惨烈的攻坚战而被载入史册。

第 7 步兵师的作战行动

由 H. K. 希巴尔少将率领的印军第 7 步兵师的任务是沿着哈尔拉—巴尔基轴线挺进。印巴国境线正好从印度边界小镇哈尔拉西北 1.6 公里处穿过。从哈里克到拉合尔的公路要穿过比基温德、哈尔拉、胡迪阿拉和巴尔基。在第 7 步兵师进攻区域的巴基斯坦城镇主要有距边界 4 公里的胡迪阿拉，距边界 9.5 公里的巴尔基和距边界 33.5 公里的拉合尔市。在这个方向上，印军第 7 步兵师往拉合尔突击要遇到两道天险：第一道天险就是巴基斯坦境内的上布胡查尔运河、胡迪阿拉渠，两条运河 / 水渠均和公路呈 90 度夹角。伊乔吉尔运河是第二道天险。

根据情报，印军第 7 步兵师当面的巴军兵力部署情况为：

巴军第 10 步兵师部署在拉合尔，萨特莱杰突击队和圣战武装组织部分兵力（准军事武装）部署在伊乔吉尔运河东岸。

第 7 步兵师的作战计划打算把进攻分成两个阶段：

第一阶段

1. 9 月 6 日傍晚时刻，以第 48 步兵旅夺取巴尔基大桥。

2. 9 月 6 日傍晚时刻，以第 17 拉吉普特联队封锁所有通往贝迪恩的道路，阻止巴军使用。

3. 在夺取了胡迪阿拉渠后，印军第 65 步兵旅准备以 1 个营的兵力控制并摧毁希尔村附近横跨伊乔吉尔运河的大桥。

第二阶段

沿伊乔吉尔运河东岸扫荡巴军残部，炸毁第 65 步兵旅防区内所有的伊乔吉尔运河大桥。

9 月 5 日 13 点 30 分，印军第 7 步兵师师部转移到纳尔拉。当晚 18 点 00 分，他们沿着比基温德—哈尔拉（Bhikhiwind–Khalra）公路完成战斗集结：

1. 第 48 步兵旅集结在希德赫文—穆赫哈尔查克（Sidhwan–Mughal Chak）地区。

2. 第 65 步兵旅（欠第 17 拉吉普特联队）集结在马里梅格哈（Mari Megha）地区。

3. 第 7 炮兵旅（欠配属给第 17 拉吉普特联队的炮兵分队和配属给第 67 步兵旅的第 82 轻炮兵团 1 个连）集结在比基温德地区。

4. 第 7 步兵师后方指挥所、行政单位和第 45 野战炮兵团 1 个连，驻帕特蒂地区。

1965 年 9 月 5 日 20 点 00 分，印军第 65 步兵旅（欠第 9 马德拉斯联队）在哈尔拉—拉合尔公路段的吉普伦运河区完成战前集结，兵力部署如下：

第 16 旁遮普联队，驻卡尔拉—巴尔基公路左侧

第 4 锡克联队，驻卡尔拉—巴尔基公路

右侧

　　旅部，驻阿明夏希（Amin Shah）

　　第 9 马德拉斯联队，驻马里梅格（Mari Megha）

　　第 17 拉吉普特联队，驻纳里卡姆博凯（Nari Kamboke）

向胡迪阿拉挺进

　　1965 年 9 月 6 日 04 点 45 分，印军第 7 步兵师按时打响了有限进攻。他们一上来，就要夺取特赫赫沙尔亚马尔亚（Theh Sarja Marja）、拉赫哈尔迪特辛赫（Rakh Hardit Singh）和格哈温迪的巴方界线哨所。9 月 6 日 05 点 15 分，印军第 4 锡克联队夺取了特赫赫沙尔亚马尔亚和拉赫哈尔迪特辛赫哨所，第 6/8 廓尔喀联队打下了格哈温迪的哨所。接着，印军第 17 旁遮普联队沿着文 - 贝迪恩轴线前进，第 48 步兵旅以第 6/8 廓尔喀联队冲锋在前，沿着哈尔拉—巴尔基公路高速冲进了巴基斯坦境内。

　　印军第 48 步兵旅先头部队第 6/8 廓尔喀联队在 K. J. S. 沙哈内伊准将的率领下，于 1965 年 9 月 6 日 06 点 00 分冲进胡迪阿拉，和守卫该镇的巴军展开激烈战斗。期间，他们遭到了胡迪阿拉、努尔普尔和胡迪阿拉渠方向巴军猛烈的远程自动火力打击。在第 6/8 廓尔喀联队陷入苦战的同时，A. S. 吉尔中校率领的第 17 拉吉普特联队以奇袭方式打下了贝迪恩东面的巴军边境哨所。得手后，第 17 拉吉普特联队继续前进，至贝迪恩大桥东面 550 米时，突然遭到巴军榴弹炮、坦克和机枪火力压制，进攻受挫。得知第 17 拉吉普特联队失利的消息，印军第 11 军军长德希尔隆中将急忙命令第 7 步兵师师长希巴尔少将在第 17 拉吉普特联队进攻方向开始布设雷场，不

▲ 1965 年 9 月 23 日，印巴双方隔着伊乔吉尔运河停止了战斗

惜一切代价阻止贝迪恩方向的巴军反扑。

　　在印军第 48 步兵旅方向上，尽管遭到巴军从努尔普尔、胡迪阿拉渠和胡迪阿拉的炮兵和自动火力阻击，但第 6/8 廓尔喀联队对胡迪阿拉的进攻准备还是有条不紊地进行着。至 10 点 30 分，纳埃勒中校指挥的第 6/8 廓尔喀联队打下了胡迪阿拉村，但很快就被巴军精准的炮火和自行高射炮密集火力压制，没法继续前进一步。进攻连番受挫后，印军第 48 步兵旅旅长 K. J. S. 沙哈内伊准将这才明白巴军在胡迪阿拉地区早有防备。据判断，印军第 6/8 廓尔喀联队当面的巴军部署如下：

　　1 个连在努尔普尔，1 个连在侦察和火力分队的支援下于胡迪阿拉渠西岸组织防御。

　　了解敌情之后，下面的战斗就好办了。K. J. S. 沙哈内伊准将调整部署，决心让第 5 禁卫兵联队从左翼组织攻击，拔掉努尔普尔和胡迪阿拉东西两岸的巴军据点，然后沿着胡迪阿拉渠西岸攻击前进 900 米。这个计划要求印军第 5 禁卫兵联队夺取胡迪阿拉村后方，从背后击破阻截第 6/8 廓尔喀联队的巴军部队。1965 年 9 月 6 日，13 点 30 分，F. S. 雄德希（Sondhi）中校率领第 5 禁卫兵联队向努尔普尔展开攻击。巴军照例组织极为顽强的抵

抗，他们故技重施，企图以准确的自动火力和炮兵火力挡住第5禁卫兵联队的进攻。可禁卫兵部队毕竟是印度陆军中的精锐之师，能得到禁卫兵番号的部队战斗力绝非普通印军可比。他们顶住了巴军猛烈的火力打击持续前进。至17点10分，印军第5禁卫兵联队成功包抄到第6/8廓尔喀联队当面巴军的背后，逼迫巴军炸毁了胡迪阿拉渠上的大桥后撤退。

拿下最初的目标后，印军第48步兵旅以第5禁卫兵联队在胡迪阿拉渠西岸和18公里路标南面组织防御，第19马拉塔联队在胡迪阿拉村和18公里路标北面防守，第6/8廓尔喀联队在胡迪阿拉渠东面、紧挨哈尔拉—拉合尔公路设防，旅部设在地图坐标8092位置。为了保障第48步兵旅能够继续过河，印军第7步兵师属工兵紧急赶到胡迪阿拉渠，架设便桥。

夺取巴尔基

1965年9月6日18点00分，印军第7步兵师师长希巴尔少将指示印军第65步兵旅旅长费里斯准将，着令他在次日07点00分待横跨胡迪阿拉渠的便桥架好后就立即超越第48步兵旅，继续组织攻击。希巴尔少将判断，当面的巴军兵力约为1个两营制的步兵旅，并得到1个坦克中队和1个炮兵团的支援。

◀ 在拉合尔方向作战的印军侦察部队

经过和印军第48步兵旅在胡迪阿拉地区的战斗，当面巴军实力应该有所削弱。为了支援第65步兵旅，希巴尔少将特地把辛地骑兵团（欠1个中队，装备M4"谢尔曼"坦克）和第94野战炮兵连直接划归费里斯准将指挥。第165野战炮兵团直接支援65旅，第7炮兵旅（欠第165野战炮兵团）、第66野战炮兵团1个连和第82轻炮兵团担任一般射击支援。

由于费里斯准将已经没有时间组织侦察，他只是匆匆用望远镜察看了一会儿巴军阵地，就根据对作战地图的研究和几小时前俘虏的1名巴军士兵口供，定下了夺取巴尔卡卡兰（Barka Kalan）的决定，其原因如下：

（a）沿着哈尔拉—拉合尔公路，胡迪阿拉渠到伊乔吉尔运河之间的距离不过6公里。这段公路穿过了一片既没有任何树林，也没有任何地障掩护的开阔地。公路南面是难以通行的水田地和沼泽。公路北面，也稀疏分布着水田和大片贫瘠的土地。

（b）巴尔卡卡兰是16公里路标南面的一个大村庄，距公路大约400米。村落内有许多高大的砖瓦建筑，居高临下俯瞰着周围的泥屋；站在镇内清真寺里可对胡迪阿拉渠一览无余。其实，这个镇子就建在靠近公路的高地，可以清晰俯瞰胡迪阿拉渠，这使它成为防守巴尔基的巴军部队的理想前沿屏障。

9月7日15点45分，胡迪阿拉西面的便桥终于架通。接着，印军第9马德拉斯联队和辛地骑兵团B中队马上越过胡迪阿拉渠，向巴尔卡卡兰发起攻击。虽然据守该村的巴军组织顽强抵抗，朝印军发射密集的弹雨，但第9马德拉斯联队还是在M4"谢尔曼"坦克群的配合下，于18点00分攻下了巴尔卡卡兰。丢失阵地的巴军马上组织反击，但被第9马德拉斯联队击退。

9 月 8 日傍晚，印军第 16 旁遮普联队报告，他们派出的巡逻队遭到巴尔卡库尔德村的巴军火力射击。为了消除这个威胁，第 16 旁遮普联队请求打下该村，第 65 步兵旅旅长费里斯准将表示同意。9 月 9 日 20 点 30 分，印军第 16 旁遮普联队发起攻击，21 点 00 分以零伤亡的成绩夺取了巴尔卡库尔德。连续两次胜利，让第 7 步兵师师长希巴尔少将胃口大增，决心进一步夺取巴尔基，进而前出到伊乔吉尔运河。希巴尔少将继续把任务交给第 65 步兵旅，要求该旅分两个阶段完成：第一阶段先用第 4 锡克联队夺取巴尔基村；第二阶段用第 16 旁遮普联队夺取伊乔吉尔运河东岸，并摧毁巴尔基大桥。辛地骑兵团（欠 1 个中队）和第 7 炮兵旅、第 5 野战炮兵团（欠 1 个中队）、第 66 野战炮兵团和以及第 82 轻炮兵团将支援这次进攻。H 时定为 9 月 10 日 20 点 00 分。

通往巴尔基村的道路共有左中右三条机动路。其中，左机动路因为横跨泥泞的原野，完全没有地障掩护，而且被公路南面高高的运河堤岸俯瞰故而不在印军的选择内。中央机动路其实就是直通巴尔基的公路，路面质量好，地形稍有起伏，缺点是缺乏地障掩护，优点是距巴尔基村路程最短，而且接敌过程可以不受运河堤岸的巴军火力点威胁。右机

◀ 在前线巡逻的
印军士兵

动路比较好走，但从第 65 步兵旅阵地出发沿着该路要绕一个大圈才能抵达巴尔基村，而且没有侧翼掩护，容易受到公路北面运河堤岸上的巴军火力点侧击。综合各个因素考虑，印军最终选择沿中央机动路突击。

考虑到巴军准确的榴弹炮和迫击炮火力打击和巴军筑有良好的防御工事，以及己方在接敌过程中缺乏地障掩护，印军第 65 步兵旅旅长费里斯准将决定实施夜袭。

9 月 10 日 19 点 30 分到 19 点 55 分，印军炮兵群首先对巴尔基村周围巴军步兵阵地和迫击炮阵地实施猛烈轰击。从 19 点 55 分到 20 点 00 分，印军炮兵转移火力，对沿着伊乔吉尔运河东岸和巴尔基村内的巴军阵地实施短促压制射击。从 20 点 00 分，印军第 7 步兵师炮兵（不含第 5 野战炮兵团）集中炮群对巴尔基进行效力射，掩护第 4 锡克联队（联队长：阿宁德·辛格中校）发起攻击。当第 4 锡克联队扑到巴尔基村口前，印军辛地骑兵团（欠 2 个中队）也在炮火延伸后迅速开上去，给步兵提供伴随火力支援。借助皎洁的月光，印军装甲兵清晰地看见运河堤岸、村内的巴军阵地和各个火力点，他们以准确的火力有效支援了步兵攻坚。在村内的战斗中，第 4 锡克联队遇到了不少顽强抵抗的巴军碉堡，勇敢的锡克兵在火力掩护下，用集束手榴弹塞进碉堡射击孔里炸毁了部分碉堡，里面的巴军非死即俘。按照印军第 7 步兵师师长希巴尔少将的说法，印军辛地骑兵团（欠 2 个中队）的 M4“谢尔曼”坦克群在当夜持续不断的火力打击下，让巴军吓破了胆，使他们误以为印军坦克拥有红外夜视瞄准能力，结果军心溃散且被迅速打垮。21 点 10 分，第 4 锡克联队攻克了巴尔基村。战斗结束后，巴军尸体躺满村内各个角落。出于对巴军的尊

重，印军第 65 步兵旅旅长费里斯准将通知巴军前来收尸。9 月 11 日，印巴在巴尔基村暂时达成停火协议，巴军用 4 辆卡车把己方战死将士的尸体给拉了回去，其中就有哈特蒂少校，他被追授巴基斯坦最高荣誉勋章。

拿下巴尔基村后，第 16 旁遮普联队（联队长：J. S. 胡拉尔中校）又于 21 点 30 分在师属炮兵群的支援下展开第二阶段作战。22 点 30 分，第 16 旁遮普联队穿过了巴尔基村，在没有遇到重大抵抗的情况下，于 23 点 40 分前出到伊乔吉尔运河东岸。在印军的打击下，巴军狼奔豕突，但好歹在逃跑前还是炸掉了巴尔基大桥，没有让印军过河。在这次战斗中，印军辛地骑兵团团长 S. C. 乔希中校（查克拉十字勋章获得者）在亲自下车引导坦克穿过雷场时不幸中弹身亡。巴军对这次失败可以说是恼羞成怒，他们集中主干大道两侧所有炮群，对第 16 旁遮普联队猛轰了半个小时，同时组织 106 毫米无后坐力炮群和导弹攻击印军坦克群。

为了压住巴军炮兵群，印军在当夜调上第 621 远程炮兵连（装备 M46 130 毫米加农炮），对巴军炮兵阵地实施炮火反击，部分炮弹甚至打到拉合尔市区。在印军的炮火反制下，巴军很快停止了对第 16 旁遮普联队和辛地骑兵团的炮火打击。不过，在连续不断的战斗中，印军中央骑兵团也被巴军的无后坐力炮和眼镜蛇反坦克导弹击毁了 6 辆坦克，印军在战场上缴获了 2 枚眼镜蛇反坦克导弹。这再次说明了巴军反坦克武器对印军装甲兵造成的巨大威胁。

伊乔吉尔运河拉锯战

同一天，也就是 9 月 11 日，印军第 48 步兵旅奉命夺取和炸毁贾赫曼（Jahman）的

▲ 正在进行战斗侦察的印军士兵

伊乔吉尔运河大桥。该旅决定在 9 月 11/12 日夜用第 5 禁卫兵联队在第 41 野战炮兵团的支援下展开攻击。虽然第 5 禁卫兵联队按时发动进攻，但却遭到巴军顽强抵抗而受挫。9 月 12 日清晨，第 5 禁卫兵联队撤回胡迪阿拉。

1965 年 9 月 12/13 日夜，印军第 48 步兵旅又以第 6/8 廓尔喀联队和第 5 禁卫兵联队，在辛地骑兵团 2 个中队的 M4 "谢尔曼" 坦克群和全部师属炮兵的支援下再次展开攻击。可巴军仍然组织了顽强的抵抗，向第 6/8 廓尔喀联队和第 5 禁卫兵联队猛烈倾泻迫击炮弹和自动火力。更为糟糕的是，印军出动的 8 辆 M4 "谢尔曼" 坦克中就有 6 辆在伊乔吉尔运河前 700 到 900 米处淤陷。步兵被压，坦克淤陷，进攻受挫自在情理之中。在印军第 48 步兵旅二次夺桥的努力化为泡影的同时，巴军却进一步加强了贾赫曼大桥的防务。

既然夺桥无望，印军第 48 步兵旅索性就把任务限定为驱逐贾赫曼村的巴军，并努力夺取伊乔吉尔运河东岸（夺桥任务从目标名单中划去）。由于第 5 禁卫兵联队连续参加多次战斗，师老兵疲。第 48 步兵旅旅长 K. J. S. 沙哈内伊准将决定换上第 19 马拉塔联队，和第 6/8 廓尔喀联队一起，在辛地骑兵团 2

个坦克小队和全部师属炮兵的支援下，执行进攻任务。9 月 18 日 15 点 00 分，第 48 步兵旅展开攻击，第 6/8 廓尔喀联队顺利拿下了贾赫曼村东南角，第 19 马拉塔联队（欠 2 个排）进攻了贾赫曼村西北角。战至 17 点 30 分，两个联队完全夺取了贾赫曼村，抓获 10 名战俘。

9 月 18 日，印军第 7 步兵师为了支援第 4 山地师在凯姆卡兰对巴军第 1 装甲师的反攻，决心在 9 月 20 日拂晓前攻下拉乔凯—塔特蒂—杰伊马尔辛格—卡里亚一线，全线压往伊乔吉尔运河一线。第 7 步兵师师长希巴尔少将命令第 19 马拉塔联队（联队长：S. D. 帕拉布中校）和第 7 骑兵团（欠 1 个中队又 1 个小队，装备 PT-76 水陆两用坦克）组成临时特遣队，由第 48 步兵旅新任旅长皮阿拉·辛格准将（勇士查克拉勋章和查克拉十字勋章获得者）亲自指挥，实施这次进攻战斗。9 月 19 日 12 点 30 分，特遣队展开攻击，并迅速夺取了查滕瓦拉（Chathanwala）东面的巴军阵地，但在试图攻取查滕瓦拉村时却被巴军猛烈的迫击炮火力打退。战斗中，特遣队损失惨重，第 7 骑兵团有 4 辆 Pt-76 水陆两用坦克淤陷，其中 3 辆被拖回。第一次进攻受挫，皮阿拉·辛格准将没有气馁，而是率特遣队转向攻击德霍伦。他们在拉乔凯和德霍伦之间巴军的顽强抵抗（包括坦克）下，最终拿下了德霍伦；接着，特遣队再接再厉，又于 9 月 20 日 16 点 15 分拿下了塔特蒂—杰伊马尔辛格。

巴军反应也不慢。丢失两村后，他们在 9 月 20 日 17 点 30 分到 9 月 21 日 11 点 15 分之间连续进行了 5 次反扑，最后一次甚至投入了 2 个坦克中队支援。虽然巴军在第 5 次反扑中，冲到了塔特蒂—杰伊马尔辛格郊外，

但还是被特遣队击退。战斗中，印军第 7 骑兵团被巴军击毁 3 辆 PT—76 坦克，但却干掉了对手 6 辆 M24 "霞飞" 坦克。这次战斗结束后，特遣队奉命转往支援第 4 山地师，一直到 9 月 23 日停战时，第 7 步兵师战线都再无变化。

第 4 山地师的作战行动

第 4 山地师作为印度陆军最负盛名的山地作战师，一直以来都是北线对华防御的中坚力量。1965 年 4 月，第 4 山地师就从北线对华正面转移到了对巴正面战场。1965 年 6 月，印军第 4 山地师师长古尔巴斯克·辛格少将接到通知，称在未来和巴基斯坦的作战中，第 4 山地师将承担攻势作战任务。1965 年 9 月 4 日，古尔巴斯克·辛格少将（大勇士查克拉勋章获得者）就接到了实施里德尔行动的命令。

1960 年初期，印度卡苏尔附近曾存在着一个名叫萨特莱杰的巨大的池塘/水库。1961 年到 1965 年，印度方面抽干了整个池塘，并在原地种下一片茂密的森林，用于阻挡巴军坦克。任何事物都是利弊共存。在这一片森林地区，印度空军也没法查明坦克（活动）的迹象。制造人工障碍的不只是印度，巴基斯坦同样也在伊乔吉尔运河修了两条大沟渠，一条在北面，另一条在凯姆卡兰南面。在对印军第 4 山地师的钳形反攻中，巴军坦克群正是利用了这两条沟渠。印军第 4 山地师师长古尔巴斯克·辛格少将认为巴军这些长期战备工程应该引起印军情报部门的警觉，遗憾的是印军情报部门还是疏忽了。

计划

在作战计划中，第 4 山地师奉命分两个

阶段展开作战。在第一阶段，印军第4山地师以1个步兵旅群夺取从巴尔伦瓦拉到地图坐标RO798489之间的伊乔吉尔运河东岸的巴基斯坦国土地带。第二阶段，印军第4山地师再以1个步兵旅（欠1个营）的兵力夺取运河枢纽（地图坐标）RO763767到巴尔伦瓦拉之间的伊乔吉尔运河东岸的巴基斯坦国土地带。

1965年9月6日03点20分，印度陆军第11军军长德希尔隆中将下令第4山地师要以最快速度，不惜任何代价，拿下伊乔吉尔运河东岸地区；同时，德希尔隆中将还明确指示第4山地师要确保卡苏尔—凯姆卡兰和根达辛格瓦拉—凯姆卡兰两条轴线，进一步巩固防区。

根据第4山地师获得的情报，巴军在伊乔吉尔运河东岸只有萨特莱杰突击队和各个边境哨所，很可能还有1个正规军步兵营部署在贝迪恩到地图坐标RO798439之间仓促组织的阵地。关于巴军第1装甲师的部署，第4山地师没有得到确切的情报。因此，古尔巴斯克·辛格少将没法预见巴军第1装甲师和2个步兵旅的反攻究竟何时到来，也无法判断能否对第4山地师的进攻做出快速反应。

▲ 在1965年第二次印巴战争中，巴军经常用吉普车搭载106.6毫米无后座力炮实施机动反坦克任务，给印军坦克带来了很大的威胁

鉴于目前情报显示进攻地带巴军守备兵力薄弱的情况，第4山地师认为迅速拿下罗希纳拉东岸就可以迟滞巴军的坦克（反击）威胁，并给所部调动兵力加强封锁对方坦克群可能推进的各条轴线赢得充分时间。据此，古尔巴斯克·辛格少将拟定了分两步走的作战计划：

第一阶段

以第62山地旅占领巴基斯坦边界到纳拉十字路口—罗希纳拉（RO 8050）之间的罗希纳拉东岸地区。

以第62山地旅1个营在凯姆卡兰西面和西南组织防御，封锁卡苏尔—凯姆卡兰和根达辛格瓦拉—凯姆卡兰两条公路。

第二阶段

以第7山地旅（欠1个营）占领巴尔伦瓦拉地区，并确保从巴尔伦瓦拉到运河枢纽之间的伊乔吉尔运河东岸地带。

以第62山地旅占领从巴尔伦瓦拉到RP798439之间的伊乔吉尔运河东岸地区，摧毁掉凯姆卡兰—卡苏尔公路段横跨伊乔吉尔运河的大桥。

计划已定，可究竟如何实施，就全看古尔巴斯克·辛格少将和第4山地师全体将士的表现了。

初战告捷

进攻前，印军第4山地师以第1/9廓尔喀联队、第18拉吉普特联队在第9骑兵团（欠2个中队）支援下于凯姆卡兰西南占领封锁阻击阵地，做好掩护师主力出动准备。9月6日05点00分，印军第4山地师所属的第62山地旅开始前进，第一目标是夺取罗希瓦尔和横跨罗希纳拉渠的公路桥。09点15分，印军第9杰特联队报告夺取了主要突击轴线方

▲ 在巴基斯坦陆军的步坦协同反击下，印军第 4 山地师很快缩回到凯姆卡兰地区

向上的罗希纳拉（公路桥）。接着，第 9 杰特联队继续前进，目标是夺取并炸毁巴尔伦瓦拉到地图坐标 RP798439 之间的伊乔吉尔运河大桥，并在东岸组织防御。然而，第 9 杰特联队却在路上遭到伊乔吉尔运河方向上的巴军的猛烈炮火和中机枪火力打击，冲击受挫。印军第 13 多格拉联队也在 10 点 30 分拿下了罗希瓦尔，但他们也遭到巴军迫击炮火力和中机枪火力打击，2 名士兵战死，7 人负伤（含 2 名军官）。

与此同时，印军第 7 山地旅所属的第 7 掷弹兵联队和第 4 掷弹兵联队也朝巴尔伦瓦拉和泰赫潘农推进。至 9 月 6 日 11 点 30 分，他们拿下了罗希纳拉一线和从泰赫潘农往南的伊乔吉尔运河东岸地区（除去巴尔伦瓦拉）。唯一遗憾的是，第 7 掷弹兵联队对巴尔伦瓦拉的进攻没有得手。

面对印军第 4 山地师的进攻，巴军做出了快速反应。强大的"巴顿"式坦克群和摩托化步兵一起对印军实施反突击。9 月 6 日 15 点 30 分，印军第 13 多格拉联队先是遭到一顿炮火猛轰，然后又遭巴军 1 个步兵营和 1 个坦克中队的反扑。第 13 多格拉联队在巴军猛攻下放弃阵地，溃散而去。9 月 6/7 日夜，印军所有防御阵地和炮兵阵地都遭到了巴军持续不断的猛烈而精确的炮火打击。至 7 日拂晓，印军第 4 和第 7 掷弹兵联队也放弃阵地后退。大约 07 点 00 分，第 9 杰特联队被巴军坦克群包围，且遭巴空军扫射。第 9 杰特联队先是让联队长和 1 个连撤了下来，主力随后被坦克所救。

到了这个时候，巴军对印军第 4 山地师的进攻做出的强烈反应预示了他们的主攻设想。巴军强大的步坦集群并非沿着印军预判的轴线推进，而是从印军侧翼穿过巴尔伦瓦拉，意在绕过印军第 4 山地师所属第 1/9 廓尔喀联队、第 18 拉吉普特联队构建的阻击封锁阵地。9 月 7 日 08 点 00 分，第 1/9 廓尔喀联队和第 18 拉吉普特联队意识到巴军强大的坦克群从凯姆卡兰—卡苏尔公路北面沿着凯姆卡兰—比基温德的突击威胁迫在眉睫。巴军坦克群的这个动作，将迅速绕过凯姆卡兰西面和西南面的印军所有防御阵地。在这种情况下，印军第 1/9 廓尔喀联队和第 18 拉吉普特联队决定后退，在凯姆卡兰北面占领防御地带，封锁阿沙尔北面—奇马（Chima）地区的凯姆卡兰—帕特蒂和凯姆卡兰—比基温德两条轴线。与此同时，刚刚夺取泰赫潘农，打通与贝迪恩联系的印军第 7 山地旅奉命退回防御地带。至 9 月 7 日傍晚，印军第 4 山地师重新调整了部署，各部占领阵地如下：

▲ 一幅描述巴基斯坦陆军在 F-86F "佩刀"式战斗机的支援下英勇奋战的油画

第 18 拉吉普特联队：在阿沙尔北面以南地区占领防御阵地，封锁凯姆卡兰—帕特蒂轴线。

第 1/9 廓尔喀联队：在公路和小道交叉口占领防御阵地，封锁凯姆卡兰—比基温德轴线。

第 4 掷弹兵联队：在奇马南面占领防御阵地，封锁凯姆卡兰—比基温德轴线，增大第 1/9 廓尔喀联队的防御纵深。

第 9 杰特联队（大约 2 个连）：在阿沙尔北面地区组织防御，增大第 18 拉吉普特联队的防御纵深。

第 9 骑兵团和第 1/9 廓尔喀联队 1 个连：在凯姆卡兰西南展开，掩护上述防御准备。

决定性的胜利

9 月 8 日 09 点 30 分，巴军大约 2 个中队的 M24"霞飞"坦克群作为侦察支队穿过巴尔伦瓦拉朝印军第 4 山地师阵地扑来。沿着宽大的正面，巴军坦克群迅速包围了印军阵地，然后从他们（印军）右翼前出到炮兵阵地。在接下来的战斗中，巴军在损失 2 辆 M24"霞飞"坦克后撤走。与此同时，印军第 4 山地师的防御准备也在有条不紊地进行。至 9 月 8 日下午，印军 3 个半联队已经在阿沙尔北面地区周围挖壕修筑工事，布设地雷。

14 点 45 分，巴军以一个"巴顿"式装甲团再次实施威力搜索。他们突破了印军防御地带前沿扮演重要阻敌角色的第 1/9 廓尔喀联队 1 连和第 9 骑兵团的阻击阵地。与此同时，巴军又出动一支"巴顿"式坦克群对印军第 4 掷弹兵联队和炮兵阵地展开牵制攻击，但却受阻于拉特托凯地区。巴军再次尝试从北面迂回绕过印军阵地，但比基温德地区的印军第 3 骑兵团 1 个中队料到巴军会来

▲ 战斗中的巴基斯坦陆军士兵

这一手，并做好了应对准备。他们立即出动对巴军展开攻击，给对手造成了惨重的损失并迫敌退却。

巴军的这次威力搜索给印军提了醒，次日巴军很可能会发动大规模坦克进攻。为了应对巴军的进攻，印军第 11 军火速抽调预备队独立第 2 装甲旅从集结地出发，赶往支援。根据命令，第 3 骑兵团（欠 1 个中队）从查巴尔卡兰和拉贾塔尔赶赴第 4 山地师防区，第 8 骑兵团（欠 1 个中队）从阿姆利则出发绕道急赴第 4 山地师防区，并归第 4 山地师师长古尔巴斯克·辛格少将节制。上述各单位的所有行军机动都于 9 月 8/9 日夜在没有发生任何意外的情况下顺利完成，印军第 4 山地师防御地带也通过增布雷场加强了防御。9 月 9 日 02 点 00 分，巴军第 4 装甲战斗群（2 个"巴顿"坦克团）利用月光和红外（夜视）设备，攻击了印军第 18 拉吉普特联队阵地。印军步炮集中火力，并用无后坐力炮顽强抗击巴军坦克群。虽然巴军坦克群可以自由且不受干扰的冲击，但就是没法动摇印军防御阵地。

9 月 3 日 04 点 30 分，印军独立第 2 装甲旅赶到战场，正式纳入第 4 山地师指挥。9 月 9 日清晨，第 4 山地师防区内各坦克单位部署情况为：

1. 旅级防御地带由阿沙尔北面地区的 3 个半联队和第 9 骑兵团（欠 1 个中队）组成。

2. 第 9 骑兵团 1 个中队部署到旅级防御地带和炮兵阵地之间，任务是保护炮兵阵地。

3. 第 3 骑兵团（欠 2 个中队）部署在迪布比普拉和奇马之间。第 8 骑兵团 1 个中队在瓦尔托哈东面，掩护南翼。

4. 第 8 骑兵团（欠 2 个中队）纵深的瓦马拉地区（待机）。

9 月 9 日拂晓，巴军又尝试突破印军第 4 掷弹兵联队阵地，可还是失败了。当夜，巴军又重新对印军第 18 拉吉普特联队实施冲击。可这一次第 4 掷弹兵联队只要求守住阵地即可，前沿防御地带的中型炮群和坦克群会"搞掉"巴军坦克。03 点 30 分，巴军步兵搭载装甲运兵车试探前进，却闯进雷场被迫撤退。一阵沉默后，巴军又在 9 月 9/10 日后半夜出动坦克实施威力搜索。

9 月 10 日 06 点 45 分，巴军第 1 装甲师的进攻最终到来。巴军坦克群在马纳文集结，意在迂回绕过印军防御阵地。08 点 30 分，巴军第 4 装甲旅的一个战斗群对印军第 4 掷弹兵联队展开攻击，但巴军步兵还没能靠近印军布设的雷场就被（印军）猛烈炮火击退。接着，印军坦克群从侧翼杀了过来，引发双方坦克混战。战斗中，印军的哈维尔达尔·阿布杜尔·哈米德操作的一门无后坐力炮击毁了 3 辆"巴顿"式坦克，在英勇牺牲后被追

▲ 凯姆卡兰大捷，印度陆军第 4 山地师在独立第 2 装甲旅的配合下，打赢了至关重要的一战，粉碎了巴基斯坦陆军第 1 装甲师的冲击

授印军最高荣誉勋章——最高勇士查克拉勋章。接着，印军又注意到巴军第 4 骑兵团（装备 M47 "巴顿"式坦克）往马赫莫奥德普拉—迪布比普拉的迂回运动，印军第 3 骑兵团如影随形般跟踪追击，死死将对手咬在防御地带。最终，巴军坦克群陷入马赫莫奥德普拉地区进退不是。14 点 30 分，巴军第 1 装甲师师长纳希尔·艾哈迈德少将从一架直升机察看了战场态势后，和第 1 装甲师的 R 战斗群一起前出到凯姆卡兰—比基温德公路 37 英里路标地区，然后亲自率部前进。该战斗群遭到印军第 4 掷弹兵联队的突袭和印军大口径炮火的集中射击，整个 R 战斗群于 18 点 00 分全军覆灭。巴基斯坦陆军第 1 装甲师师长纳希尔·艾哈迈德少将战死，炮兵主任 A. R. 沙姆米准将也英勇捐躯，R 战斗群和其他两个战斗群被摧毁后，巴军第 1 装甲师的攻势被有效地挫败了。

不过，直到 9 月 11 日清晨，巴军第 4 骑兵团的官兵开始陆续投降，这才宣告巴军第 1 装甲师前进步伐的最终停止。至此，在对凯姆卡兰的突击战斗中，巴军投入极为强大的装甲部队，计 5 个"巴顿"装甲团——第 4 骑兵团、第 5 骑兵团、第 6 枪骑兵团、第 19 枪骑兵团、第 24 骑兵团和一个"霞飞"装甲团（第 12 骑兵团），他们要夺取整个比阿斯

◀ 表现巴军坦克开赴凯姆卡兰前线的美术作品

河西岸地带，切断印军第 11 军后方的企图失败。最终的结果是，巴军没能冲到比阿斯河就损失了 97 辆坦克（其中 72 辆是"巴顿"坦克），只好被迫撤回卡苏尔舔舐伤口。印军第 4 山地师为了这次胜利也付出了不小的代价，计 60 人战死、206 人负伤和 93 人失踪，损失坦克 10 辆。其中，独立第 2 装甲旅战死 1 名士兵，损失 2 辆坦克。

▲ 在凯姆卡兰周围战场陷入泥沼的巴军坦克

凯姆卡兰之辱

1965 年 9 月 11 日大约 11 点 00 分，印军第 4 山地师收到第 11 军的命令，称巴军似乎在仓促退却，德希尔隆中将要求第 4 山地师急速往凯姆卡兰追击。当天 16 点 15 分，印军独立第 2 装甲旅（欠第 3 骑兵团 1 个中队）脱离第 4 山地师指挥，第 2 马哈尔联队也划归第 7 山地旅（旅长：希德胡准将）。9 月 11/12 日夜，印军第 4 锡克联队从第 7 步兵师战区赶来，归印军第 4 山地师节制。9 月 12 日 05 点 00 分，第 2 马哈尔联队和第 4 锡克联队奉命沿（师）左翼投入战斗，在凯姆卡兰地区建立了一个路障。

印军打算先以第 2 马哈尔联队在 1 个坦克中队的配合下沿着凯姆卡兰分流前进，突破巴军警戒阵地，然后和第 4 锡克联队取得联系。最初，第 2 马哈尔联队进展顺利，很快打下了胡拉库赫纳，缴获大批巴军武器装备和车辆。可在沿着分流继续前进时却遭到巴军越来越顽强的抵抗，巴军炮兵和航空兵集中火力打击，给第 2 马哈尔联队造成很大的伤亡，抵达目的地更是无从谈起。在这种情况下，印军第 9 杰特联队 2 个连奉命前出，接替第 2 马哈尔联队继续进攻。16 点 00 分，第 9 杰特联队投入战斗，可他们的命运也不比第 2 马哈尔联队好到哪里。在巴军的炮火

◀ 印度陆军为了彰显自己的赫赫战功、纪念凯姆卡兰坦克会战大捷，特地在比基温德设置了一个坦克展览场，图为比基温德坦克坟场一角，也称"巴顿"坦克的坟墓

拦截下，第 9 杰特联队打到黄昏也没能靠近分流。与此同时，印军的"百人队长"坦克也冲上战场，试图支援第 9 杰特联队，可惜被打坏 4 辆却没取得任何进展。为了避免损失宝贵的坦克，印军第 4 山地师只得禁止"百人队长"和 AMX-13 坦克参加随后的进攻战斗。

根据计划，印军第 4 锡克联队大约 200 人要在 9 月 11/12 日夜抵达凯姆卡兰。战争伊始，第 4 锡克联队曾在第 65 步兵旅建制内参加了激烈的巴尔基战斗。9 月 10 日，第 4 锡克联队在其他部队（特别是坦克兵）的配合下攻克了巴尔基。在这次战斗中，第 4 锡克联队战死 3 名下级军官和 20 名士兵，2 名军官、1 名下级军官和 93 名士兵负伤。由于持续不断的战斗，第 4 锡克联队始终没有得到任何休整，大家都筋疲力尽。9 月 11 日清晨，刚刚打完巴尔基之战的第 4 锡克联队才喘上口气，在打扫战场并收容己方死伤者，营长

阿宁·辛格中校却突然接到上级命令，要求第4锡克联队马上出发去执行一项重要任务。阿宁德·辛格中校表示反对，指出手下官兵已疲惫不堪，没法马上前往陌生战场执行新的作战任务。然而，上级没有理会他的抗辩。不过，为了激励将士们的士气，上级声称这是西部军区和第11军亲点第4锡克联队执行的重要任务，而且将作战日定为具有重要意义的沙拉贾尔希节（9月12日）。这个说辞对印军第4锡克联队而言，的确是一针强心剂。大伙也不再抱怨，转而士气高昂地为新的战斗做准备。

9月11日下午，印军第4锡克联队奉命转移到凯姆卡兰地区。17点00分，第4锡克联队和友军换防，然后徒步撤到胡迪阿拉，再坐卡车转移抵达32公里外的瓦尔托哈（位于帕特蒂—凯姆卡兰—卡苏尔轴线）。22点00分，联队长阿宁德·辛格中校与部队会合，并带来了新的命令，全营要在当夜直插敌后，于9月12日05点00分在凯姆卡兰建立一个路障。关于敌情，印军第11军军长德希尔隆中将亲自告诉他说，在凯姆卡兰绝对不会遭遇巴军坦克，遇到的抵抗也会很微弱。

第4锡克联队迅速组织起来，挑了200人执行这项任务。为了防范可能出现的巴军坦克，阿宁德·辛格中校决定带上2门106.6毫米无后坐力炮。可这两门炮各重400千克，严重迟滞了行军速度，为了轻装简从，阿宁德·辛格中校只得让1名军官和10名士兵把这两门无后坐力炮抬回。靠近凯姆卡兰时，阿宁德·辛格中校才发现第11军的情报错得有多么离谱——巴军坦克正在凯姆卡兰村里溜达，四周也有一些巴军堑壕。第4锡克联队1名倒霉的士兵不慎落入巴军堑壕里，被巴军活捉。通过审讯，巴军得知了第4锡克

▲ 躺在凯姆卡兰战场上的巴军 M48"巴顿"坦克残骸

联队已经摸了上来。既然没法逃脱，第4锡克联队长阿宁德·辛格中校决心死拼到底。在他的命令下，希德胡少校扛着一具火箭筒从150米开外对准巴军坦克射击，可能是因为机械故障，火箭弹没法打出去。

陷入敌后的第4锡克联队情况危急，随时有被巴军"吃掉"的可能。但阿宁德·辛格中校没有畏惧，因为巴军也不知道他们的具体情况。只要第4锡克联队不首先掉头逃跑，巴军在没有查明锡克联队背后是否有印军主力的情况是不会轻举妄动的。目前，印军第4锡克联队的当务之急就是等待印军装甲兵前来接应。9月12日09点00分，巴基斯坦空军的一架观察机在第4锡克联队上空逗留了15分钟，没发现什么异常就离开了。大约10点30分，第4锡克联队的将士们突然听到正朝凯姆卡兰驶来的坦克的马达轰鸣声，一时间士气大振，他们都以为是自己的坦克来了！一向头脑冷静的阿宁德·辛格中校也抑制不住内心的冲动，率官兵冲进了凯

姆卡兰试图设置路障。但令他们傻眼的是，开过来的并不是印军坦克，而是巴军整整一个中队的坦克群！看到第4锡克联队羊入虎口，巴军坦克群毫不客气地把他们团团包围，施以猛烈机枪火力打击。除了 D. S. 希德胡少校眼疾手快抢在巴军坦克完成包围前带着 40 人溜出凯姆卡兰外，包括阿宁德·辛格中校在内的 126 人都成了巴军的阶下囚。这次凯姆卡兰之旅，上至印军第 11 军军长德希尔隆中将，下到第 4 山地师师长古尔巴斯克·辛格少将都犯了严重轻敌的大忌，误以为自己打赢了巴军第 1 装甲师后，巴军后方一片大乱，凯姆卡兰也没有设防。这个错误加上无线电联络失败，导致了精锐的第 4 锡克联队蒙受了耻辱。

这次吃亏让德希尔隆中将和第 4 山地师师长古尔巴斯克·辛格少将双双醒悟过来——巴军并没有崩溃，他们还有相当强的战斗力！9 月 12/13 日夜，德希尔隆中将重新把印军独立第 2 装甲旅〔包括第 3 骑兵团 1 个中队、第 8 骑兵团（欠 1 个中队）、第 7 骑兵团（欠 1 个中队）〕配属给第 4 山地师。对巴军的侦察工作也重新认真起来，据报巴军在卡苏尔地区重新集结坦克群，古尔巴斯克·辛格少将判断这很可能是巴军要重新发动进攻的征兆。从 9 月 13 日到 9 月 15 日，在等待巴军可能发动第二次大规模坦克进攻期间，印军第 4 山地师也积极展开巡逻活动。9 月 16 日，眼看巴军没有动静，古尔巴斯克·辛格

少将决定逼上一步，命令第 9 骑兵团和第 1/9 廓尔喀联队 1 个连重新夺回卡伦贾尔北部、马纳文、胡拉卡里姆普尔和拉赫纳。与此同时，巴军也利用这段宝贵的时间加强了凯姆卡兰的防御。9 月 17 日，巴军重新开始积极活动，他们连续两次出动步坦联合分队袭扰印军防御阵地，并组织对胡拉库赫纳的印军巡逻基地的突击，但均被击退。看到巴军积极活动规模甚小，古尔巴斯克·辛格少将心里有底了，遂决心夺回凯姆卡兰。在他的命令下，第 1/5 廓尔喀联队、第 2 马德拉斯联队，一个野战炮兵团、第 29 步兵旅旅部，以及第 41 步兵旅将参加这次夺回作战。9 月 20 日傍晚，上述参加部队完成了兵力集结。对凯姆卡兰的进攻分为两个阶段进行：第一阶段，第 41 步兵旅从右翼展开攻击，要在 9 月 22 日 02 点 00 分夺取凯姆卡兰；第二阶段，调上第 29 步兵旅参战，任务是在 9 月 22 日 05 点 00 分夺取凯姆卡兰支流。

9 月 19/20 日夜，印军多次组织对凯姆卡兰方向的侦察，但没能查明确切敌情，进攻时间只得推迟一天。9 月 21/22 日夜，印军第 4 山地师对凯姆卡兰展开攻击。炮兵群按时进行炮火准备，可轮到步兵冲击时却出了问题。在第 41 山地旅进攻方向上，第 1/8 廓尔喀联队尖刀连闯进了雷场，全联队攻击受挫。跟进的第 15 库马盈联队反应也慢了半拍。利用印军的迟钝和犹豫，巴军迅速调来坦克群，并出动夜航战斗机猛烈攻击，粉碎了印军第

凯姆卡兰坦克战场另一景

41 山地旅冲击。与此同时，在左翼进攻的印军第 29 步兵旅所属的第 2 马德拉斯联队仅仅是夺取了巴军的前沿警戒阵地就被猛烈的炮火和自行高射炮火力打得抬不起头来。对凯姆卡兰的反攻仅仅打了 2 个小时，印军寸土未得、死伤惨重，狼狈地撤出了战场。正当古尔巴斯克·辛格少将准备调整部署，再进行第二次攻击的时候，印巴双方签署的停火协议于 9 月 23 日生效，印军第 4 山地师只得永远吞下了凯姆卡兰反击失败的苦果。

▲ 老农、孩子和坦克——现代战争中三个不可或缺的角色，在这一刻构成的画面多么和谐

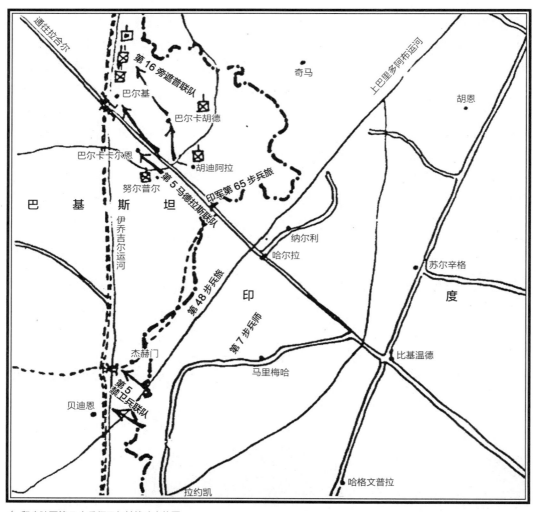

▲ 印度陆军第 7 步兵师巴尔基战斗态势图

第七章

决战锡亚尔科特

地形

印度陆军新组建的第 1 军在 P. O. 敦恩（Dunn）中将的指挥下，负责桑巴（Samba）—查谟—锡亚尔科特方向的作战。桑巴—查谟—锡亚尔科特地区夹在拉维（Ravi）河与杰纳布（Chenab）河之间，印巴国境线从该地区东部山脚接近地划过。穿过这一地区连通印控克什米尔和印度本土之间只有一条交通公路，而且还得穿过这一地区东部山脚的狭窄走廊（靠近并和印巴国境线平行），使这一地区具有显著的战略价值。国境线距查谟 28 公里、距锡亚尔科特 14 公里。其中，锡亚尔科特是巴基斯坦境内重要的铁路、公路和航空中心，也是巴军主要的仓库集散地之一。巴军往查木布地区运送补给品的火车就要经由锡亚尔科特转车。不仅如此，锡亚

尔科特还是巴基斯坦国内重要的火车中转站，有分别穿过沃齐拉巴德—古杰兰瓦拉（Gujranwala）和帕斯路尔（Pasrur）—纳罗瓦尔（Naroval）通往拉合尔的铁路线。在这两条铁路线上的锡亚尔科特—帕斯路尔段是巴军边界浅近纵深防御体系重要的一环。查温达（Chawinda）既是该铁路段的一个重要结点，也是一个具有重要战略价值的小镇。除了发达的铁路外，从锡亚尔科特还有不少条公路穿过普希尔洛拉（Phillora）—札法瓦（Zafarwal）抵达沙卡尔加尔赫（Shakargarh）；以及穿过帕斯路尔—纳罗瓦尔和沃齐拉巴德—古杰兰瓦拉抵达拉合尔。

这一地区的巴基斯坦边界地区地势平坦，农田密集。自印度的桑巴流入巴基斯坦

帕斯路尔南部，流向呈东北往西南的纳迪（Nadi）河（印度称为巴森塔河）把桑巴—查谟—锡亚科特地区一分为二。除了洪泛期，在旱季枯水期坦克和 4x4 轮式车辆都可以轻松涉过纳迪河。在该地区另一个重要的江河障碍就是埃克河。纳迪河从锡亚尔科特南面流过，在这里形成一个反坦克天堑，保护着锡亚尔科特南面。该地区主要的人工障碍是北南流向，从杰纳布连通拉维河的马拉拉—拉维（Marala–Ravi）运河（简称 MRL），从锡亚尔科特—帕斯路尔铁路段西面流过，形成保护巴基斯坦旁遮普省西部腹地重要交通线的天然屏障。马拉拉—拉维运河被称之为天堑并不为过，不少地段河岸陡峭，河宽约百米，坦克和轮式车辆除了架桥通过外，没法涉水通过。这一切给巴军提供了有利的防御地形。

印度陆军第 1 军

1965 年 9 月 4 日，印度陆军第 1 军军部在查谟附近的卡卢切克（Kaluchak）组建，军长是敦恩中将。第 1 军下辖印度陆军第 1 装甲师〔师长：拉金德·辛格（Rajinder Singh）少将，大勇士查克拉勋章获得者〕、第 6 山地师（师长：S. K. 科尔拉少将，勇士查克拉勋章获得者）、第 14 步兵师〔师长：R. K. 伦杰埃特·辛格（Ranjeet Singh）少将〕和第 26 步兵师〔师长：M. L. 塔彭（Thapan）少将〕。

尽管兵力十分可观，但印度陆军第 1 军实际上并没有完全做好战斗准备。军部在 5 月底刚刚升格（9 月 4 日正式组建），参谋人员之间互相并不熟悉。军部所辖的 4 个师中有 2 个师是新组建的部队，兵力编制小于常备师。其中，1963 年 3 月 26 日组建的印度陆

军第 6 山地师仅下辖 2 个旅（第 69 山地旅和第 99 山地旅），而且组建的目的并不是为了对巴作战，而是要部署在北线的喜马拉雅战线。对于第 6 山地师来说，他们组建的目的就是为了山地作战，丝毫没有受过任何平原作战训练，其编制内的武器装备也不适用于平原作战。第 14 步兵师的情况之糟，比起第 6 山地师有过之而无不及。该师还在组建中，丝毫不具备战斗力就根据第 1 军军部的命令，被紧急拉上了战场。由于组建工作匆忙，该师的战斗序列最初仅有第 35 和第 58 步兵旅。直到 1965 年 8 月，印军第 14 步兵师的第三个旅——第 116 步兵旅才抵达巴比纳（Babina）和第 14 步兵师会合。由于军情紧急，第 6 山地师和第 14 步兵师还没有获得任何集中训练的机会，就奉印度陆军第 1 军军部的命令，投入到师旅级进攻战斗中。与之相比，印度陆军第 1 装甲师和第 26 步兵师的情况就要好得多。印军第 1 装甲师下辖第 1 装甲旅，包括第 4 骑兵团、第 16 骑兵团、第 17 骑兵团和第 9 多格拉联队；第 43 摩托化步兵旅，包括第 5/9 廓尔喀联队、第 5 杰特联队、第 8 迦尔瓦尔来复枪联队。第 2 枪骑兵团和第 62 骑兵团奉命加强给第 26 步兵师（下辖第 162 和第 168 步兵旅）。第 1 军实际上也没有进行大兵团作战训练，敦恩中将手下实际只有

◀ 印度陆军第 1 装甲师师长拉金德·辛格少将

第 1 装甲师和第 26 步兵师受过平原地区战斗训练。在未来的战事中，第 1 军就要仰仗第 1 装甲师和第 26 步兵师的表现了。

如果说印军第 1 军所属部队训练水平问题重重的话，那么后勤准备就更糟了。部队都是匆忙接到命令开赴集结地，之前没有任何周密的后勤物资准备计划和运输安排。一次性集中 4 个师，并做好他们的物资保障，这样突如其来的命令让印军第 1 军后勤部门不堪重负。无奈之下，他们只得紧急征调地方车辆来填补运输工具不足的缺口，七拼八凑才勉强完成了战前物资准备工作。

计划

印军总部给第 1 军的任务是夺取帕戈瓦尔（Pagowal）、普希尔洛拉、查温达，并沿着公路朝马拉拉—拉维运河突击，最终前出到德哈尔莱瓦利（Dhallewali）—武希拉姆（Wuhilam）—达斯卡（Daska）—门德哈利（Mandhali）一线。

这次进攻的电码密语是"尼泊尔"（NEPAL）。

巴基斯坦陆军已经在锡亚尔科特地区集结了大量兵力。该地区由巴基斯坦陆军第 1 军〔军长：巴赫蒂厄尔·拉纳（Bakhtiar Rana）中将〕负责，下辖巴基斯坦陆军第 6 装甲师〔师长：阿布拉尔·侯赛因（Abrar Hussain）少将〕和第 15 步兵师（得到第 115 步兵旅加强）。开战后，巴军第 10 步兵旅、第 15 伞兵旅和第 4 军炮兵团也从查木布方向赶赴锡亚尔科特。这次兵力调动也宣告巴基斯坦方面完全放弃了夺取阿克努尔的希望。在印军第 1 军突破了锡亚尔科特后，巴军又在 9 月 12 日把第 1 装甲师（欠 1 个旅）从凯姆卡兰地区调到帕斯路尔地区。

▲ 锡亚尔科特是印度陆军第 1 军的主要目标，但在 1965 年的战争中他们没能攻克这个目标，直到 1971 年才算是"笑到了最后"。图为 1971 年印军攻克锡亚尔科特火车站的情景

印军第 1 军的作战计划是沿着印巴国境线展开兵力，抢在巴军完成兵力展开前封锁巴军进入帕坦科特—桑巴公路的巴基斯坦境内主要公路干线至关重要。这项任务由印军第 6 山地师在 D 日当天完成，为印军第 1 军第一阶段作战目标。

在第 6 山地师进攻的掩护下，印军第 1 军各师在预定集结位置展开兵力，准备进攻作战，此为印军第 1 军第二阶段目标。

印军第 1 军第三阶段作战目标是建立桥头堡。根据印军第 1 军的计划，印军第 6 山地师和第 26 步兵师要掩护主攻轴线右翼安全：第 6 山地师要占领马哈拉杰凯（Maharajke）和查尔瓦（Charwa）；第 26 步兵师要夺取巴杰拉贾尔希（Bajragarhi）和附近的厄努拉（Anula），建立一个越过国境线的"桥头堡"，并作为印军第 1 军主力——第 1 装甲师对锡亚尔科特实施突击的进攻跳板。

在 1965 年 9 月 8 日拂晓前拿下上述目标后，印军第 14 步兵师（欠 2 个旅）前出攻击，任务是夺取伊赫纳尔（Ikhnal）。与此同时，印军第 26 步兵师要压住锡亚尔科特地区的巴军，保护普希尔洛拉和查温达主要突击方向的印军右翼。

第四阶段就是突破。在建立了稳固的桥头堡后，印军第 1 装甲师展开攻击，意在夺取普希尔洛拉，接着往帕戈瓦尔和查温达发展进攻，逐步逼向马拉—拉维（Marala–Ravi）运河。印军第 62 骑兵团（欠 1 个中队）和 4 辆空军地面引导车加强给印军第 1 装甲师执行第四阶段进攻任务；印军第 26 炮兵旅、第 24 机械化炮兵团和 2 个空中管制小组为其提供支援。

在战役中适合的阶段，印军第 14 步兵师要夺取扎贾尔瓦尔（Zajarwal）和确保十字公路—查温达地区，并配合主要方向突击的第 1 装甲师。印军第 1 炮兵旅、第 6 山地炮兵旅和第 24 中型炮兵团将负责支援第 14 步兵师的进攻。第 6 山地师转任印军第 1 军预备队。

右翼战斗

1965 年 9 月 7 日黄昏，印军第 1 军准备从巴森塔河西到苏切特加尔赫（Suchetgarh）之间的宽大正面越过国境线。印军第 1 军除开第 14 步兵师外，整个军战斗队形按计划展开（兵力）。由于第 14 步兵师所属的第 58 步兵旅在帕坦科特未能（和友军）换防，因而没法赶到马德霍普尔（Madhopur）公路桥和赫阿德沃克斯（Headworks）执行警戒任务，加上原本应配属给第 6 山地师的第 14 师 28 旅仍陷在查木布地区战斗无法脱身，导致第 14 步兵师没能完成集结参加夺取桥头堡战斗。1965 年 9 月 7/8 日夜 23 点 00 分，第 6 山地师和第 26 步兵师跨过国境线，正式拉开了"尼泊尔行动"的序幕。

印军第 6 山地师拿下查尔瓦和马哈拉杰凯

前面提到，印军第 6 山地师的任务是夺取查尔瓦和马哈拉杰凯，继而向帕戈瓦尔发展进攻，目的是给印军第 1 装甲师在 1965 年 9 月 8 日拂晓实施突破作战建立稳定的桥头堡 / 进攻跳板。1965 年 9 月 7 日 23 点 00 分，印军第 6 山地师展开攻击，预定在次日清晨完成任务。第 6 山地师在第一阶段作战中指派第 99 山地旅夺取查尔瓦，第 69 山地旅夺取马哈拉杰凯。印军第 35 步兵旅于 9 月 7 日配属给第 6 山地师，任务是在第二阶段作战中往帕戈瓦尔发展进攻。

奉命夺取查尔瓦的印军第 99 山地旅的战斗任务并不轻松，他们要在进攻前先夺取集结地，然后才能向查尔瓦实施突击。有鉴于此，印军第 99 山地旅精心选择两翼目标，尽量避免进行夜间村落战斗。

1965 年 9 月 7 日 20 点 30 分，印军第 6 迦尔瓦尔来复枪联队 2 个连和各自的突击排一起跨过了印巴国境线，于 22 点 00 分占领了攻击前出发阵地。22 点 55 分，第 2/5 廓尔喀联队和第 4 拉吉普特来复枪联队分别在左翼和右翼展开兵力，于 23 点 00 分跨过出发线，在猛烈的炮火掩护下正式发起攻击。

第 2/5 廓尔喀联队以敏捷的动作对目标发起冲击，并迅速将得到圣战组织 1 个连支援下的巴军一个步兵连赶了出去。战斗中，印军有效运用 106 毫米无后坐力炮打掉了巴军一个坚固的据点，特别是在目标小镇的学校区更是发挥了极大的效果。在右翼，印军第 4 拉吉普特来复枪联队也迅速击破了巴军 1 个连和圣战组织 1 个连的抵抗。当巴军最终撤离该地区时，巴军的大量地雷、弹药和口粮扔满一地。03 点 00 分，印军第 2/5 廓尔喀联队和第 4 拉吉普特联队粉碎了对手的计划，提前完成目标。为了扩大战果，第 2/5 廓尔喀联队和第 4 拉吉普特联队继续攻击前进，控制从马哈拉杰凯、伊赫纳尔和乔巴拉进入查尔瓦的各条公路。

然而，初战得手并不代表查尔瓦就可以轻易拿下。巴军在查尔瓦村内精心修建了大量防御工事和错综复杂的坑道网络系统，把小村变成了一个难以对付的坚固要塞。此外，守军还进行了顽强而坚决的抵抗。尽管如此，印军第2/5廓尔喀联队和第4拉吉普特联队还是在当晚粉碎了镇内巴军的主要抵抗，接着又进行了两天清剿战斗才彻底夺取查尔瓦村。

和第99山地旅一样，第69山地旅夺取马哈拉杰凯的战斗也是为了给第1装甲师的突破夺取进攻跳板。这次进攻分成两个阶段进行。第一阶段，印军第69山地旅以第3马德拉斯联队和第9库马盈联队夺取马哈拉杰凯右半边，并封锁通往帕戈瓦尔/巴迪阿纳（Badiana）公路，以及通往锡亚科特的公路。在第二阶段作战中，第4马德拉斯联队要夺取目标左半边，然后封锁通往查尔瓦和札法瓦的公路。

17点00分，印军第4马德拉斯联队所属的2个连在贾布瓦尔卡兰（Jabwal Kalan）东南地区占领攻击前出发阵地。22点50分，执行第一阶段任务的进攻部队——第3马德

拉斯联队和第9库马盈联队也集结完毕，准备战斗。23点00分，第3马德拉斯联队和第9库马盈联队遇到巴军大约1个连的微弱抵抗，于01点30分夺取马哈拉杰凯右半边。

第二阶段于03点00分开始。可印军第4马德拉斯联队在跨过出发线后不久就遭到巴军猛烈的步机枪火力打击，进攻一度受挫。直到04点30分，第4马德拉斯联队长——勇敢的指挥官H. L. 梅赫塔中校身先士卒率部展开攻击。在第4马德拉斯联队坚决攻击下，马哈拉杰凯左半边最终在05点30分落入印军手中。为了这次胜利，联队长H. L. 梅赫塔中校不幸中弹身亡。为了表彰他的勇敢精神，印度军方追授他一枚大勇士查克拉勋章。9月8日清晨，巴军坦克群从南面扑了过来，冲到印军前沿防御地带1500米内，却被印军炮兵和装甲兵集中火力打退。接着，印军第69山地旅一直在马哈拉杰凯待到9月12日，他们的任务是为第1装甲师朝普希尔洛拉和帕戈瓦尔突破提供一个坚实可靠的进攻跳板。在夺取了查尔瓦和马哈拉杰凯后，印军第35步兵旅也奉命前进，扫荡十字公路附近地区，接着归第1装甲师节制，参加突破进攻战斗。

印军第26步兵师拿下维恩斯和巴杰拉加尔希

印军第26步兵师的任务是牵制锡亚尔科特地区的巴军。1965年9月7/8日夜，印军第26步兵师以2个旅的兵力投入战斗，意在夺取尼维维恩斯（Niwe Wains）和巴杰拉加尔希（Bajragarhi）。其中，第162步兵旅任务是夺取埃克河畔纳拉（Aik Nala）北部的维恩斯；第168步兵旅的任务是夺取维恩斯北面的巴杰拉加尔希。

▲ 印军为了显示胜利，在缴获的巴军M4"谢尔曼"坦克前方摆了一排巴军士兵尸体

印军第 162 步兵旅下辖第 6 杰特联队和第 1 锡克轻步兵联队，得到印军第 18 骑兵团 C 中队加强，并在第 26 炮兵旅和第 1 炮兵旅支援下，执行这个任务。他们打算分两个阶段发动进攻。第一阶段，印军第 1 锡克轻步兵联队夺取 857 高地附近；第二阶段，第 7 杰特联队夺取维恩斯。第 6 杰特联队充当第 162 步兵旅预备队。按计划，印军第 1 锡克轻步兵联队和第 7 杰特联队迅速跨过了国境线，意在夺取苏切特加尔赫—锡亚尔科特公路边上的 857 高地和维恩斯。尽管遭到巴军炮兵（野战炮、中型和重型火炮）猛烈轰击和巴军轻重机枪拦阻射击，但印军第 1 锡克轻步兵联队和第 7 杰特联队还是不顾一切冲击，于 1965 年 9 月 8 日 02 点 10 分圆满完成了任务。战斗结束后，印军第 18 骑兵团 C 中队按照原计划撤回第 162 步兵旅集结地。接着，印军第 168 步兵旅下辖第 2/1 廓尔喀来复枪联队、第 5/4 廓尔喀来复枪联队和第 8 查谟克什米尔来复枪联队在第 18 骑兵团 A 中队的配合下，夺取厄努拉和巴杰拉加尔希，第 168 野战炮兵团担任直接支援。

和其他各旅一样，印军第 168 步兵旅的进攻也分成两个阶段实施。第一阶段，印军第 5/4 廓尔喀来复枪联队要夺取巴杰拉加尔

▲ 印度陆军第 1 军发起突击，巴基斯坦陆军第 6 装甲师严阵以待

▲ 准备投入紧张战斗的巴基斯坦陆军士兵们

希附近的厄努拉。巴军的抵抗十分微弱，第 168 步兵旅于 1965 年 9 月 8 日凌晨 05 点 30 分，在没有遇到大规模抵抗的情况下，顺利完成了任务。

至此，印军第 6 山地师和第 26 步兵师都按计划夺取了各自的目标。至 1965 年 9 月 8 日清晨，印军第 6 山地师在查尔瓦—马哈拉杰凯地区按计划建立了桥头堡。往北，印军第 26 步兵师夺取尼维维恩斯和巴杰拉加尔希，直接威胁了锡亚尔科特，完成了将这一地区的巴军主力牵制在锡亚尔科特的作战意图，保障了主攻方向仅受最小限度的抵抗。虽然维恩斯、巴杰拉加尔希、马哈拉杰凯和查尔瓦都离边界很近，但巴军对受到威胁的锡亚尔科特反应很强烈，因为这里是巴基斯坦军事和政治方面最脆弱的目标。巴军对印军各个阵地都进行了极为猛烈的炮火打击，但无论是印军第 6 山地师还是第 26 步兵师都顽强守住了阵地，没有后退一步。在发展进攻战斗阶段，印军第 18 骑兵团 A 中队表现

得十分出彩，他们一路前出至距锡亚尔科特市不到 8 公里的乌拉（Ura）大桥，试探巴军的反应。结果，巴军的 M4 "谢尔曼" 坦克和 M24 "霞飞" 坦克在炮火支援下出来应战。双方一阵混战，印军第 18 骑兵团 A 中队宣称击毁和打坏对方 4 辆坦克，自己仅损失 1 辆坦克就撤回到桥头堡地区。

至此，印巴双方在锡亚科特方向上的第一轮较量结束了。印军依靠战术突然性，活用步兵和山地兵，在少量坦克支援下完成了夺取桥头堡 / 进攻跳板的任务。接下来，轮到印军最大的王牌——第 1 装甲师出马了。1965 年印巴战争的重头戏——锡亚科特 – 查温达坦克会战很快就要拉开帷幕。

第 1 装甲师突击
发动进攻

1965 年 9 月 5 日在抵达兰姆加（Ramgarh）前，印军第 1 装甲师在贾伦德哈尔集结。1965 年 9 月 6/7 日夜，印军第 1 装甲师在兰姆加完成集结，准备展开突破进攻作战。印军第 1 军军长敦恩中将给印军第 1 装甲师的任务是，在 1965 年 9 月 8 日拂晓从桥头堡出击，突破当面巴军防御地带，夺取普希尔洛拉。印军第 1 装甲师部署如下：

1. 第 1 装甲旅在旅长 K. K. 辛格准将的率领下，沿着兰姆加—肯格雷（Kangre）—萨布泽科特（Sabzkot）—乔巴拉—普希尔洛拉轴线推进。

2. 第 43 摩托化步兵旅在 H. S. 德希尔隆（Dhillon）准将的指挥下，沿着德奥利（Deoli）—萨布泽科特十字路口—马斯特普尔（Mastpur）—帕戈瓦尔轴线实施突击。

3. 1 个装甲团战斗群（第 4 骑兵团）和第 9 多格拉联队（摩托化步兵营）1 个连作为

师长直辖预备队，随时准备往上述两个轴线中的任何一处投入战斗。

4. 第 62 骑兵团 1 个中队负责保护师左翼，并在第 1 装甲旅的节制下于纳迪河西面的伊赫纳尔到肯格雷之间实施战斗。

5. 第 1 炮兵旅〔旅长：马尔霍特拉（Malhotra）准将〕，由第 2 野战炮兵团（自行火炮团）、第 101 野战炮兵团（自行火炮团）分别直接支援第 1 装甲旅和第 43 摩托化步兵旅。第 71 机械化炮兵团前出到中央线，（和第 2 野战炮兵团一起）负责支援第 1 装甲旅。

9 月 8 日 06 点 00 分，印军第 1 装甲师兵分两路，越过了国境线：第 1 装甲旅在左翼，第 43 摩托化步兵旅在右翼。由于 9 月 7 日刚下过大雨，路面一片泥泞，印军第 2 枪骑兵团的一些坦克淤陷，导致右翼开进的第 43 摩托化步兵旅推进速度缓慢。为了按计划进度行动，第 43 摩托化步兵旅不得不返回兰姆加，然后沿着一条备用道路前进。在左翼，印军第 1 装甲旅最初进展顺利。在 K. K. 辛格准将的指挥下，印军第 1 装甲旅以第 17 骑兵团为左翼、第 16 骑兵团为右翼，迅速突破了萨布泽科特和乔巴拉。09 点 30 分，印军第 16 骑兵团先头部队在加多格尔（Gadgor）地区遭到巴军部分坦克、无后坐力炮和掘壕固守的步兵的抵抗。在接下来的战斗中，印军第 16 骑兵团宣称击毁巴军 8 辆坦克和 2 门无后坐力炮。与此同时，印军第 17 骑兵团也在普希尔洛拉东南的特哈罗赫（Tharoh）遭到了巴军类似的抵抗。双方爆发了短促的坦克对战，这一次巴基斯坦空军赶来相助。尽管如此，印军第 17 骑兵团还是打坏了巴军 3 辆坦克，击毁 1 门无后坐力炮。得知巴军不断向战场投入大量坦克的情况，印军第 1 装甲师师长拉金德·辛格少将马上命令他的预备队——

▲ 占领防御阵地、准备顽强阻击印军突击的巴基斯坦陆军勇士们

第 4 骑兵团迂回打击巴军坦克侧翼，并把该团战术指挥权移交给第 1 装甲旅。可这个时候，第 17 骑兵团却被迫撤下来应付巴军对平迪布哈格（Pindi Bhago）的威胁。印军第 16 骑兵团也和当面巴军脱离接触，沿哈斯里纳拉（Hasri Nala）重新展开队形。

负责在纳迪河西岸作战，肩负保卫左翼责任的印军第 62 骑兵团 1 个中队因为地形条件限制，没能跟上印军第 1 装甲旅的推进。因此，第 1 装甲旅要求该中队派部分坦克牵制肯格雷地区的巴军。傍晚前，印军第 5/9 廓尔喀联队夺取了纳尔辛格（Narsing），但印军第 1 装甲旅的第一天进攻没有得手。

对于第 1 装甲师首日的作战，印度陆军西部军区司令哈尔巴什克·辛格中将十分不满，他严厉批评了第 1 装甲师的作战方式，按计划印军装甲兵上来就要迅速突破该地区巴军防御地带，可刚刚冲了一会儿就停下来了。按照哈尔巴克什·辛格中将的说法，印军第 1 装甲旅旅长 K. K. 辛格中将把进攻中的印军第 17 骑兵团撤下来应对左翼的疑似巴军坦克威胁是一个不明智的决定。所谓的疑似巴军坦克威胁实际上是奉第 1 装甲师师长拉

金德·辛格之命，准备迂回打击巴军坦克群侧翼的第 4 骑兵团，但由于战场沟通出现失误，被第 1 装甲旅误认为是巴军坦克群出现在自己左翼而错误下令撤军。由于这个错误造成的不必要的惊慌以及错误决定，导致第 1 装甲旅在 9 月 8 日仅仅从桥头堡往前突破 4 英里而已（本来可以突破更远的距离）。

印军第 43 摩托化步兵旅的表现就更糟了。截至 1965 年 9 月 8 日 18 点 00 分，该旅仅仅拿下萨拉里奥恩（Salarion）并前出到萨布泽皮尔（Sabzpir）十字公路，接着全旅收拢队形，组织环形防御过夜。一天激战下来，印军第 1 装甲师宣称击毁巴军坦克 20 辆，自己则损失了 12 辆。

被印军上下寄予厚望，试图扭转乾坤的王牌第 1 装甲师在最开始的表现却糟糕透顶。打了一天，第 1 装甲师没有取得任何实质性的突破。事实上，第 1 装甲师兵分两路突击的做法是错误的，让第 1 装甲旅和第 43 摩托化步兵旅分别沿着不同轴线实施突击导致了突击力量分散，没有形成拳头，而且装甲旅和摩托化步兵旅分散在两个方向上战斗，不仅没法发挥兵种协同战斗力优势，相反还将坦克和摩托化步兵各自的弱点暴露无遗，进攻第一天没有获得成功，自在情理之中。

鉴于当天战斗发展情况（和西部军区司

▲ 印度陆军"百人队长"坦克枕戈待旦，随时准备给巴基斯坦陆军的 M48"巴顿"坦克致命一击

令的批评），印军第1装甲师师长拉金德·辛格少将调整了部署：

1. 印军第35步兵旅在萨布泽皮尔十字公路地区建立一个坚实的基地，作为第1装甲旅后续进攻的跳板。

2. 印军第1装甲旅往乔巴拉—普希尔洛拉公路东西两面机动，意在最大限度将敌装甲部队吸引到这一地带。

3. 印军第43摩托化步兵旅在卡罗伊（Kaloi）附近的加特（Gat）建立一个坚实的阵地，阻止巴军从帕戈瓦尔方向朝马哈拉杰凯的突破。贵旅要采取专守方位态势应付巴军冲击。

4. 印军第5杰特联队在第2枪骑兵团和第62骑兵团一个中队的支援下，在肯格雷地区建立一个左翼坚固阵地，粉碎从札法瓦方向的巴军一切（进攻）威胁。

5. 第1炮兵旅部署在萨布泽皮尔十字公路和根吉厄尔（Gangial）东面地区。

向卡罗伊突击

可不到一天时间，印军第1装甲师师长拉金德·辛格少将就改变了作战计划，命令第43摩托化步兵旅继续往马哈拉杰凯—卡罗伊—帕戈瓦尔轴线的帕戈瓦尔突击。印军第2枪骑兵团也奉命前出，配属给第35步兵旅。9月9日07点00分，印军第1装甲师再次前进，第62骑兵团（欠1个中队）和第8迦尔瓦尔来复枪联队担任突击先锋。巴基斯坦空军表现得十分活跃，他们不间断地猛烈攻击印军炮兵阵地，扫射进攻部队。尽管如此，印军第43摩托化步兵旅还是拿下了卡罗伊，却没能冲到帕戈瓦尔。9月10日，巴基斯坦加强了航空兵突击和炮击力度。然而，印军第43摩托化步兵旅及时转入防御，依托坚固良好

准备出击的印军第18骑兵团坦克群

的防御工事，避免了在巴军空炮火力打击下的大损失。傍晚，印军第62骑兵团也击退了巴军几次试探性反击。

自9月8日起，巴基斯坦空军日益活跃，他们击毁了大量的印军后勤运输车辆，给印军第1装甲师后勤保障带来了巨大的困难。由于后勤问题，印军第1装甲师决定暂停前进，在9月9日和9月10日调整部署，补充兵力和技术装备。

与此同时，印军第6山地师也继续实施一系列小规模清剿战斗，控制了国境线附近许多村庄。巴军把主力撤了下来，只留下许多身着民服的狙击手。为了防止平民袭击，印军把夺取的巴方村庄里的居民统统驱逐赶离家园，让他们跑到巴方控制区自生自灭。

在印军第26步兵师方向上，巴军在猛烈的炮火支援下，多次实施坚决反突击，意要把印军第162和第168步兵旅从维恩斯和巴杰拉加尔希逐出。然而，印军第26步兵师却如钢钉一样继续死守既夺阵地，击退了巴军各种规模反扑，同时不断组织炮火反击，压制巴军的炮兵阵地。

调整部署

1965年9月10日，印军第1军军长P.O.敦恩中将下达第2/65号作战命令，命令所部

要夺取普希尔洛拉，并向查温达发展进攻。印军第 116 步兵旅 1 个营和第 35 步兵旅将和印军第 1 装甲师一起实施突击，印军第 6 山地炮兵旅和第 1 军炮兵旅（含第 24 机械化炮兵团）负责作战支援。据此，第 1 军军长敦恩中将对部署做出如下调整：

1. 印军第 58 步兵旅（欠 1 个营），在第 99 山地旅 1 个营加强下防守查尔瓦。

2. 印军第 99 山地旅（欠 1 个营）在第 43 摩托化步兵旅西面集结，该旅从 1965 年 9 月 11 日 05 点 30 分起正式归印军第 1 装甲师节制。

1965 年 9 月 9 日和 10 日，印军第 1 装甲师师长拉金德·辛格少将为了打好接下来的进攻战斗，亲自带队进行了周密的地形和敌情侦察。根据侦察情况，他决定放弃直线突击普希尔洛拉，改为先机动到鲁尔基卡兰（Rurki-Kalan），然后再突击普希尔洛拉。从地形上看，这里到处都是泥泞的田野和甘蔗种植园。此外，该地区还持续不断遭到巴军炮击，包括圣战组织在内的巴军各种武装力量也在该地区频繁出没。尽管地形不利，但这一带巴军兵力薄弱，易于突破。从兵法上说，就是攻其无备，出其不意。印军第 1 装甲师师长拉金德·辛格少将正是出于战术突然性的考虑，决心从鲁尔基卡兰实施突破，打巴军一个措手不及。为了在正式组织攻击前，将巴军诱离主攻方向，印军第 1 装甲旅展开了逼真的佯动，做出要向萨布泽皮尔突击的动作，将巴军第 6 装甲师主力牢牢吸引在这个方向，为尔后达成突破创造了有利的先机条件。

在确定了进攻方向后，印军第 1 装甲师师长拉金德·辛格少将遂下达如下命令：

1. 第 1 装甲旅要在 9 月 10/11 日午夜前在鲁尔基卡兰附近集结。坦克行军机动期间发出的声响被炮兵猛烈射击掩盖，以保持行动的秘密性。

2. 第 43 摩托化步兵旅留下 1 个营（第 8 迦尔瓦尔来复枪联队）在第 62 骑兵团（欠 1 个中队）的支援下，在加特组织阵地防御（9 月 11 日 02 点 00 分，第 8 迦尔瓦尔来复枪联队夺取了加特）。旅主力于 9 月 10 日 22 点 00 分准备出动参加攻击作战。

3. 第 35 步兵旅在第 2 枪骑兵团（欠 1 个中队）支援下，继续守住萨布泽皮尔十字公路的坚实基地。

4. 第 5 拉吉普特联队要在第 62 骑兵团 1 个中队和第 2 枪骑兵团 1 个中队支援下，守住肯格雷。

5. 第 1 炮兵旅重新部署到萨布泽皮尔以西，支援对普希尔洛拉突击的第 1 装甲师。

经过一夜急行军，印军第 43 摩托化步兵旅（欠第 8 迦尔瓦尔来复枪联队）在 1965 年 9 月 11 日拂晓时刻赶到了鲁尔基卡兰，准备根据师长拉金德·辛格少将进一步的命令和第 1 装甲旅发展情况，随时前出到纳特胡普尔（Nathupur），然后发动对普希尔洛拉的进攻。

印军第 1 装甲旅所属的 3 个骑兵团也从夜间集结地全速行进，在 9 月 11 日拂晓赶到了鲁尔基卡兰（Rurki Kalan）附近的卡洛伊—鲁尔基胡尔德（Kaloi-Rurki Khurd）。从这里，印军第 4 骑兵团和第 17 骑兵团将采取钳形突击，从两翼迂回包围普希尔洛拉。拉金德·辛格少将的如意算盘是通过第 1 装甲旅的两翼包夹，在战斗中先分割孤立巴军装甲部队各梯队，然后再逐个击破，达到聚歼巴军坦克兵力，摧毁锡亚尔科特方向巴军有效装甲战斗力的目的。

与此同时，印军第 16 骑兵团也在普希

▲ 印军士兵正在普希尔洛拉检查一辆被击毁的巴军坦克

尔洛拉西北的哈宁瓦立（Khananwali）地区组织展开兵力，和右翼的印军第62骑兵团、第8迦尔瓦尔来复枪联队（在加特）取得联系，任务是组织起坚固的阵地防御体系，保护印军第1装甲师主要突击方向的右翼安全，坚决抗击锡亚尔科特方向的巴军反扑。印军第35步兵旅在第2枪骑兵团（欠1个中队）支援下，继续在萨布泽皮尔十字公路的坚实基地实施坚守防御作战，打击巴军一切坦克反扑。在左翼，印军第116步兵旅所属的第5/5廓尔喀来复枪联队和第18马德拉斯联队于伊赫纳尔地区建立了新阵地，进一步巩固了左翼防御。此外，印军第1炮兵旅继续部署在萨布泽皮尔以西地区，全面支援各个方向的战斗。

尽管天下着小雨，但印军第1装甲旅还是和第43摩托化步兵旅一起并肩抵达鲁尔基卡兰（Rurki Kalan）周围指定集结地，对普希尔洛拉的进攻马上就要拉开帷幕。

大突破

1965年9月11日拂晓，印军第1装甲师突然在鲁尔基卡兰发动进攻。对印军选择的突击方向，巴军第6装甲师大吃一惊。原本巴军认为，印军下一步主攻肯定是沿着札法瓦—普希尔洛拉（Zafarwal-Phillora）轴线

或乔巴拉—普希尔洛拉（Chobara-Phillora）轴线实施。根据这个判断，巴军第6装甲师和第15步兵师都是围绕这两条轴线组织起梯次防御体系，力图节节抗击印军突击。可印军第1装甲师突然从鲁尔基卡兰（Rurki Kalan）杀了过来，完全出乎巴军的意料，扰乱了他们的计划，迫使巴军在突如其来的复杂状况面前，仓促调整作战计划。

1965年9月11日拂晓，印军第2枪骑兵团展开坦克群，封锁加多格尔—普希尔洛拉（Gadgor-Phillora）轴线。按计划，印军第8迦尔瓦尔来复枪联队于06点00分在卡罗伊附近的加特组织好阵地防御体系。06点40分，印军第4骑兵团开出鲁尔基卡兰。与此同时，印军第17骑兵团也开上利布贝（Libbe）轴线，从第4骑兵团右翼投入战斗。印军第16骑兵团在哈宁瓦立地区建立了一个路障，第62骑兵团转移到帕戈瓦尔（Pagowal）十字公路掩护第1装甲师的西翼安全。

沿着各条通往普希尔洛拉轴线部署的巴军第6装甲师约有2个团坦克群，主要是M47/M48"巴顿"坦克和不少坦克歼击车。担任印军第1装甲旅左翼的第4骑兵团刚上路不久就先和巴军坦克群遭遇。该团的任务除了保护印军第1装甲旅左翼，只要防止巴军坦克群从加多格尔—拉拉普尔（Gadgor-Lalapur）方向朝普希尔洛拉的突击外；还负有切断普希尔洛拉—乔巴拉（Phillora-Chobara）公路和支援印军第43摩托化步兵旅的重任。

在C中队夺取了鲁尔基卡兰（Rurki Kalan）后，印军第4骑兵团的A中队和B中队继续朝瓦乔凯（Wachoke）和萨博凯（Saboke）（分别位于普希尔洛拉北面和东北）方向突击。第4骑兵团团部和炮兵连指挥坦克车一起从

鲁尔基卡兰东面出发，夹在 A、B 两个中队间往南挺进。不久，第 4 骑兵团团部和炮兵连在利布贝和科特立哈迪姆夏赫（Kotli Khadim Shah）之间地区正东面发现巴军 1 个中队的坦克群。双方立即展开战斗，第 4 骑兵团团部宣称击毁 3 辆巴军坦克。在此期间，印军第 4 骑兵团 A 中队沿着公路行进不到 1000 米就遇到了巴军坦克群。B 中队（在得知敌情后）也插回瓦乔凯方向，在抵达瓦乔凯周围时，与巴军坦克群发生遭遇战。与此同时，C 中队也奉命从 B 中队右翼投入战斗，支援友军。在这场团级规模的大范围坦克战斗中，印军第 4 骑兵团宣称击毁 / 打坏巴军坦克 29 辆，自己损失 3 辆坦克。

在印军第 1 装甲旅的中央方向上，第 17 骑兵团的任务是直插普希尔洛拉。按照计划，06 点 00 分，印军第 17 骑兵团以 C 中队打先锋，首先冲向利布贝。一旦夺取利布贝，C 中队就将建立了一个坚实的基地，保障印军第 17 骑兵团 A、B 中队和团部超越攻击，朝哈宁瓦立和科特伊泽特（Kot Izzat）突击，并为进攻战斗提供火力支援。

不过，由于种种原因，第 17 骑兵团直到 9 月 11 日 08 点 00 分才正式发起攻击。在左翼第 4 骑兵团的配合下，印军第 17 骑兵团 C 中队最初进展顺利。08 点 17 分，C 中队在利

◀ 在普希尔洛拉战斗中被印军击毁的巴军 M4"谢尔曼"坦克

布贝和普希尔洛拉之间的地区首次和巴军坦克群相遇。在短促激战中，第 C 中队击毁对方 3 辆坦克，自身也有 2 辆坦克被打坏。接着，C 中队试图继续攻击，在拿下利布贝村的时候，却遭到巴军坦克和无后坐力炮顽强抵抗。双方互射的结果是，印军第 17 骑兵团 C 中队损失 3 辆坦克，但也摧毁了 3 辆巴军坦克。看到 C 中队攻坚受挫，第一目标还没能拿下，第 17 骑兵团团长遂把 B 中队投入战斗，他们从 C 中队西面展开，力求粉碎巴军的抵抗。

光调坦克上去还远远不够，毕竟利布贝村内有不少巴军步兵和无后坐力炮火力点，印军装甲兵急需步兵支援。在这个节骨眼上，印军第 5/9 廓尔喀联队奉命前出，任务是肃清利布贝村和周围甘蔗种植园的巴军步兵及其无后坐力炮。12 点 30 分，第 5/9 廓尔喀联队出色完成了任务。接着，印军第 17 骑兵团调整部署，改派 B 中队在利布贝组织坚实的阵地，C 中队继续朝普希尔洛拉冲击。当 C 中队刚刚开到利布贝村东面，踏上利布贝—普希尔洛拉（Libbe—Phillora）公路时，突然遭到 800 米开外 5 辆巴军坦克射击。C 中队迅速还击，击毁 3 辆巴军坦克，并缴获 1 辆坦克。不久，巴军又出动 9 辆坦克迎击 C 中队。可 C 中队的表现还是一如既往地出色，他们打掉了巴军 7 辆坦克。

虽然 C 中队不断击破巴军装甲兵的抵抗，可当天印军上下期待的压轴戏还远未到来。印军第 17 骑兵团 A 中队姗姗来迟，使计划进度有所迟滞。在 A 中队迟缓最后一个到位的情况下，第 17 骑兵团团长塔拉波雷（Tarapore）中校只得让 A 中队在利布贝村组织建立基地，然后让 B 中队前出到哈宁瓦立和科特伊泽特之间占领火力支援阵地。与此同时，印军第 17 骑兵团接到消息，称巴军坦克群约 1 个中

队正从厄尔哈尔（Alhar）方向朝普希尔洛拉扑来，B中队迅速调整部署，应战巴军坦克群。A中队则派出2个坦克小队掩护B中队西翼。

与此同时，巴军2个坦克中队从科特伊泽特方向扑了过来，试图攻击C中队侧翼。一场好戏就要上演了。这一带地形开阔，唯一的地障就是零星分布的甘蔗种植园，适合坦克展开大范围机动作战。在双方坦克相互运动的情况下，战斗在相互不到100米的距离上展开。接着，越来越多的巴军坦克投入战斗，激烈战斗持续了45分钟，印军一直打到巴军剩余坦克群撤退为止。战斗中，印军第17骑兵团宣称击毁对方28辆坦克，自己仅损失1辆。

这样，印军第17骑兵团在当天上午诸次坦克战斗中连续击败对手的同时，也打破了普希尔洛拉的坚固防御圈。随着第17骑兵团打开胜利之门，摆在印军眼前的普希尔洛拉就像熟透的果实一样，只需步兵摘取即可。于是，印军第43摩托化步兵旅调上第5/9廓尔喀联队和第5杰特联队突击。15点30分，在几乎没有遇到重大抵抗的情况下，第5/9廓尔喀联队和第5杰特联队就拿下了普希尔洛拉十字公路在内的整个普希尔洛拉地区。印军第1装甲师仅用一天的时间，就顺利夺取了普希尔洛拉。这个胜利首先要归功于印军第1装甲师师长拉金德·辛格少将，他通过周密的侦察看穿了巴军防线的疏漏，并及时调整部署，改变突击方向，出其不意达成了突破，同时还迫使巴军从预设地区仓促调集坦克群参战，结果被有备而来的印军坦克群在战斗中依次打垮。在赞扬拉金德·辛格少将出色谋划的同时，也不能忘记印军第4骑兵团团长M. M. S. 巴克什中校和第17骑兵团团长塔拉波雷中校的杰出表现，正是因为他

们率部奋战打垮巴军装甲兵，实现了师长的意图，最终让步兵轻松摘取胜利果实。如果论功行赏的话，他俩的功劳仅次于拉金德·辛格少将。

为了配合印军第1装甲旅左翼的第4骑兵团和中央的第17骑兵团战斗，印军第16骑兵团从右翼投入战斗。第16骑兵团于9月10日奉命开赴鲁尔基胡尔德，该团的任务是占领并封锁公路交叉口和哈宁瓦立地区，阻止从锡亚尔科特方向的巴军实施反扑，干扰朝普希尔洛拉突击的印军第1装甲旅主力。9月11日清晨，印军第16骑兵团开始朝哈宁瓦立运动，一路上遭到巴基斯坦空军猛烈打击。抵达公路交叉口时，印军第16骑兵团B中队又遭到巴军1个M47/M48"巴顿"式坦克群（得到步兵的无后坐力炮支援）攻击。B中队顽强打敌反扑，宣称击毁巴军6辆坦克和3门无后坐力炮，但自己也损失了4辆坦克。

在这天的坦克战中，印军第1装甲师重创了巴军第6装甲师，他们宣称击毁/打坏巴军坦克67辆，自己仅损失13辆坦克，其中6辆是"百人队长"坦克。这是一个令人瞩目的成绩。按照印军的说法，这是自第二次世界大战结束以来到目前为止（1965年9月11日）最大规模的坦克战斗，印军装甲兵表现出了高超的射击水平和娴熟的坦克操控能力，从而打赢了这次坦克会战。

◀一辆巴军坦克的残骸，无言地表明了普希尔洛拉之战中究竟谁才是真正的胜利者

不过，当天的功劳不能只归到第 1 装甲旅的身上。其他各装甲团和摩托化步兵奋战同样也很出彩。往西，第 62 骑兵团（欠 1 个中队）肩负着掩护印军第 1 装甲旅朝普希尔洛拉突击轴线右翼安全的重任。09 点 30 分，印军第 62 骑兵团沿着卡罗伊—哈拉尔小道—帕戈瓦尔十字公路前进，并迅速占领了哈拉尔村。不久，第 62 骑兵团抵达帕戈瓦尔村外，距目的地（帕戈瓦尔十字公路）不到 1500 米时，帕戈瓦尔附近树林占领阵地的巴军 M47/M48"巴顿"式坦克群突然对印军第 62 骑兵团开火射击。遭到对手攻击后，印军第 62 骑兵团没有慌乱，而是训练有素地展开队形，从正面和两翼向巴军反击，打掉了 2 辆"巴顿"式坦克。正当第 62 骑兵团准备继续前进时，却遭到巴军猛烈的炮火轰击，被迫收手。接着，巴军从西南方向不断扑过来实施反击，给第 62 骑兵团造成了很大的压力。显然，巴军已经意识到印军第 62 骑兵团的前进严重威胁到仍在普希尔洛拉战斗的友军后路。为了保障在普希尔洛拉战斗的友军及时退却，巴军需要粉碎印军第 62 骑兵团！在强大的炮火支援下，巴军 2 个"巴顿"式坦克中队试图将印军第 62 骑兵团包围在帕戈瓦尔北面的哈拉尔村周围地区。要吃掉第 62 骑兵团，巴军就得有一副"好钢牙"。可惜，他们不具备这个条件。印军第 62 骑兵团很快粉碎了巴军迂回包围的企图。可巴军对失败并不甘心，他们又从哈拉尔东西两面沿着平行方向继续实施突击，意在切断印军第 62 骑兵团和马哈拉杰凯方向印军旅级防御阵地之间的联系，然后威胁马哈拉杰凯方向。

可惜，巴军的行动没有逃过第 62 骑兵团的"法眼"。印军坦克群先是退却下来，堵住了巴军的进攻路线，然后在炮兵群的配合下击

退巴军的突击。虽然印军第 62 骑兵团在巴军强大的反击下没能占领十字公路和堵住普希尔洛拉方向巴军的退路，但他们却成功掩护了第 1 装甲旅的右翼，缠住大量巴军坦克群，为普希尔洛拉之战的胜利做出了自己的贡献。

在第 1 装甲旅朝普希尔洛拉突击过程中，印军第 43 摩托化步兵旅也做出了重要贡献。该旅所属的 2 个摩托化步兵联队——第 5 杰特联队和第 5/9 廓尔喀联队，尽管遭到巴基斯坦空军不间断的航空火力打击，损失不小（特别是第 5 杰特联队几乎损失了编制内所有的无后坐力炮），但始终能跟上装甲兵的进度。大约 09 点 00 分，印军第 17 骑兵团先头部队在利布贝—科立特巴格加（Kolit Bagga）沿线和巴军坦克群展开战斗，在遭到利布贝村内巴军无后坐力炮攻击时，印军第 5/9 廓尔喀联队奉命投入战斗，以 1 个连的兵力打下了利布贝村，肃清了村内的巴军步兵；第 5 杰特联队也冲了上去，在科立特巴格加前占领阵地，岿然不动。接着，印军第 17 骑兵团连续打垮巴军坦克的反扑后，第 43 摩托化步兵旅奉命以第 5/9 廓尔喀联队冲锋在前，第 5 杰特联队在左后方跟进，共同突击普希尔洛拉。尽管巴军持续不断地从右翼轰击，给印军造成了很大的伤亡（据统计，第 5/9 廓尔喀联队遭炮击伤亡 40 人，第 5 杰特联队遭炮击伤亡 20 人），但两个联队还是进展顺利。根据第 1 装甲旅旅长 K. K. 辛格准将的命令，他们要先拿下哈宁瓦立和瓦乔凯，然后再沿轴线冲击普希尔洛拉。为了执行旅长的命令，印军第 17 骑兵团 C 中队 1 个小队在第 5/9 廓尔喀联队 2 个连的支援下展开攻击。对于印军的进攻行动，巴军做出了强烈反应。他们以 2 个 M47/M48"巴顿"坦克小队从右翼实施反击，但被印军第 17 骑兵团 C 中队击退。在坦克群

◀ 印度陆军第 1 装甲师在普希尔洛拉之战的胜利，振奋了全国士气，就连印度旁遮普邦行政官拉姆·基申也赶来一睹印军胜利的"风采"

的掩护下，印军步兵很快拿下了哈宁瓦立。接着，印军第 5/9 廓尔喀联队于 9 月 11 日 15 点 30 分攻下了普希尔洛拉。与此同时，第 5 杰特联队也拿下了普希尔洛拉北面的瓦乔凯，并向东前出到乔孙（Josun）。

9 月 12 日到 22 日之间的战斗
巩固和调整部署

主要战斗结束后，印军第 5/9 廓尔喀联队扫荡残敌，巩固了普希尔洛拉并建立了坚实的基地。与此同时，印军装甲兵也打通了萨布泽皮尔—乔巴拉—加多格尔—普希尔洛拉轴线，保障了公路畅通。尽管印军进展顺利，但巴基斯坦空军还是进行了持续一天的对地攻击。9 月 12 日，在普希尔洛拉南面和西面，印军第 1 装甲师试图占领下一阶段攻击前出发阵地时，与巴军坦克群爆发了一系列短促战斗。在击破巴军抵抗后，印军第 1 装甲师稳步推进，至 9 月 12 日 17 点 00 分前出到普希尔洛拉西南的卡莱瓦立—赛内瓦立（Kalewali-Sainewali）一线，将其定为进攻前出发阵地。可到了傍晚，第 1 装甲师为了避免夜战，主动撤回普希尔洛拉周围的坚实阵地。与此同时，印军第 99 山地旅顶上，接过了普希尔洛拉的防务。

在印军第 1 装甲师迅猛突击期间，第 26

步兵师则在 9 月 10 日到 12 日组织了多次积极巡逻。从印军第 15 军防区调来的第 52 山地旅，于 9 月 12 日归第 26 步兵师节制，该旅的任务是封锁马拉拉—赫阿德沃克斯—查普拉尔（Marala Headworks-Chaprar）机动路，并担任第 26 步兵师的机动打击预备队。

9 月 11 日，印军第 1 军军长 P. O. 敦恩中将命令所部要在 9 月 12 日完成部署调整，然后准备下一阶段作战：

（a）第 1 装甲师师部和第 58 步兵旅查尔瓦

（b）第 6 山地师

第 99 山地旅，转移到普希尔洛拉

第 69 山地旅，以 1 个联队夺取帕戈瓦尔，让另 2 个联队在 9 月 12 日展开

（c）第 35 步兵旅，驻萨布泽皮尔

（d）第 116 步兵旅（欠 1 个联队）作为第 14 步兵师预备队

（e）第 14 步兵师，9 月 11/12 日夜，在札法瓦建立一个巡逻基地，然后在 9 月 12 日展开 1 个联队

印军第 14 步兵师

根据印军第 1 军军部的命令，第 5/5 廓尔喀联队奉命派 1 个连于 1965 年 9 月 11 日 21 点 30 分前往札法瓦巡逻，如果没有碰到巴军，即可占领该地。然而，该连刚刚出发就和联队指挥部失去了联系（事后查明是无线电通信故障问题）。9 月 12 日 05 点 55 分，第 5/5 廓尔喀联队又派出第二个连前往米尔扎普尔（Mirzapur），他们的任务是在拿下目标后前往札法瓦与第 1 个连会合。一路上，除了在德奥利遭到巴军微弱抵抗外，第 5/5 廓尔喀联队第二个连进展顺利，于 09 点 10 分拿下了米尔扎普尔。

再回头看看第 1 个连的情况。9 月 12 日 05 点 00 分，第 5/5 廓尔喀联队第 1 个连就抵达了札法瓦，在没法和联队指挥部取得联系的情况下，只得呼叫肯格雷的印军第 5 拉吉普特联队，请求立即往札法瓦再派 1 个连增援。第 5 拉吉普特联队马上进行了转发，不知道是怎么回事，直到 10 点 20 分这个消息才传到旅部。然后，旅部再把消息转达给第 5/5 廓尔喀联队。这下第 5/5 廓尔喀联队才意识到第 1 个连可能遇到危险情况，赶紧让剩下的部队前出札法瓦增援。此时，印军第 14 步兵师师长也觉得情况很不妙，赶紧命令配属的第 2 枪骑兵团 B 中队马上出动，加强札法瓦的守军。然而，第 2 枪骑兵团 B 中队花了 2 个多小时都没有完成补充，直到 12 点 30 分才开始上路。在往札法瓦运动途中，B 中队遭到了肯格雷东面的平迪马赫拉森（Pindi Mahrasan）地区巴军猛烈的炮火轰击。炮击结束后，B 中队锐气丧尽，再也不想往札法瓦前进了。18 点 50 分，B 中队悻悻返回肯格雷。

在坦克增援受挫，第 5/5 廓尔喀联队主力于午后才开始出发的情况下，第 5/5 廓尔喀联队第 1 个连确实遇到了不小的麻烦。当天清晨，他们在没有遇到任何抵抗的情况下，冲进了札法瓦，但很快就遭到一支配备中机枪和无后坐力炮的巴军吉普车巡逻队的冲击。在没有得到任何增援的情况下，该连只得于 11 点 45 分撤往米尔扎普尔。13 点 00 分，第 5/5 廓尔喀联队赶到米尔扎普尔附近，却发现第一个连已经撤了下来，不禁有些气恼。不过，现在不是追究责任的时候，第 5/5 廓尔喀联队唯一能做的就是重新组织对米尔扎普尔的进攻。在第 2 枪骑兵团 B 中队缺阵的情况下，第 5/5 廓尔喀联队强攻了一阵，可就是没法夺取札法瓦，只能在 9 月 12/13 日夜撤回米

▲ 巴基斯坦陆军的这辆 M48"巴顿"坦克的炮塔和车身分了家，一名印军士兵悠闲地坐在炮塔里

尔扎普尔。

由于印军装甲兵一开始没有重视札法瓦方向的战斗，给了巴军宝贵的整顿时间，他们迅速调来坦克和步兵，加强了札法瓦的防御。结果，当 9 月 13 日印军第 14 步兵师把第 116 步兵旅调上来，在第 2 枪骑兵团 1 个中队支援下展开攻击的时候，发现巴军的防御已经比原来坚固许多。从米尔扎普尔方向冲击的印军第 5/5 廓尔喀来复枪联队被巴军猛烈的坦克火力给打了回去。第 2 枪骑兵团 2 中队的进攻也被巴军的无后坐力炮和坦克火力挡在纳迪河边，没能和第 5/5 廓尔喀来复枪联队形成配合，进攻失败了。

夺取帕戈瓦尔

1965 年 9 月 12 日，印军第 69 山地旅奉命要在 9 月 13 日 06 点 00 分夺取帕戈瓦尔，掩护印军第 1 装甲师继续朝查温达突击。

从地图上看，帕戈瓦尔西南约 500 米，有一个重要的道路交叉口，这里是马哈拉杰凯—帕戈瓦尔—巴迪阿纳公路和从帕戈瓦尔通往锡亚尔科特总站与锡亚尔科特市的公路交汇点。由于位置重要，印军第 14 步兵师在制定夺取帕戈瓦尔计划时，也将这个重要的

道路交叉口列入作战目标。根据计划，印军
第 69 山地旅将在印军第 62 骑兵团（欠 1 个
中队）指挥下，于 9 月 13 日 04 点 00 分以第
3 马德拉斯联队展开攻击。只要夺取了帕戈
瓦尔，那么重要的道路交叉口也就如探囊取
物般落入手中。在具体战术部署上，旅长采
取右翼迂回做出要包围切断帕戈瓦尔守军后
路的进攻战法，来逼迫巴军撤退。在他看来，
这次作战的目的是夺地，而不是歼击消灭有
生力量，只要将巴军逼走，哪怕歼敌数量不多，
也算第 69 山地旅圆满完成任务。

1965 年 9 月 13 日 04 点 00 分，印军第
69 山地旅拉开了进攻战斗的帷幕。第 3 马德
拉斯联队在帕戈瓦尔北面地区迅速粉碎了巴
军约 1 个排的抵抗后，于 06 点 00 分抵达普
希尔洛拉—锡亚尔科特总站公路 8 英里路标
段周围，从右翼包抄到帕戈瓦尔镇背后。帕
戈瓦尔镇内守军约 1 个连为了避免被围，未
经战斗果断后撤。在轻松拿下空空如也的帕
戈瓦尔后，第 69 山地旅侦察队和第 9 库马盈
联队于 06 点 30 分跟进打击。第 9 库马盈联
队在第 3 马德拉斯联队南面，控制了普希尔
洛拉—锡亚尔科特市的公路，然后继续巩固
阵地。至 07 点 00 分，第 69 山地旅完全占领
了帕戈瓦尔西南 500 米的道路交叉口。为此，
旅长调整部署，准备坚守既夺阵地：

第 3 马德拉斯联队在科加地区展开，第
9 库马盈联队在 54 英里路标处展开。

印军第 69 山地旅占领帕戈瓦尔小镇和西
南 500 米的道路交叉口的行动，没有逃过巴
军炮兵观察所和空军战机的"法眼"。07 点
30 分开始，巴军炮兵群在 2 架空中观察机引
导下，对印军第 69 山地旅防御地带实施猛烈
轰击。不到 2 个小时，印军第 69 山地旅就挨
了大约 1000 发炮弹轰击，可部队还是没有后

▲ 印军某多格拉联队的士兵巴兹·辛格勇敢地爬上一辆
M48"巴顿"坦克，然后掀开舱盖往里面扔了一枚手榴弹，
将其炸毁

退一步。看到大规模集中炮击没能把印军逐
退，巴军遂转入断断续续的袭扰射击。至 16
点 00 分，巴军以大约 2 个中队的"巴顿"式
坦克支援步兵从西南方向对印军反扑。但他
们刚刚冲到印军前沿阵地不足 1500 米时，就
被准确的炮火和坦克火力击溃。随着巴军反
扑的失败，印军第 69 山地旅宣告牢牢控制了
帕戈瓦尔周围地区。

胜利是需要代价的。在夺取帕戈瓦尔的
战斗中，印军第 69 山地旅损失为：3 名军官、
2 名下级军官和 11 名士兵战死，4 名军官、1
名下级军官和 44 名士兵负伤，大部分伤亡都
是巴军空炮火力所致。

鏖战查温达

1965 年 9 月 13 日，印军第 1 装甲师决
定故技重施，采取两翼迂回战法——第 43 摩
托化步兵旅从北面，第 99 山地旅和第 1 装甲
从西北，包夹攻克锡亚尔科特地区的重镇——
查温达。根据印军第 1 军军长敦恩中将的命
令，第 1 装甲师的任务是突破锡亚尔科特—
查温达—帕斯路尔铁路线，从西面（西北和
北面）包围查温达，然后再发起总攻击。

进攻计划拟定如下：

第 4 骑兵团采取越野机动方式，切断巴迪阿纳—帕斯路尔公路，然后转向东南，意在歼灭任何试从查温达逃脱或从帕斯路尔方向增援查温达的巴军部队。第 17 骑兵团朝卡莱瓦立实施突击，准备支援第 43 摩托化步兵旅先攻卡莱瓦立，如果需要的话再打查温达。第 69 山地旅群，包括第 16 骑兵团要阻止敌人装甲部队从锡亚尔科特方向加入到普希尔洛拉南面和查温达的坦克会战主战场。第 43 摩托化步兵旅要从普希尔洛拉的坚实基地前出攻击查温达，第 1 炮兵旅要集中火力支援第 1 装甲师。

9 月 14 日拂晓，印军第 1 装甲师准时展开攻击。但这一次好运不再。印军第 1 装甲师刚刚出动，就在普希尔洛拉以西和厄尔哈尔以北地区闯进了巴军反坦克防御地带。巴军投入一个 M47/M48 坦克团，进行顽强抵抗。激烈的战斗打了一整天，巴军坦克群受到重创，损失了 18 辆坦克，还有大量武器装备和无后坐力炮。在击破了巴军装甲兵抵抗后，印军第 1 装甲师拿下了卡莱瓦立和厄尔哈尔地区。虽然取得了一定的进展，但第 1 装甲师离目标却还有很长的距离，他们没能给步兵突击查温达创造良好的战术条件。显然，巴军第 6 装甲师并没有完全丧失战斗力，他们仍能对印军第 43 摩托化步兵旅造成重大威胁。在这种情况下，印军第 1 装甲师师长拉金德·辛格少将取消了原定的第 43 摩托化步兵旅进攻行动。

相对左翼大战不断，右翼除了一些小战斗外，却相对平静。印军第 168 步兵旅在夺取了巴杰拉贾尔希后，又在几乎没有遇到巴军抵抗的情况下，相继拿下了卡拉尔文达（Kalarwanda）和拉苏尔普尔（Rasulpur）。9 月 14 日，驻守卡拉尔文达的印军第 168 步兵

▲ 在查温达战场上，印军缴获了 1 辆受损的巴军 M48 "巴顿"坦克。经过紧急修复，这辆坦克很快恢复了战斗力

旅 1 个连被巴军步坦协同赶了出去，但在夜间经过顽强的反击后再次夺回驻地。

1965 年 9 月 15 日，印军第 1 军各部展开情况如下：

第 1 装甲师：

第 1 装甲师师部和第 35 步兵旅（欠 1 个营），驻查尔瓦

第 43 摩托化步兵旅、第 99 山地旅（欠 1 个营）和第 35 步兵旅 1 个营，驻普希尔洛拉

第 1 装甲旅，驻普希尔洛拉北面

第 6 山地师：

第 69 山地旅（欠 1 个营）得到第 62 骑兵团（欠 1 个中队）支援，驻帕戈瓦尔

第 14 步兵师：

第 58 步兵旅（欠 1 个营），驻十字公路地区

第 116 步兵旅，驻肯格雷—伊赫纳尔—瓦德哈拉地区

第 26 步兵师：

第 168 步兵旅，驻卡拉尔文达—拉苏尔普尔

调整部署和新的计划

1965 年 9 月 15 和 16 日两天，为了尽快

夺取查温达，印军又展开了一些积极战斗行动，作为总攻的先期准备。9月15日，印军肃清了哈宁瓦立地区周围几个村庄的巴军士兵，确保了占领地带安全。与此同时，印军第1装甲师所属的第4骑兵团奉命在第4拉吉普特联队（隶属于第99山地旅）配合下占领厄尔哈尔，切断锡亚尔科特和查温达之间的铁路线。

9月16日，印军第1军军长敦恩中将、第1装甲师师长拉金德·辛格少将和第6山地师师长 S. K. 科尔拉少将在马哈拉杰凯召开作战会议，讨论锡亚尔科特—查温达地区的整体形势，并拟定夺取查温达、巴迪阿纳和札法瓦的作战计划。其中，夺取查温达的任务交给了第6山地师，夺取巴迪阿纳和札法瓦的任务分别交给了印军第1装甲师和第14步兵师。由于第6山地师所属的第69山地旅和第69山地旅都有防务在身，要让第6山地师参加攻击就必须重新调整部署。为此，第1装甲师方向的第35和第58步兵旅抽调出来，配属给第6山地师。第99山地旅也回归第6山地师建制。

印军第1军军长敦恩中将总的设想为：

第6山地师，拟指挥第35和第58步兵旅，以及第99山地旅，在1965年9月17/18日夜夺取查温达。接着，该师往帕斯路尔和十字公路方向发展进攻。在夺取了查温达和给第6山地师留下足够的坦克以确保该地区后，第1装甲师要夺取并守住巴迪阿纳。第6山地师1个步兵旅要在第1装甲师夺取巴迪阿纳后配属给该师。一旦巴迪阿纳得手，第14步兵师就准备在第1装甲师一个坦克中队的支援下夺取札法瓦。

据此，印军第1军军长敦恩中将对所部下达如下作战命令：

第26步兵师（所属的第52山地旅）要在1965年9月17/18日夜夺取蒂拉克普尔（Tilakpur）和穆哈迪普尔（Muhadipur）；与此同时，第14步兵师要夺取杜格里（Dugri）附近的十字公路，掩护第6山地师左翼。

在对查温达发起正式进攻前，印军决心采取蚕食战法，逐步夺取查温达周围和后方那些具有战术价值的村庄，逐渐形成对查温达的包围态势，拒止巴军增援。在9月15日，印军夺取了卡莱瓦立和厄尔哈尔后，又打算拿下贾斯索伦（Jassoran）及附近地区。

9月16日，印军第1装甲师以第4骑兵团、第17骑兵团和第8迦尔瓦尔来复枪联队击破了巴军顽强抵抗，于傍晚夺取了贾斯索伦及附近地区。在当天战斗中，印军第1装甲师宣称击毁巴军坦克28辆，但自己的损失也很大，特别是不少优秀的军官殒命沙场，比如第17骑兵团团长塔拉波尔中校就在17点30分返回贾斯索伦阵地时遭巴军炮击身亡，印度军方追授他最高勇士查克拉勋章。同一天战死的还有印军第8迦尔瓦尔来复枪联队长 J. E. 吉拉德（Jhirad）中校，他在率部冲击战斗中，不幸战死。

对印军的蚕食战法，巴军反应十分强烈。9月17日，印军还没有发动进攻，就遭到了巴军猛烈反击，印军第1装甲师各部被迫死守既得地带，顽强打敌反扑。残酷的战斗从清晨一直打到下午，印军以损失8辆坦克的代价击退了巴军的进攻（巴军也损失了8辆），力保阵地不失。

二打查温达

在第1装甲师采取蚕食战法夺取贾斯索伦及附近地区的同时，印军第6山地师师长 S. K. 科尔拉少将（勇士查克拉勋章获得者）决定分两个阶段完成任务。在第一阶段作战中，印军第35和第58步兵旅同时从查温达西面出击，以锡亚尔科特—查温达铁路线作为两个旅的分界线。在第二阶段作战中，印军第35步兵旅实施扫荡作战。在第6山地师展开攻势作战期间，印军第1装甲师继续在查温达西面守住既得地区，保障第6山地师侧翼安全，阻止巴军坦克群进入查温达战场，直到第6山地师夺取查温达为止。

然而，在这一阶段作战中，印军受到了某些因素干扰，进攻作战很不理想。根据马哈拉杰凯会议拟定的计划，印军第1军军长敦恩中将命令第35步兵旅暂时脱离第1装甲师，转归第6山地师节制。然而，在传达命令的时候，不知道是哪个环节出了问题，导致第35步兵旅在9月16/17日夜，从加多格尔的驻地转移到普希尔洛拉地区。显然，这次的机动是根据早先第1装甲师拟定的计划所执行的。等赶到普希尔洛拉地区，印军第35步兵旅才意识到自己跑错路了，赶紧返回加多格尔。这么一来一回，把全旅上下弄得筋疲力尽，还浪费了宝贵的时间。

由于印军第35步兵旅没法按时到位，印军第6山地师师长 S. K. 科尔拉少将向第1军军长敦恩中将反映只得把原定在9月17/18日夜对查温达的进攻时间推迟24小时。可印军第1装甲师长拉金德·辛格少将指出，他的部队在布图尔多格伦迪（Butur Dograndi）、法特赫普尔（Fatehpur）和贾斯索伦（查温达西面各个村庄）受到了巴军极为强大的进攻压力，如果第6山地师不能按时发起攻击，他不能保证第1装甲师能再坚持24小时。经过协商，印军第1装甲师决定收缩防线，把布图尔多格伦迪和法特赫普尔两地的部队给撤下来，然后集中全力不惜一切代价死守贾斯索伦，作为第35步兵旅进攻的坚实跳板。虽然放弃了两个重要的阵地，但印军第1装甲师师长拉金德·辛格少将还是承诺全力以赴牵制住巴军坦克部队，绝不让其干扰第6山地师对查温达的进攻。

可命运似乎就是要和印军做对。继第35步兵旅遭遇状况之后，印军第1装甲旅旅长 K. K. 辛格准将也在9月18日不打招呼就把部队从贾斯索伦和周围其他阵地上给撤了下来。而这一切还发生在第6山地师对查温达进攻前！得知情况的拉金德·辛格少将火冒三丈，严令 K. K. 辛格准将马上夺回贾斯索伦，给第35步兵旅建立进攻跳板。然而，K. K. 辛格准将并没有立即执行这道命令，他认为丢失的贾斯索伦是不可能马上拿回来的。但，对师长的命令，他还是有所表示。K. K. 辛格准将承诺，他的第1装甲旅一定在9月19日拂晓时刻，也就是第6山地师发动进攻后大约8个小时夺回贾斯索伦。

按照印军第1装甲旅的设想，他们配合步兵夺取查温达的最好时机是9月14到17日之间。当时，查温达和巴迪阿纳都是三面被围，陷入孤立态势，且处于印军第1装甲旅后方，特别是9月16和17日两天，是步兵轻易夺城的绝好机会。根据情报，当时在

▲ 印军把缴获的 M48 "巴顿" 坦克用平板车拉到比基温德展览地

查温达和巴迪阿纳的巴军兵力严重不足，各镇都只有不过 2 个连把守。当时，第 1 装甲旅都已经做好了进攻计划。可印军第 1 军却部署失当，非要让第 6 山地师赶来进攻，不准第 1 装甲旅插手。结果，宝贵的 4 天时间白白浪费在反复调整部署和部队的"武装游行"上。结果，巴军利用这 4 天宝贵的黄金时间，迅速调集步兵、装甲兵和炮兵，对暴露突出的印军第 1 装甲旅实施坚决的反突击，迫使印军被迫在 9 月 17/18 日夜，从贾斯索伦、布图尔多格伦迪和索德雷凯（Sodreke）后退，查温达三面被围的态势被粉碎了。在这种情况下，印军还要与查温达的巴军进行硬碰硬的正面攻坚战，怎么可能会有胜算呢？作者猜测，K. K. 辛格准将肯定是看出了其中的端倪，既然最好的战机都已经错失了，在胜利渺茫的情况下，何必还要让宝贵的第 1 装甲旅因为上级愚蠢的决策而火中取栗呢？这或许就是 K. K. 辛格准将擅自放弃贾斯索伦，抗命不尊的真正原因。虽然 K. K. 辛格准将的看法是对的，但笔者无意指责敦恩中将的决策。毕竟，印军第 1 军刚刚组建，部队还没熟悉就投入到印巴战争的漩涡中，而且是担任最重要的战略进攻——锡亚科特和查温达方向，军长敦恩中将根本没有任何指挥大兵团作战的经验。所以这次犯错，也就在情理之中了。

虽然第 1 装甲旅承诺要在天明后夺回贾斯索伦，可是时间是不等人的。第 6 山地师必须在 9 月 18/19 日夜发起攻击，而夺取贾斯索伦则是第 35 步兵旅能够展开兵力参加进攻的先决条件。在这种情况下，第 35 步兵旅决心靠自身力量先夺回贾斯索伦，然后再发起攻击。为此，印军第 35 步兵旅指派第 20 拉吉普特联队负责打下贾斯索伦。该联队也

▲ 除了用平板车装载，印军还用拖拉机将战场上被击毁 / 打坏的坦克拖走

是好样的，在进攻前以敏捷的动作拿下了贾斯索伦。

1965 年 9 月 18/19 日夜，印军第 6 山地师按计划对查温达发起攻击。然而，印军反复调动兵力，浪费了大量宝贵的时间，失去了进攻突然性。当印军第 6 山地师还在攻击前出发阵地展开兵力准备冲锋之际，就遭到了巴军猛烈的炮火急袭。结果，印军第 6 山地师的进攻从一开始就受到挫折。

不过，第 35 步兵旅的进攻却取得了部分的胜利；第 6 马拉塔联队于 04 点 10 分夺取了预定目标，相反第 5 查谟克什米尔来复枪联队却遇到了巴军的猛烈抵抗。战至拂晓时刻，巴军坦克群从查温达方向开出来。印军这才发现，巴军把坦克当作移动火力点，隐蔽在查温达镇内。同时，巴军利用 4 天时间在查温达精心修筑了梯次防御阵地群，纵深不小。在蒙受惨重损失后，印军第 5 查谟克什米尔来复枪联队逃回了贾斯索伦。一度顽强冲进查温达火车站的第 6 马拉塔联队 2 个连，不得不在印军第 4 骑兵团救援下勉强撤出战场。

印军第 58 步兵旅的进攻情况就更糟了。巴军猛烈的炮火轰击让第 58 步兵旅陷入一片混乱，通信（有线和无线）网络全部断绝。炮击如此猛烈，以至于印军都吓呆了。冲在

最前面的各个尖刀连迷失了方向，本来是要往巴军阵地冲锋的印军第 14 拉吉普特联队却误打误撞，闯进了沃齐尔瓦立的友军阵地（由第 43 摩托化步兵旅的第 2 枪骑兵团 1 个中队和第 5 杰特联队 1 个连把守）。大水冲了龙王庙，自家人不认自家人。杰特兵和拉吉普特兵相互之间打了起来，结果是第 5 杰特联队"击溃"了第 14 拉吉普特联队。等到停手的时候，双方才意识到自己都是"一家人"。当然，第 58 步兵旅中也不是所有的部队都如此无能。第 4 查谟克什米尔来复枪联队 2 个连就顶着巴军炮火，一度顽强地冲进查温达，但还是被巴军步坦联合火力给打了出来。截至此时，第 4 查谟克什米尔来复枪联队和旅部的联系已经断了，部队也垮了。眼看第 14 拉吉普特联队和第 4 查谟克什米尔联队相继溃散，第 58 步兵旅决定把预备队第 3/1 廓尔喀联队投入战斗。可廓尔喀兵还没能冲过巴军猛烈的炮兵和坦克火力封锁网就被打垮了。根据印军第 58 步兵旅旅长的描述，第 4 查谟克什米尔联队在巴军坦克威胁下就有大约 500 人做了逃兵（按编制，印军 1 个联队不过 560 人，相当于几乎全联队逃亡），第 3/1 廓尔喀联队的士气也瓦解了，官兵们四散溃逃到了利布贝附近。

至此，印军二打查温达以惨败告终。既然第 6 山地师没能打下查温达，夺取巴迪阿纳和札法瓦也就无从谈起。K. K. 辛格准将的看法变成了可怕的现实。这次进攻失败后，印军第 1 装甲师、第 6 山地师和第 14 步兵师都不约而同转入了防御。在锡亚尔科特—查温达战场，印巴双方也陷入了胶着状态。

客观地说，二打查温达是一次指挥失误和执行不力的反面战例。印军第 1 军军部、第 1 装甲师、第 6 山地师和第 35 步兵旅之间的通信联络和命令传达问题重重，浪费了大量宝贵时间，对转瞬即逝的战机把握能力低下，加上各兵种之间毫无配合，导致进攻一开始就完败而归。

在第 1 装甲师和第 6 山地师，以及第 14 步兵师进攻查温达失败的同时，印军第 26 步兵师也在右翼和巴军进行了局部有限战斗，他们在夺取了蒂拉克普尔和穆哈迪普尔后，也逐步停止了进攻。为了夺回丢失的蒂拉克普尔和穆哈迪普尔，巴军于 1965 年 9 月 22/23 日夜，在强大的炮火支援下对蒂拉克普尔以及锡亚尔科特—查普拉公路西面地区实施猛烈反击。在蒂拉克普尔，巴军的进攻被印军第 1 马德拉斯联队击退。但在锡亚尔科特—查普拉公路方向，他们却从印军第 10 马哈尔联队防线上撕开一个口子，然后直扑第 10 马哈尔联队指挥部所在地——穆哈迪普尔。可第 10 马哈尔联队没有后退，他们在印军强大的炮火支援下，顽强拼杀，最终重创了巴

◀ 查温达战场一角，随处可见被击毁的巴军坦克。对巴基斯坦陆军第 6 装甲师来说，查温达之战是一场噩梦

军进攻部队，并迫敌退却。

1965 年 9 月 22 日 14 点 10 分，印度陆军西部军区司令哈尔巴什克·辛格中将给第 1 军军长敦恩中将下达紧急命令，印巴停战协议已经签署，停火生效期从 1965 年 9 月 23 日 03 点 30 分开始。这道命令随即传达给了第 1 军所有联队。虽然停火就在眼前，可印军却丝毫不敢大意，反而绷紧了弦。他们心里很清楚，巴军一定会抢在停火期生效前一刻组织大规模反扑，最大限度夺回失地。这种担心并非多余。果不其然，巴军从 9 月 22 日夜开始一直到停火期生效时刻为止，全线对印军实施反扑。战斗最激烈的地点发生在厄尔哈尔镇和该镇火车站。在巴军如潮水般凶猛冲击下，印军险些丢失了阵地。不过，在炮兵支援下，印军还是撑过了最危险的时期，并给巴军造成了惨重的伤亡。除了大反扑外，巴军炮兵还对印军第 1 军整个防御地带进行全面的炮火轰击，印军炮兵不甘示弱猛烈还击。双方展开激烈炮战，摆出一副不把炮弹打光就不罢休的气势。然而，1965 年 9 月 23 日 03 点 30 分一到，所有射击全部停止，战场恢复了平静。

至停火期生效为止，印军第 1 军一共占领了巴基斯坦领土 500 平方公里，并击毁了巴军大量的坦克。根据印军统计，他们击毁 / 打坏巴军坦克 144 辆，其中 31 辆落在印军控制区；完整缴获 11 辆坦克和大量武器装备和弹药；清点到巴军尸体 693 具，俘虏 448 人（包括 310 个平民）。第 1 军的坦克损失为：29 辆被击毁（全损），其中 15 辆是"百人队长"坦克，14 辆是 M4"谢尔曼"坦克；被打坏 41 辆坦克，其中 29 辆是"百人队长"坦克，12 辆是 M4"谢尔曼"坦克。人员损失：战死 38 名军官、29 名下级军官和 508 名士兵，

▲ 在查温达准备战斗的印军无后坐力炮炮组，注意他们身后的伪装网

负伤 116 名军官、76 名下级军官和 1688 名士兵，失踪 9 名军官、8 名下级军官和 410 名士兵。总计，战死 575 人，负伤 1880 人和失踪 427 人。

从作战结果来看，印军第 1 军在锡亚尔科特方向的进攻作战是一次典型的仓促进攻战役。无论是在战役指挥还是战术实施上都存在着很大的问题。除了获得部分战术胜利外，第 1 军一再浪费了大量的战机。毫无疑问，印军第 1 军并没能给巴军第 6 装甲师以及随后增援而来的第 1 装甲师以致命的打击。当然，印军在力所能及的情况下，也给予了巴军装甲兵沉重的打击。不过，这种打击的效应是短暂的，因为第 1 军并没有迫使对手将大量坦克遗弃在战场上，也就是说让对手有了把坦克修复后再战的能力。从这个角度来说（不仅要控制战场还要看缴获对方完整 / 毁坏的坦克数，造成对方永久性损失），印军第 1 军的进攻作战没有达到预期目的。

印军第 1 装甲师师长拉金德·辛格少将声称，除了坦克对战中获得了战术上彻底胜利外，每次坦克战的结果都是印军完全控制

了战场，双方坦克战之间的技术装备和人员交换是不成比例的。例如，在 9 月 11 日进攻普希尔洛拉的战斗中，双方爆发了二战以来罕见的百辆坦克级别对战，印军宣称击毁对手 67 辆坦克，自己仅损失 13 辆坦克，其中 6 辆是"百人队长"坦克。考虑到在锡亚尔科特战场上，巴军是以 4 个"巴顿"坦克团对决印军 3 个"百人队长"坦克团的，而且巴军是在本土防御作战，所以印军装甲兵能在坦克战斗中一再获胜，也是自身能力的一种体现。

▲ 尽管印度陆军第 1 军竭尽全力，特别是装甲兵表现出色，可是战术上的胜利却被低下的指挥水平和一再浪费战机的错误行为抵消，战事陷入僵持状态

但是，战争是双方的，在以印军角度看问题的同时，也要参考一下巴方的看法。根据时任巴基斯坦陆军总司令的穆萨上将说法："敌人对锡亚尔科特方向组织了几次进攻，所有的冲击都被我军击退。但他们还是凭借数量优势在桑巴—查温达公路打下了一个楔子，虽然他们的进攻前出到查温达当面就被我军遏制。"对于双方坦克战斗，穆萨上将认为："双方的坦克都损失很大，但幸好巴基斯坦空军的超水平发挥，让敌人不得不舐舐更大的伤口。"实际上，穆萨上将这个说法有欠妥当，印军坦克损失并不大，数字已如前所述。根据巴军给美军顾问的报告显示，巴基斯坦陆军在 1965 年共损失了 257 辆坦克，其中约 100 辆坦克被遗弃或毁掉。根据巴基斯坦陆军第 6 装甲师战史记载，在锡亚科特方向的战斗中，共遗弃了 35 辆坦克，其中 17 辆是 M48，9 辆是 M47，9 辆是 M36B2；这个数字和印军统计缴获完整 / 损毁坦克 42 辆差别不大。

不过，双方的坦克交换比不管差距多大，反映的仅仅是印军装甲兵的素质和战斗力，却不代表印军整体战斗力的强大。更重要的是，一个技术兵种的优势，是不可能完全转

化为战役乃至战争胜利的。要取得战役乃至战争的全面胜利，需要的是各个兵种协同作战，同时还有组织指挥能力、后勤保障能力，和各个兵种的战斗力，最后乃至综合国力。就这一点来说，1965 年的印度还差得很远，这或许才是在锡亚尔科特方向上，印军拼尽全力拿出全军唯一的王牌——第 1 装甲师拼死突击，所取得的不过是坦克交换比占优的有限战术战斗胜利而已，最终战役还是陷入了胶着状态。这与其说是遗憾，不如说是必然的结果。

▲ 印度陆军第 1 军在锡亚尔科特方向的进攻战斗态势图

第八章

空中大战

如果说，1965 年印巴战争的地面战事不太引人注目，甚至连著名的普希尔洛拉和查温达坦克战都不太被人们所了解的话，那么印巴空战就是这场战争中唯一万众瞩目的焦点了。

自独立以来，印巴两国都把空军作为重点发展军种（印军更重视装甲兵的质量建设），取得了长足的进步。印度方面，1948 年 11 月英国向印度出售了 400 架哈维兰公司的"吸血鬼"喷气式战斗机，让印度空军成为第一个跨入喷气式战斗机时代的亚洲空军军种。印度空军对"吸血鬼"喷气式战斗机钟爱有加，一直用到 1971 年第三次印巴战争结束才彻底让其退出现役。1960 年代，为了对抗巴基斯坦空军获得的美制 F-86F"佩刀"喷气式战斗机，印度空军又向英国订购了 F-74"猎

人"式战斗机，同时也向法国购买了"神秘"式战斗机和达索公司生产的"暴风"式战斗机（104 架）。此外，印度空军还有不少"蚊蚋"式和"暴风"式战斗机。运输机方面，印度空军既有美式 C-119 运输机，又有苏联制造的安东诺夫 -12（安 -12）和伊尔 -14 运输机。从机种种类来看，印度空军装备可谓是万国牌。

印度空军不仅积极购买喷气式战机，还从 1947 年起积极参加对外作战，获取实战经验。1947 年 10 月 27 日 09 点 30 分，印度空军第 12 中队的 C-47"达科塔"运输机满载着印军第 1 锡克联队在查谟克什米尔首府斯利那加机场着陆，揭开了第一次印巴战争序幕。在战争中，印度空军以斯利那加机场为基地（常驻 2 个喷火式战斗机 / 暴风式战斗

机），动用二战名机——喷火式战斗机／暴风式战斗机，给地面部队提供了空中支援，杀伤了大量巴基斯坦民军，为印军夺取战争主动权和反攻胜利做出了重要贡献。

第一次印巴战争结束后，经过十年发展，印度空军羽翼渐丰，第5中队的6架"堪培拉"式轰炸机又参加了联合国主持的刚果（金）维和行动（即卢蒙巴事件后刚果的动荡）。1961年12月6日，在联合国维和部队与刚果（金）加丹加叛军发生冲突后，驻刚果利奥波德维尔机场的印度空军第5中队的6架"堪培拉"式轰炸机出动，一举炸平了叛军在加丹加的科尔维兹（Kolwezi）空军基地，炸毁一架"魔导师"（magister）喷气式战斗机和6架各种杂牌型号的运输机，以及一个油库和卢菲拉（Lufila）的一座桥梁。此外，"堪培拉"轰炸机还给联合国维和部队提供了有力的空中支援。作为印度空军喷气式轰炸机的首演，"堪培拉"轰炸机在刚果表现不俗。

在刚果"大显身手"的同时，印度空军在葡萄牙军队解放果阿的行动中出尽了风头。由于葡萄牙空军没有参战（葡军的地面防空能力也几乎为零），印度空军的"堪培拉"式轰炸机、"猎人"式战斗机和二战旧货"暴风"

▲ 印度空军第8中队（装备"神秘"式战斗机）的乔普拉少校

式战斗机完全控制了果阿天空。在印度空军的轰炸机和攻击下，果阿的达布里姆机场和迪乌机场完全瘫痪。虽然在果阿行动中印度空军威风八面，但也出了点小纰漏。当印军第2锡克轻步兵联队突破了马普沙（Mapusa）后，印度空军第45中队的"暴风"式战斗机在进行对地支援时，误炸了第17伞降野战炮兵团阵地，致使2人负伤。

事不过三，印度空军在1962年中印边界战争中就基本帮不上忙了，只能眼睁睁看着陆军遭遇惨败而无可奈何。为了"援助"印度空军，国际社会纷纷"慷慨解囊"——加拿大提供了"驯鹿"（caribou）运输机，法国提供了"云雀"III运输直升机，美国提供了一个中队的C-130"大力神"运输机和部分费尔柴德C-119"邮船"运输机。为了增强空军现代化，印度还寻求和苏联合作，意向购买苏制米格-21，并请求苏联在印度境内援建一条米格-21生产线。

在不断引进和获得各个机种的同时，印度空军还积极和空军强国合练，寻找差距。1963年，美国空军、英国皇家空军和印度空军在印度境内东起卡莱昆达（Kalaikunda）、西到帕坦科特之间的北部环形基地群上空，进行代号"教学"演习。这是印度空军"猎人"式战斗机、"蚊蚋"式战斗机第一次和美国空军的F-100"超级佩刀"式战斗机、皇家空军的"标枪"（Javelin）战斗机一起进行空中格斗（对抗）训练和战术演习。美国空军飞行员对印度空军的"蚊蚋"式（Gnat）战斗机的性能留下了深刻印象。由于"蚊蚋"式战斗机出色的转弯性能，它在美军飞行员那儿赢得了"G-鸟"（G-Bird）的称号。

"教学"演习结束后，印度空军于1963年9月到1964年6月先后派出2批飞行员前往美国内利斯空军基地，通过和美国空军第4521"老虎"中队的合练，熟悉了F-86F"佩刀"式战斗机的性能。借助美国从1962年起开始对印援助和两军交流频繁，印度空军实力急速膨胀，到1965年开战的时候已经拥有45个中队的规模：4个堪培拉轰炸机中队、米格-21一个中队（装备米格-21F13型和米格-21PF各6架）、"蚊蚋"式战斗机5个中队、"猎人"式战斗机6个中队、"神秘"式战斗机5个中队、"吸血鬼"式战斗机6个中队、"暴风"式战斗机3个中队；13个运输机中队：达科塔3个中队、C-119运输机3个中队、安-12运输机2个中队、驯鹿运输机中队、伊尔-14运输机1个中队、"水獭"式运输机2个中队、联合式运输机1个中队、5个直升机中队（米里-4直升机4个中队和云雀运输机1个中队）。米格-21PF均装备了"滚转稳定"系统，适航性超过了米格-21F。另外，米格-21PF和米格-21F都装备了截击雷达，能在20公里范围内发现和截击目标。

相对印度空军的积极发展，巴基斯坦空军同样不甘于人后。根据《美巴共同防御协定》，巴基斯坦空军获得了美国空军提供的120架F-86F"佩刀"喷气式战斗机。它是世界上第一种量产的超音速喷气式战斗机，在朝鲜战争中表现出色。在1965年印巴战争中，巴基斯坦空军的100架佩刀式战斗机（其中20架已经损坏，使用92架，大修8架）中有24架可以携带GAR-8"响尾蛇"（Sidewinder）空空导弹（AIM-9"响尾蛇"导弹的前身），并有6挺机枪。相对印军只有12架米格-21F13型和PF型能带空空导弹（每架米格-21带2枚AA-2空空导弹，而且没有航炮和机枪），应该说巴基斯坦空军的F-86F有很大的优势，这也是巴基斯坦空

军能在空战中掌握制空权的"奥秘"。

除了F-86F外，巴基斯坦空军还有12架F-104A"星"式战斗机。这款战斗机的优点是最大航速相当于音速的2倍，爬升性能也很突出，能在60秒内跃升到50000英尺。另外，F-104A"星"式战斗机火力强劲，除了6挺加特林机枪外，还能携带GAR-8"响尾蛇"空空导弹。可它的缺点同样也很突出——操控性不佳。联邦德国空军有几名飞行员就是驾驶F-104A"星"式战斗机进行飞行和适应训练时丧命。另外，F-104A"星"式战斗机机动性较差，低空缠斗的转弯性能远逊于"蚊纳"式战斗机。

在轰炸机方面，1965年战争爆发时，巴基斯坦空军拥有25架B-57轰炸机，和印度空军拥有的英式"堪培拉"轰炸机师出同门。这款轰炸机不仅是双座双弹射椅，而且还和"堪培拉"轰炸机一样，主要用于夜航轰炸，而非昼间攻击。不过，美国人在飞机设计上更人性化，双座（飞行员和领航员）都有弹射椅，而"堪培拉"轰炸机的领航员座位上是没有弹射椅的。总的来说，巴基斯坦空军在战争爆发时拥有137架一线战机。

除了战斗机质量优势压倒印度外，巴基斯坦空军另一个优势是他们拥有前沿到纵深

▲ 巴基斯坦空军装备的 B-57 轰炸机

的完善机场网络和预警雷达网络。在巴基斯坦境内最重要的机场莫过于萨戈达（Sargodha）机场，距印巴边界约 300 公里，机场周围密布 64 门高射炮和预警雷达系统。除了萨戈达，还有诸如白沙瓦、科哈特、毛里普尔和恰克尤胡姆拉等重要机场群，各个机场周围也都各有 48 门高射炮和预警雷达网。

谈到预警雷达网，巴基斯坦相比印度具有显著的优势。他们在萨凯沙尔和巴丁建立了 2 个早期地面控制监测站，涵盖了巴基斯坦南北两边国土范围。两个基地都各装备一台 FPS-20 固定式预警管制雷达和一部辅助用的 FPS-6 测高雷达（Height Finding radar）。两个监测站侦测范围达 300 多公里，是巴基斯坦空军的千里眼和顺风耳。不过，这些雷达都是固定设备，一旦被空袭炸毁，巴基斯坦空军就将变成聋子和瞎子。为了保护这些宝贵设施的安全，巴基斯坦方面同样在萨凯沙尔和巴丁的监测站周围各部署 16 门高射炮和战斗机机场网络，随时准备歼击来袭的印军飞机。除了萨凯沙尔和巴丁外，巴基斯坦还在拉赫瓦里（Rahwali）和其他地方建立了雷达站，通过布控国土各地的雷达站形成绵密的雷达网，巴基斯坦在战争中有效引导己方战斗机进行对空截击战斗，取得了良好的效果。

不过，和这一切相比，最重要的是巴基斯坦是东南亚条约组织和中央条约组织成员国，也就是准北约盟国。通过这两个身份，巴基斯坦除了可以获得美国空军大量先进战机和空空导弹外，还可以享受北约标准的飞行员培训模式，特别是学到美国空军先进的战斗机使用方式和战法。这一点是一直以来只能进行独立封闭训练、闭关自学的印度空军飞行员所不具备的优势。双方飞行员素质的差异同样是决定 1965 年印巴空战胜负的决定性因素之一。

翱翔查木布

试图夺取印控克什米尔的"直布罗陀行动"失败后，巴基斯坦陆军突然于 1965 年 9 月 1 日在查木布方向发动了大规模战役进攻，迅速突破了印军第 191 步兵旅防御地带，直接威胁了重要的阿克努尔大桥和查谟—奔杰公路。为了应付巴军地面攻势，1965 年 9 月 1 日大约 16 点 00 分，印度陆军总司令乔杜里上将、印度空军总司令阿尔金·辛格元帅和国防部长沙文会晤，决定把空军投入战斗。"出击"命令一下达，印度空军不到 1 个小时就做好了战斗准备。

开战之初最靠近查木布战场的印度空军基地是地处旁遮普和查谟之间的帕坦科特空军基地，距边界也就一分钟的航程。基地指挥官是印度空军试飞员罗申·莱·苏里（Roshan Lai Suri）（勇士查拉克勋章获得者）上校，这里驻有装备法国"神秘"式战斗机的第 3 中队〔中队长：保尔·罗比（Paul Roby）中校〕和第 31 中队〔中队长：迈克唐纳德·古德门（Macdonald Goodman）中校〕，以及装备"吸血鬼"式战斗机的第 45 中队和第 200 中队的混编分遣队。1965 年 9 月 1 日，在接到巴军第 12 步兵师在查木布方向达成突破，印军第 191 步兵旅被打得溃不成军的消息后，印度空军第 45 中队分遣队长达哈尔（Dahar）少校决定连续组织三个批次的"吸血鬼"战斗机，分别在 17 点 19 分、17 点 30 分和 17 点 40 分出击，任务是狠狠打击巴军步坦联合进攻队形，支援倍受重压的印军第 191 步兵旅。

1965 年 9 月 1 日 17 点 19 分，达哈尔少校率第一批三架"吸血鬼"式战斗机从帕坦科特机场呼啸升空，沿着西北方向迎着刺眼的落日阳光扑向查木布战场；在许多印度陆空军高级将领的眼里，第191步兵旅能否在查木布地区顶住巴军第12步兵师的进攻，一切就要靠达哈尔少校了！虽然"吸血鬼"式战斗机是印度空军从英国购买的第一款喷气式战斗机，可它的性能实在太差了，爬升率甚至还不如螺旋桨的"暴风"式战斗机！时光飞逝，到了1965年，第二次世界大战已经过去了20年。"吸血鬼"式战斗机也老了，在印巴战场上它注定不是巴基斯坦空军F-86F的对手。

这款老态龙钟的战斗机第一次演出就搞砸了。他们误击了印军第3马哈尔联队，幸运的是没有造成伤亡。接着，当他们攻击巴军步坦联合战斗队形时，却遭到巴军自行高射炮密集的火力拦阻，S. V. 帕塔克（Pathak）上尉驾驶的"吸血鬼"式战斗机被击落。同一编队的达哈尔（Dahar）少校、沙哈伊（Sahay）上尉和阿胡亚（Ahuja）上尉在打光弹药后，掉头往帕坦科特基地返航。接着，印军第二批3架"吸血鬼"式战斗机在哈格瓦加尔（Bhagwagar）上尉的率领下赶到战场，试图再次攻打巴军步坦战斗队形的时候，却发现

"欢迎"他们的不是巴军自行高射炮，而是致命的F-86F"佩刀"战斗机！事实的确如此，在遭到达哈尔（Dahar）少校攻击后，巴军第12步兵师就呼叫空军支援。不一会儿，巴基斯坦空军第5中队萨尔夫拉兹·艾哈迈德·拉菲库埃（Sarfraz Ahmed Rafique）少校和第15中队的埃米提亚兹·哈蒂伊（Imtiaz Bhatii）上尉各驾驶一架携带GAR-8"响尾蛇"空空导弹的F-86F"佩刀"式战斗机飞抵战场。"吸血鬼"和"佩刀"对决，胜负立见。F-86F手起刀落，击落了3架"吸血鬼"战斗机。15中队的埃米提亚兹·哈蒂伊上尉回忆道：

"接近战场，我们开始急速下降，搜索四周和下方，查看是否有敌机。就在这时，我们得知总司令（努尔·汗）乘坐1架L19也在战场周围飞行。可我们没看见他；稍后才得知我们在抵达前他就已经飞走了。我们的搜索很成功，我发现了2架飞机。它们正从我们的下方穿过，我赶紧通知拉菲库埃（注意）。他立即（表示）了解，'跟上去'。拉菲库埃说他要朝它们扑过去（示意我掩护）。在掩护他的过程中，我发现2架'堪培拉'出现在9点钟方向，离我有5000到6000英尺。接着，我又发现2架'吸血鬼'试图咬上拉

◀ 印度空军"吸血鬼"式战斗机，它们在1965年9月1日的查木布空战中被巴基斯坦空军F-86F"佩刀"战斗机痛击了一番

菲库埃的尾巴。我下意识脱离阵位，机动过去咬住这两架（'吸血鬼'）的尾巴。与此同时，拉菲库埃已经击落了他俩目标中的一架，正追击另一架。此时，我也把我的一个目标套进了瞄准环，（但）忍住没有开火。我正焦急等待我的长机把他的第二个目标给打下来，好让他离开我的射界（让我放手大干）。当我盯上作为目标的那架'吸血鬼'离拉菲库埃已经近到十分危险地步的时候，我呼叫他赶紧向左侧滚脱离。不一会儿，拉菲库埃就击落了他的第二个目标，这才对我的警告做出回应，他马上向左侧滚脱离。同时，我按下射击电门，打中了一架。干掉一架后我转移目标，用瞄准环套住了第二架，并朝它开火射击。追杀中，我一直下降至距地面200英尺，目睹我的第二个猎物摇摇晃晃地坠入丛林我才离去。在第一次同印度人的空战中，我们就击落了 4 架敌机……"

哈蒂伊高估了印军飞机数量，战场上并没有"堪培拉"轰炸机，印军第二批"吸血鬼"式战斗机一共有 4 架遭到攻击，除了雄迪（Sondhi）上尉侥幸逃生外，剩下 3 架都不幸成了 F-86F 的"刀下鬼"。

歼灭了第二批"吸血鬼"式战斗机后，埃米提亚兹·哈蒂伊上尉和萨尔夫拉兹·艾哈迈德·拉菲库埃少校安全返航。在他们离去后，印军第 3 批"吸血鬼"战斗机飞抵战场进行对地攻击，没有给巴军造成太大损失，

当然自己也毫发无损地飞了回去。

第一天空战就这样结束了，对印度空军第 45/220 中队混编分遣队来说，真是倒霉的一天。除了被巴军高射炮击落的帕塔克上尉跳伞生还外，第二批的哈格瓦加尔上尉、乔什上尉和哈拉德瓦杰上尉全部战死，损失"吸血鬼"式战斗机 4 架。最让人无法理解的是，明明知道"吸血鬼"式战斗机在空战中没有任何胜算，为什么在派"吸血鬼"式战斗机实施对地攻击的时候，不同时出动第 3 和第 31 中队的"神秘"式战斗机进行护航呢？有种说法是第 45 中队的达哈尔渴望"吸血鬼"一展雄风，在不要别的机种"插手"的情况下去赢得自己的"辉煌战绩"。遗憾的是，他赌输了。"吸血鬼"不仅没有给他带来渴望的胜利，反而蒙受了巨大的损失，留给第45 中队和第 220 中队的只有耻辱。

在"吸血鬼"式战斗机出击后，印度空军第 3 中队和第 31 中队的"神秘"式战斗机也开始出动，他们往查木布战场飞了 16 架次，执行对地攻击任务。"神秘"式战斗机的运气出奇地好，没有碰上任何一架 F-86F"佩刀"式战斗机。不过，巴军自行高射炮却一如既往地给他们造成了不小的威胁。虽然出击的"神秘"式战斗机全部返航，可飞行员下来检查飞机时却发现了许多 12.7 毫米高射机枪弹留下的弹孔。

至此，9 月 1 日查木布方向的空中战斗落下帷幕。印度空军一天之内出动"吸血鬼"式战斗机 12 架次，"神秘"式战斗机 16 架次，只遭遇了巴基斯坦空军 2 架 F-86F"佩刀"式战斗机，自己损失 4 架"吸血鬼"式战斗机，号称击毁 13 辆巴军坦克、2 门火炮和 62 台各种车辆。然而，空军大肆吹嘘自己赫赫战果的同时，印度陆军却大倒苦水——第 191 步

▲ 描述印巴空战的油画

兵旅部所有拉炮弹的卡车、3 辆 AMX-13 坦克、1 辆坦克救援车和 1 辆满载坦克炮弹的卡车都被印度空军给炸毁了！所谓的"赫赫战功"都是对己方的误击，如此"战功"不要也罢！

9 月 2 日，经历了第一天连续损失 4 架"吸血鬼"式战斗机的"不幸事件"后，印军对巴基斯坦空军的 F-86F"佩刀"式战斗机畏之如虎。出任务一遇到 F-86F，都是溜之大吉，绝不敢正面交手。本来是打算让"神秘"式战斗机担任制空战斗机，掩护"吸血鬼"式战斗机实施对地攻击，可"神秘"式战斗机也不是 F-86F"佩刀"战斗机的对手。为了避免无谓损失，帕坦科特基地干脆连让"神秘"式战斗机掩护"吸血鬼"式战斗机出航执行对地攻击的任务都取消了。印度空军认为要实施对地攻击任务，护航战斗机必须要能和 F-86F"佩刀"战斗机抗衡，要么是 F-74"猎人"式战斗机，要么就是"蚊蚋"式战斗机。

对米格 -21 该如何安排呢？当时，印度空军第 28 中队装备的是米格 -21，它的高空截击性能出色。按照北约的标准，米格 -21 是一款优秀的高空截击机，适合拦截轰炸机，但不适合空中近战格斗。尽管如此，米格 -21 还是在 9 月 2、3 日两天分别飞往查木布战场进行 2 次和 4 次任务，但没有发生空战。9 月

▲ 印度空军"蚊纳"式战斗机

3 日晚上，印度空军第 28 中队接到命令，派米格 -21 进驻帕坦科特机场。于是，第 28 中队的 2 架米格 -21PF，分别在沃尔伦（Wollen）中校和 A. K. 穆克赫尔杰埃（Mukherjee）少校驾驶下，赶到帕坦科特机场。

在米格 -21PF 转场的同时，印度空军还打算把"蚊蚋"式战斗机调到帕坦科特，目的是要给"吸血鬼"式 / "神秘"式战斗机进行对地攻击任务护航。在印度空军总司令部一纸命令下，第 23 中队的 8 架"蚊蚋"式战斗机在希肯德（Sikand）少校和拉格哈文德伦（Raghavendran）少校率领下，赶赴帕坦科特机场。另外，第 14 中队的格雷埃内（Greene）少校也率"猎人"式 4 机分队转移到帕坦科特。不过，他更熟悉"蚊蚋"式战斗机。不出所料，为了有效而统一指挥帕坦科特机场的"蚊蚋"战斗机群，格雷埃内少校在驾驶"猎人"式战斗机抵达目的地后，出任帕坦科特"蚊蚋"式战斗机群指挥官。在帕坦科特飞行员简报室里，格雷埃内少校召集"蚊蚋"式战斗机飞行员开会。会上，他的一句简短而朴素的话给大家留下了深刻的印象："我们要你们把'佩刀'给打下来。怎么干是你们的问题，但'佩刀'必须要解决掉（We want you to shoot down Sabres. How you do it is your problem, but the Sabres will have to be tackled）。"格雷埃内少校针对巴基斯坦空军雷达引导 F-86F"佩刀"式战斗机的配合战法，设计出了一套新战术。"蚊蚋"式战斗机群拂晓起飞，并以一个"神秘"式战斗机编队飞在空中诱出巴军的"佩刀"式战斗机。"蚊蚋"战斗机采取低空飞行方式，避开巴军雷达探测（实际就是飞在雷达盲区）。一旦阿姆利则的印军雷达站发现巴军 F-86F"佩刀"式战斗机后，"蚊蚋"式战斗机急跃升爬，

迎战"佩刀"。这是一个典型的引诱截击计划，格雷埃内少校的目的就是要把巴军的"佩刀"式战斗机给诱出来，然后加以击落，为印军重新树立与"佩刀"较量的勇气。

9月3日07点00分，引诱截击任务开始。4架"神秘"式战斗机从帕坦科特机场起飞，以1500英尺高度先往北朝阿克努尔大桥飞，然后左转飞往查木布。不出格雷埃内所料，巴基斯坦方面的雷达站迅速发现了这批"神秘"式战斗机的踪迹，并引导执行战斗空中巡逻任务（CAP）的"佩刀"式战斗机和星战斗机前往截击。印度方面的阿姆利则雷达站很快捕捉到了6架"佩刀"式战斗机和2架星战斗机正急速朝"神秘"式编队扑来的轨迹。显然，巴基斯坦方面的雷达没有发现在"神秘"式编队背后以4指队形、离地不足300英尺高度飞行的4架"蚊蚋"式战斗机。格雷埃内正是这个4机小队的长机，在他的小队后方是特雷沃尔·凯埃洛尔（Trevor Keelor）率领的另4架"蚊纳"式战斗机，高度仅100英尺。事态正向格雷埃内预想的那样发展，"佩刀"式战斗机落入了他设下的圈套。一切就看"蚊蚋"式战斗机的表现了。

进入战场上空，"神秘"式编队向右大转弯从低矮的群山上空飞过，甚至还在"蚊蚋"式战斗机群仍在低空高速飞行时就从其眼前消失。"神秘"式战斗机离开时，格雷埃内少校率全队大角度爬升（或叫急跃升）到3000英尺，凯埃洛尔小队负责掩护他们两侧。凯埃洛尔首先发现1架"佩刀"式战斗机试图从5000英尺上空扑向格雷埃内小队。格雷埃内马上率小队转了一个弯，"佩刀"式战斗机也如法炮制做了这个动作，试图紧紧咬住穆尔德什瓦尔（Murdeshwar）的尾巴。帕塔尼亚（Pathania）马上警告穆尔德什瓦尔

"佩刀"扑过来了。格雷埃内呼叫全队进行规避机动，可当"蚊蚋"式小队向左大转弯规避的时候，3号机飞行员希肯德却往相反的方向转弯，结果和主队脱离。

与此同时，凯埃洛尔也率领自己的小队不断机动紧紧跟着转弯的"佩刀"式战斗机。他不得不一直踩着减速板，在减速的状态下小半径急转弯咬在佩刀背后。可"蚊蚋"式战斗机缺少一个独立的减速板，他只能把起落架放到半开状态以提高减速效能。完成转弯动作后，凯埃洛尔发现"佩刀"式战斗机就在正前方，他猛推油杆快速接近了夹在格雷埃内小队和凯埃洛尔小队之间的敌机，从大约450米处，凯埃洛尔用他的两挺30毫米航炮朝目标开火射击，一直打到快200米的距离。不一会儿，"佩刀"式战斗机右翼断裂，一个侧翻失控下坠。这样，凯埃洛尔成了印度空军中第一个在空战中击落喷气式战斗机的飞行员。遗憾的是，这个战绩不是真实的，巴基斯坦空军在9月3日没有损失任何飞机。倒是印度空军出击的8架"蚊蚋"式战斗机中的1架（飞行员：希肯德少校）因为汽油耗尽，在慌乱中竟然在巴基斯坦境内的帕斯路尔（Pasrur）机场降落，最后连人带机被巴军缴获。

虽然第一次没有成效，但引诱战法在第二天却获得了成功。9月4日15点15分，印度空军第23中队的"蚊蚋"式战斗机继续起飞执行任务。格雷埃内少校照例率一个小队出击。本来预定要和担任诱敌任务的"神秘"式战斗机在查木布上空会合，可当"蚊纳"式战斗机小队飞抵查木布上空时，没有发现"神秘"式战斗机的踪迹，却碰上了4架正在攻击印军阵地的F-86F"佩刀"式战斗机。

4架"佩刀"式战斗机绕圈飞行，轮番

▲ 在朝鲜战场初露锋芒的F-86F"佩刀"战斗机，到印巴战场依旧活跃，甚至给印度空军制造了一场"'佩刀'恐惧症"

（俯冲）下去攻击印军阵地。格雷埃内打出信号，示意"蚊蚋"式战斗机切入"佩刀"战斗机的圈圈。刚一解散队形，4架"蚊蚋"式战斗机就扑到"佩刀"式的尾巴。格雷埃内锁定了第一架"佩刀"式战斗机，但却发现自己相对目标航迹仰角过大只得脱离。紧跟着格雷埃内的穆尔德什瓦尔获得了良好的攻击位置，他迅速咬住目标，用陀螺瞄准器牢牢套住了目标，并按下射击电门，可30毫米航炮打了一发炮弹就哑巴了。此时的"蚊蚋"式战斗机还是问题重重，其中一项就是航炮卡弹问题。格雷埃内和穆尔德什瓦尔连续两次浪费机会后，帕塔尼亚却把握住了机会。当1架"佩刀"式战斗机转弯脱离，朝阿克努尔方向飞去时，帕塔尼亚追了上去，用航炮连续打了3个点射。中弹的"佩刀"式战斗机开始冒烟，坠落在阿克努尔附近。击落目标后，帕塔尼亚马上报告并肯定对方飞行员已经跳伞逃生。这个报告得到了巴基斯坦方面的证实，当天被击落的是 N. M. 布托

上尉的"佩刀"式战斗机。在飞机坠落的同时，他从座舱里弹射逃生，后被1架直升机救走，避免了被俘。

在第23中队的"蚊蚋"式战斗机获得胜利的同时，同样驻帕坦科特机场的印度空军第28中队的2架米格–21也不甘示弱。他们在当天执行战斗空中巡逻任务时，追杀了2架 F-86F"佩刀"式战斗机。参战的印军米格–21飞行员沃尔伦回忆道：

"9月4日的下午，穆克赫尔杰埃少校和我一起执行一次高空掩护任务，支援'神秘'式战斗机群攻击巴基斯坦陆军的进攻部队。'神秘'式战斗机群遭到了'佩刀'式战斗机群的拦截。护航的'蚊纳'式战斗机和'佩刀'式战斗机进行着缠斗。无线电中充斥着兴奋的呼喊声，特别是一名'蚊纳'式战斗机飞行员报告击落了1架'佩刀'式战斗机。空战就在我们下面展开，可引导我们作战的地面指挥所却没能在他们的雷达屏幕上发现任何目标。

我决定进入'沙场'并向东飞去。几秒钟的功夫，我就发现一些飞机在我们西面大约 10000 英尺高度进行转弯格斗（turning-combat）。我俯冲下去，靠近两架向左急转弯的飞机。当距离拉近到 1.5 公里时，我们认出这些飞机就是我们的'神秘'式。当我们转过弯，却发现 2 架佩刀式战斗机，几乎是并肩从左往右，自我们的前下方飞过。我赶紧右转通知穆克赫尔杰埃。

我截住了一架正往西北飞，速度非常慢的 1 点钟方向的'佩刀'式战斗机。我朝右侧一架稍稍落在后面的'佩刀'式战斗机扑了过去。不久，我才得知穆克赫尔杰埃少校在我做剧烈转弯动作时跟丢了我。空中格斗时戴着抗压帽／面罩是很糟糕的一件事。

在良好的高速和小角度俯冲下，我在 1200 米发射了一枚导弹，目送导弹飞出；由于太靠近地面雷达没法提供（坐标）参数。导弹高速扑向佩刀，在它下面爆炸；也许可能是在它前方地面爆炸。兴奋中，我又在离地面极近的高度（90 米）又发射了第二枚导弹。射出 0.6 秒后，K-13 导弹失去导控。这一次，导弹一头扎了下去，落在了距我前面不远的地面。

我开始加大马力，迅速靠到'佩刀'身边，呼啸着从它上方 6 米擦过。这个动作自然把巴基斯坦飞行员给吓坏了。我呼叫穆克赫尔杰埃去打第二架'佩刀'，但没有得到回应。接着我们在查谟机场上空会合，共同返回了帕坦科特机场。"

在这次空战中差点被击落的巴基斯坦空军 F-86F"佩刀"式飞行员穆尼鲁丁·艾哈迈德（Muniruddin Ahmed）少校惊魂未定。他在无线电中给地面指挥所报告情况时结结巴巴地说："真真真真主，他就要打中我了。"

沃尔伦着地后，第一件事就是大声疾呼："给我一门航炮，只要 1 门航炮就够了！"这个战例确实反映了早期驾驶米格-21 的无奈，没有航炮只靠红外热寻的 AA-2 导弹对 F-86F 真的是无可奈何。

9 月 5 日，印度空军的"神秘"式、"吸血鬼"式、"蚊蚋"式和"猎人"式战斗机没能再现昨日的辉煌。这一天，对双方战斗机飞行员来说，都过得平淡无奇。唯一的亮点是印度空军第 106 侦察照相中队（全中队共 4 架 RB-57）的贾德·莫汉·纳特（Jag Mohan Nath）少校驾驶一架 RB-57（"堪培拉"轰炸机的侦察型号）在没有任何护航的情况下勇闯巴基斯坦领空，获得了宝贵的敌情动态。为了表彰贾德·莫汉·纳特少校的勇敢精神，印度空军特地授予他一枚大勇士查拉克勋章。

这样，在头 5 天的空战结束时，巴基斯坦空军在空战中以仅仅损失 1 架 F-86F"佩刀"式战斗机的成绩，遥遥领先印度空军。不过，查木布方向的战斗仅仅是开始而已。随着印军在拉合尔方向展开攻击，印巴双方全面空中战争的序幕也拉开了！

蓝天鏖战

虽然印度陆军第 11 军在 9 月 6 日跨过边界，大举进攻伊乔吉尔运河。在这么大规模的进攻战役面前，印度空军的表现却乏善可陈。他们接到的命令仅仅是要攻击诸如巴基斯坦陆军的各级指挥所、雷达站。要进攻没问题，可情报却少得可怜，而且印度空军战机往往在飞临指定地点时没有发现任何目标，只能黯然返航。当时，印度空军为什么不在陆军跨过边界大规模进攻的同时，大举进攻巴基斯坦机场呢？这个问题至今没有答案。不过，帕坦科特基地在 9 月 6 日收到的指示是："除非我们遭到攻击，否则不准进攻巴基斯坦机场。"紧挨拉合尔方向的印度旁遮普邦境内各个基地也收到了类似命令。由于这个莫名其妙的命令，或者说是印度总理巴哈杜尔·夏斯特里的决策，让印度空军浪费了将巴基斯坦空军一举压住在地面的绝好良机。

不过，没攻打巴基斯坦境内机场，并不代表印度空军就无所作为。当天，驻阿丹普尔（Adampur）机场的印度空军第 1 中队（共 15 架"神秘"式战斗机和 17 名飞行员）在中队长塔内亚（Taneja）中校的率领下，以挂载火箭吊舱和副油箱的一个"神秘"式战斗机小队升空出击。

飞抵指定目标区后，塔内亚发现下面根本没有所谓的"巴军某级指挥中心"，可他们又不甘心就这样放弃任务返航。塔内亚决定再找找其他目标。飞近拉赫瓦里时，塔内亚发现一节火车驶入哈克凯尔站。注意到列车满载的油罐后，塔内亚少校下令小队展开攻击。当 3 架"神秘"式相继对目标射出火箭弹时，埃阿尔勒的"神秘"式战斗机的火箭吊舱却出了问题，刚刚射弹，吊舱就摔了出去。

"神秘"式战斗机小队迅速摧毁了这节火车和铁轨。当他们正忙于攻击的时候，哈克凯尔火车站急忙向巴基斯坦空军防空指挥中心求救。沙凯沙尔（Sakesar）地面指挥所马上命令巴基斯坦空军第 9 中队的 2 架执行拂晓巡逻任务的 F-104A"星"式战斗机寻歼印军的"神秘"式战斗机。接到命令，长机飞行员阿夫塔布·阿拉姆·汗（Aftab Alam Khan）上尉和僚机飞行员阿姆贾德·侯赛因·汗（Amjad Hussain Khan）上尉正驾驶着他们的星战斗机，在 15000 英尺的高度执行战斗空中巡逻任务。当阿拉姆·汗上尉驾驶星战斗机扑下去寻猎"神秘"式战斗机的同时，他指示侯赛因继续保持高度。扑到低空后，阿拉姆·汗发现了塔内亚少校的小队，并迅速机动咬到他们的背后。

"神秘"式小队也没有坐以待毙。埃阿尔勒首先发现扑过来的星战斗机并马上发出警告。"神秘"式战斗机小队赶紧脱离，下降到树梢高度朝机场返航。以 450 节的航速和树梢高度飞行，是"神秘"式战斗机在目视范围内发现敌机并遭到攻击的困难情况下，所进行的标准逃脱程序。这个程序利用的就是从较高高度俯冲下来的对方战斗机不好把握树梢高度，一旦误判高度就很容易撞地爆炸。另外，在树梢高度，星战斗机无论是航炮还是 GAR-8"响尾蛇"导弹都派不上用场。当时，红外热寻导弹容易受到来自地面的红外辐射信号干扰而丢掉敌机发动机的红外特征信号。就算是航炮攻击也是有相当难度的，需要进攻方的飞行员需要高度集中注意力。稍有错误都可能造成机毁人亡的事故。第 1 中队从进驻卡拉昆达机场起，就一再勤奋地进行低空飞行训练，并把贴地飞行速度从 200 节提高到 350 节。以这个低空大速度逃脱，

▲ 一代名机——F-86F"佩刀"

足以给攻击者带来巨大的困难。

阿夫塔布·阿拉姆·汗上尉紧追着"神秘"式战斗机小队急剧降低高度，虽然跟丢了塔内亚小分队，但还是发现了殿后的埃阿尔勒（Earle）分队。他打开加力装置进入攻击位置，先是把一架"神秘"式战斗机稳稳套进瞄准环，很快耳边就响起了目标锁定警示器发出的响声，随即发射了一枚"响尾蛇"导弹。他按下发射按钮后朝机翼方向看，确认导弹是否发射出去，但是他太心急，导弹发射的闪光令他短暂致盲。尽管如此，他还是下意识地拉杆，让星战斗机急跃升爬高。虽然阿拉姆·汗没有亲眼看见"响尾蛇"导弹击中目标，但巴基斯坦陆军某个单位还是证实了 1 架"神秘"式战斗机被击落，坠落在拉赫瓦里空军基地附近。

实际上，阿拉姆·汗上尉并没有能够击落"神秘"式战斗机。看到星战斗机出现在身后，埃阿尔勒赶紧抛弃副油箱。显然，巴基斯坦陆军某单位看到的坠地爆炸物是埃阿尔勒的副邮箱。抛弃副油箱的埃阿尔勒上尉最终在帕坦科特机场着陆，而剩下的"神秘"式战斗机则在塔内亚少校率领下安返阿丹普尔机场。

经过加油，埃阿尔勒上尉从帕坦科特机场返回了阿丹普尔机场。然而，迎接这位侥幸归来的飞行员的不是表扬，而是一顿臭骂。塔内亚对埃阿尔勒上尉抛弃副油箱的做法提出严厉警告。塔内亚说如果每次遇到敌机都要抛弃副油箱的话，那么第 1 中队还没等战争结束就因副油箱而趴窝了。为了禁止这类事件重演，塔内亚规定无论遇到什么情况，全中队都绝对禁止抛弃副油箱，哪怕是咬住敌机占据有利位置或者被敌机咬住这种特殊的情况也绝不能违反这条规定。

▲ 巴基斯坦空军的 F-86F "佩刀"战斗机群，在战争中发挥了决定性的作用

与此同时，驻哈尔瓦拉机场第 7 中队的 F-74 "猎人"式战斗机也开始频频出击，进行对地支援。和第 1 中队（老虎中队）一样，印度空军第 7 中队的 F-74 "猎人"式战斗机也加挂了副油箱和 T-10 火箭弹吊舱。

其中，T-10 火箭弹是印度空军在 1965 年进行对地攻击的利器。这款火箭弹战斗部有两种，一是高爆战斗部，另一种是专门用于攻打坦克和摧毁掩体工事的空心装药战斗部。由于不清楚会遇到什么类型的目标，第 7 中队长扎切里阿赫（Zachariah）命令所有出航的 F-74 "猎人"式战斗机在左右两翼各挂一枚不同战斗部的 T-10 航空火箭弹。为了保障第 7 中队能在 9 月 6 日出击，地勤人员只得加班加点进行加油挂弹，以及给"猎人"式战斗机配火箭弹滑轨。

9 月 6 日清晨，印度空军第 7 中队的 F-74 "猎人"式战斗机群突入巴基斯坦领空，开始执行他们的第一次越境打击作战。在扎切里阿赫中校的率领下，4 架 F-74 "猎人"式战斗机呼啸升空，目的地是拉合尔—卡苏尔地区。然而，当他们飞抵卡苏尔火车站后，却没有发现任何值得攻击的目标。为了"不枉此行"，他们只得把火箭弹统统打掉。

正当他们返航的时候，巴基斯坦空军的 1 架 F-104A"星"式战斗机却以低空高速从哈尔瓦拉（Halwara）机场掠过，这是巴基斯坦空军的 1 架侦察机，任务是要查明哈尔瓦拉机场的印度空军部署情况，为当晚的空袭做好准备，大幕即将掀开。

大空袭

在支援地面作战和保卫机场的同时，巴基斯坦空军司令努尔·汗少将决定对印度空军西部主要空军基地群进行突袭。9 月 6 日 11 点 00 分，努尔·汗下达了进攻命令：

1. 萨戈达机场出动 8 架 F-86F 对阿丹普尔机场实施突袭。

2. 萨戈达机场出动 8 架 F-86F 对哈尔瓦拉机场实施突袭。

3. 萨戈达机场出动 4 架 T-33 对费罗兹普尔雷达站实施突袭。

4. 萨戈达机场出动 6 架 F-86F 和 1 架电子侦察机对阿姆利则雷达站实施突袭。

5. 白沙瓦机场出动 8 架 F-86F 对帕坦科特机场和斯利那加机场实施突袭。

6. 毛里普尔机场出动 8 架 F-86F 和 12 架轰炸机对贾姆纳加尔实施突袭。

7. 毛里普尔机场出动 4 架 T-33 对波尔班达尔雷达站实施突袭。

根据努尔·汗少将的命令，出击的机群务必要在 9 月 6 日 17 点 05 分抵达各个目标上空。也就是说突然袭击要想取得胜利，就需要高度的协同和精确的时间安排才能实现同时对各个目标空袭的意图。

可是，努尔·汗少将计划是美好的，实施起来却出了问题。萨戈达机场基地司令马苏德认为，从该基地给拉合尔方向增派了 1 个中队的 F-86F"佩刀"式战斗机后，目前

兵力不够用。他要求努尔·汗少将把进攻时间推迟 48 小时。努尔·汗少将经过认真考虑后，没有答应马苏德的意见，下令空袭行动按时进行。在他看来，空袭行动并不只有萨戈达机场的 F-86F"佩刀"式战斗机群参加，白沙瓦机场的 F-86F"佩刀"式战斗机群和毛利普尔的 T-33，以及 2 个中队的 B-57 轰炸机都做好了战斗准备。箭在弦上，不得不发！下午 4 点 30 分，巴基斯坦空军第 19 中队的 8 架 F-86F"佩刀"式战斗机呼啸升空，扑向帕坦科特机场，大空袭将从这里开始。

在帕坦科特机场，当地航站指挥官罗申·苏里（Roshan Suri）刚刚参加完印度空军召开的各航站指挥官会议。他向驻帕坦科特机场的各个中队长简要介绍了印军第 11 军越过边界作战的情况，然后再次对各个中队长强调，一定要攻击上头规定的目标，禁止攻击巴基斯坦空军基地群。然而，印度人轻敌了，他们只顾着攻击对方地面部队，丝毫没有想到会遭到巴基斯坦空军的奇袭。当 8 架 F-86F"佩刀"式战斗机杀到帕坦科特机场上空时，印度空军一下子措手不及，既没有让"蚊蚋"式战斗机升空，也没有把米格 -21 放飞。结果，巴基斯坦空军第 19 中队的 F-86F 在几乎是无遮无拦的情况下冲了下来，肆意俯冲扫射。在 F-86F 的轮番轰炸下，帕坦科特机场爆炸声此起彼伏。

当 F-86F"佩刀"式战斗机群离去时，帕坦科特机场一片狼藉。这次空袭是百分之一百的成功：印度空军被炸毁 6 架"神秘"式战斗机（4 架 3 中队、2 架 31 中队）、1 架"蚊蚋"式战斗机、1 架 C-119"邮船"运输机和 2 架米格 -21，还有 3 架飞机被炸毁。唯一的幸事就是无人死亡。这次空袭是印度空军历史上最大的耻辱。不过，帕坦科特机场之战的胜利并不代表阿丹普尔和哈尔瓦拉的任务

▲ 米格 -21 虽然是一款优秀的歼击机，但在 1965 年的印巴战争中由于 AA-2 红外制导空空导弹容易受地面红外杂波干扰而效能不佳。在没有立下任何战功的情况下，就在地面遭到巴基斯坦空军的 F-86F "佩刀" 式战斗机和 B-57 轰炸机的屠戮

就能轻松完成。围绕这两个机场，印巴双方战斗机展开了激烈的格斗战。

按照努尔·汗的计划，进攻阿丹普尔机场和哈尔瓦拉机场各出动 8 架 F-86F "佩刀" 式战斗机，要分兵支援拉合尔方向，实际进攻这 2 个机场的 F-86F 只能各凑 3 架。其中，出击阿丹普尔机场的 3 架 F-86F "佩刀" 式战斗机飞行员分别是萨阿德·哈蒂米（Saad Hatmi）上尉、阿拉姆少校和阿尔劳德丁（Allauddin）·艾哈迈德少校。由于准备仓促，他们在起飞时已经比帕坦科特空袭晚了 50 分钟，结果丧失了奇袭因素。

就在阿拉姆少校率巴基斯坦空军第 11 中队的 3 架 F-86F "佩刀" 式战斗机赶往阿丹普尔机场的同时，印度空军第 7 中队也派出 4 架 "猎人" 式战斗机执行当天第 4 次攻击

任务，目标是塔兰塔兰地区。这 4 架 "猎人" 式战斗机的飞行员分别是扎埃哈里亚赫中校、A. K. 拉沃尔莱伊少校、M. M. 辛哈（Sinha）少校和 S. K. 夏尔马（Sharma）上尉。他们刚刚飞抵塔兰塔兰地区，眼睛锐利的扎埃哈里亚赫中校就发现了往阿丹普尔机场飞去的 3 架 F-86F "佩刀" 式战斗机。

这时，"佩刀" 式战斗机群也发现了 "猎人" 式战斗机，他们迅速抛弃副油箱并爬升迎敌。在接下来双方进行的低空缠斗中，拉沃尔莱伊（Rawlley）少校发现 1 架 "佩刀" 式战斗机咬上了自己的尾巴，赶紧进行规避动作，在转完 270 度后一头撞地（爆炸）。造成这个悲剧的原因很可能是拉沃尔莱伊少校在急转弯下降时误判了自己的高度，没有注意到在仅距地面 200 英尺的高度上做这种急转弯

下降稍有不慎就会触地爆炸。与此同时，希尔杰哈和扎埃哈里亚赫（Zaehariah）对"佩刀"式战斗机进行了大偏转角射击，但全部脱靶。看到"猎人"式战斗机掉头迎战，巴军第11中队长机阿拉姆少校呼叫两个僚机飞行员，下令取消对阿丹普尔机场进攻，全力以赴和印军"猎人"式战斗机进行格斗。在空战中，阿拉姆少校宣称击落了2架"猎人"式战斗，巴基斯坦空军也承认了这个战绩。不过，印军第7中队实际损失的只有一架飞机，而且还不是被击落的，而是飞行员自己操作失误导致坠毁的。

当阿拉姆少校返航时，正巧碰上由萨尔夫拉兹·艾哈迈德·拉菲库埃少校率领的第5中队3架F-86F"佩刀"式战斗机小队，他们的任务要去突袭哈尔瓦拉机场（Halwara）。阿拉姆警告S. A.拉菲库埃少校，7中队的"猎人"式战斗机群已经提高了警惕，袭击哈尔瓦拉机场要小心为上。拉菲库埃少校曾在9月1日于查木布上空击落了印度空军第45中队的2架"吸血鬼"式战斗机。虽然阿拉姆好心警告，但拉菲库埃少校仍决定勇闯龙潭虎穴。

与此同时，扎埃哈里亚赫中校也开始返航。期间，扎埃哈里亚赫中校向基地报告了拉沃尔莱伊被击落的消息，并示意基地要提高警惕防范空袭。当扎埃哈里亚赫和两架僚机在哈尔瓦拉机场着陆并滑行返回他们疏散区时，S. A.拉菲库埃少校率领的巴基斯坦空军第5中队的3架F-86F"佩刀"式战斗机突然杀到哈尔瓦拉机场上空，用航炮猛扫机场。地面响起了凄厉的空袭警报声，高射炮开始怒吼，整个天空布满高射炮弹爆炸的硝烟。地勤人员跳进了堑壕里。他们并不担心"佩刀"式战斗机会攻击他们，因为机场上空还

▲ 英国霍克公司生产的"猎人"式战斗机，是一款优秀的战斗/攻击飞机，在哈尔瓦拉机场防卫战斗中有着不俗的表现

有两架正在执行战斗空中巡逻任务的"猎人"式战斗机。

事实的确如此。印度空军第7中队的平贾勒（Pingale）中尉和根迪（Ghandhi）中尉分别驾驶1架"猎人"式战斗机在哈尔瓦拉机场上空实施警戒，他们在掩护另一支"猎人"式战斗机小队着陆后，自己也开始向左转弯，准备进场着陆。当他们刚刚从机场南部边缘上空掠过时，拉菲库埃少校的"佩刀"三机对他们下手了。

平贾勒首先听到了机枪射击声，这是很不寻常的。头戴抗压帽坐在一架"猎人"式战斗机座舱里面是很难听到外面的炮火或是各种声响的，除非声源离得很近了。他往左面瞥了一眼，吓得心脏差点跳出来。他看到自己的僚机飞行员根迪仍在200米外保持阵位，可拉菲库埃的"佩刀"式战斗机却插到根迪和他的位置之间，占据有利位置并用6挺勃朗宁机枪猛打他的"猎人"。正当"佩刀"式战斗机呼啸掠过的时候，平贾勒（赶紧）转弯试图脱离。可他的操控系统不灵了，座舱里也充满了浓烟。他将"猎人"式战斗机平飞，并上推弹射手柄。过了一会儿，好似过了一辈子似的，座椅弹射器将平贾勒弹出"猎人"。在离地仅100英尺的天空，平贾勒才开伞不久就在机场外落地。

与此同时，根迪的"猎人"式战斗机也被拉菲库埃少校的 3 号机飞行员切奇尔·乔德哈里（Cecil Chaudhary）上尉连连命中并严重受损。当根迪（Ghandhi）迅速瞄了一眼周围形势，他可以看到拉菲库埃的"佩刀"正朝平贾勒射击，平贾勒飞行员很快就弹射逃生了。尽管他的"猎人"式战斗机已受重创，根迪还是机动到 1 架"佩刀"式战斗机背后，在直射距离开火射击。虽然没有准确瞄准就开火，但"猎人"式战斗机的 4 挺 30 毫米航炮 54 英尺弹着散布带还是击中了"佩刀"式战斗机。根迪发现"佩刀"负伤了，在 150 英尺的高度拖着浓烟下坠。

与此同时，根迪尾后的"佩刀"式战斗机（应该是切奇尔·乔德哈里上尉驾驶）又进一步打中了根迪的飞机。当"猎人"式战斗机在 150 英尺高度懒洋洋地向右侧翻滚时，根迪也弹向天空，最终在哈尔瓦拉机场外着陆。接地时，他的脚踝扭断了，被紧急送往德里军医院救治。

尽管连续击落了 2 架"猎人"式战斗机，可战斗并没有结束。当印度空军第 27 中队的 2 架"猎人"式战斗机赶来救援时，"佩刀"式战斗机群仍在继续扫射哈尔瓦拉机场。27 中队的 D. N. 拉托雷（Rathore）上尉和 V. K. 内布（Neb）中尉，是在哈尔瓦拉机场北面执行战斗空中巡逻任务的另一支"猎人"双机分队。赶到哈尔瓦拉机场上空时，他们发现 2 架"佩刀"式战斗机正进入扫射航路。分队长机飞行员拉托雷迅速咬住了一架进入扫射航路的"佩刀"式战斗机，并在 500 米的距离用航炮击中了目标。中弹的"佩刀"式开始往左倾斜，接着一头扎向地面，离机场约 6 英里坠地爆成一团火球。

这时，第 2 架"佩刀"式战斗机放弃攻击，并大角度跃升争取高度。拉托雷的 2 号机飞行员内布中尉在此前没有受过任何空对空射击训练，此时还是一名正在进行作战训练的菜鸟。他追上去飞到快 100 米处，在几乎是直射的距离进行射击。4 挺 30 毫米航炮齐射（效果）是毁灭性的。一股浓烟从"佩刀"式战斗机中涌出，很快整架飞机就炸成了一团火球。

当"佩刀"式战斗机爆炸的残骸碎片纷纷扬扬落地时，印度空军第 27 中队的 2 架"猎人"式战斗机终于可以安返基地。这次哈尔瓦拉机场保卫战中，印度空军"猎人"式战斗机宣称击落 3 架"佩刀"式战斗机，令整个机场的作战人员士气大振。在取得胜利的同时，印度空军第 7 中队的 2 架"猎人"式战斗机也被击落，不过根迪和平贾勒双双在弹射后安全着陆。战斗结束后，印度空军找到了 2 架 F-86F"佩刀"式战斗机残骸，还有巴基斯坦空军第 5 中队飞行员拉菲库埃少校和尤努斯（Yunus）上尉的遗体。印军在搜缴了文件和（飞行员）识别卡后，礼葬了两位巴军飞行员。

内布击落巴军尤努斯上尉的"佩刀"式战斗机的战绩没有疑问，可究竟是谁击落了拉菲库埃少校和他的飞机呢？是根迪还是拉托雷？按照拉托雷的说法，他目睹被自己击中的"猎物"坠毁在机场 6 英里处，这和拉菲库埃少校的坠机点吻合。显然，击落拉菲库埃的功劳非拉托雷莫属。不过，击落第 3 架"佩刀"式战斗机的战绩就是子乌虚有了。巴基斯坦空军第 5 中队共 3 架 F86"佩刀"式战斗机参战，最后一架在 3 号机飞行员切奇尔·乔德哈里上尉的驾驶下，安全回到了萨戈达机场。他着陆时，油箱几乎是滴油不剩。为了纪念在这次空战中英勇牺牲的巴基斯坦杰出飞行员拉菲库埃，巴基斯坦空军特地把绍尔科特（Shorkot）机场命名为拉菲库埃机场。

至此，巴基斯坦空军的 F-86F"佩刀"式战斗机群对帕坦科特机场、哈尔瓦拉机场和阿丹普尔机场的空袭结束了。除了对帕坦科特机场空袭获得了百分之百的成功外，对哈尔瓦拉机场和阿丹普尔机场的空袭都以失败告终，"佩刀"式战斗机和"猎人"式战斗机空战交换比是 2∶3。虽然进攻没有获得全胜，可巴基斯坦空军并不甘心。努尔·汗少将决定在当夜出动 B-57 轰炸机，再对帕坦科特机场、贾姆纳加尔机场和阿丹普尔机场实施突击，最大限度削弱印度空军的战斗力。

除了对帕坦科特、哈尔瓦拉和阿丹普尔机场进行空袭外，巴基斯坦空军还出动 RB-57 在 F-86F"佩刀"式战斗机的伴随下出击阿姆利则雷达站，试图一鼓作气打掉这个雷达站。然而，阿姆利则之行诸事不顺。先是第一架 RB-57 因设备故障提前返航，第二架 RB-57 飞到阿姆利则上空后遭到印军地面密集防空火力拦阻，1 具引擎被打坏。伴随 RB-57 的 F-86F"佩刀"式战斗机没法锁定雷达站位置，空袭任务只得放弃。同样，巴基斯坦空军的 2 架 T-33 教练机前往攻击费罗泽普尔雷达站，也没能发现目标位置，只能放弃任务返航。

随着夜幕降临，好戏即将上演。根据努尔·汗少将的计划，巴基斯坦空军第 31 轰炸机联队所属的 7、8 两个中队（合计装备 25 架 B-57 轰炸机）要全面出击——从毛里普尔（Mauripur）出击的 B-57 负责轰炸贾姆纳加尔（Jamnagar），从白沙瓦机场出击的 B-57 负责攻击帕坦科特机场、阿丹普尔机场机场。当晚出击的每架 B-57 的炸弹舱里要装载 4 枚 1000 磅炸弹，两翼挂架各带 4 枚 750 磅炸弹，合计单机载弹量 7000 磅（超出正常载弹起飞

量，但也不是全部出击的 B-57 都挂载炸弹，部分 B-57 挂的是 56 枚航空火箭弹）。除了超出规定的载弹量外，每架 B-57 机翼的 4 门 20 毫米航炮还备弹 800 发。按照规定，当晚每 4 架 B-57 为一个小队，各机组间隔 5 分钟顺次起飞，在空中完成编队后，各小队分别扑向各自目标。

负责突击阿丹普尔机场的是巴基斯坦空军第 31 轰炸机联队 7 中队的 4 架 B-57 轰炸机。当 B-57 飞抵机场时，阿丹普尔机场正打算放飞 2 架米格-21 歼击机（飞行员分别是梅赫拉少校和达斯上尉）。当两位飞行员走向停机坪的时候，B-57 咆哮着出现在他们的头顶上。为了准备让米格-21 起飞，机场跑道两侧的导航灯都还亮着。再也没有比这更好的机会了，B-57 的飞行员们毫不犹豫进入了轰炸航路。

落下的炸弹正好将停机坪开阔地上的梅赫拉和达斯"逮个正着"。为了逃命，两人穿着笨重的飞行服双双跳到附近一个大水池里。他们的生命保住了，可两架米格-21 却遭了殃，双双被 B-57 投下的炸弹击中。1 架米格-21 被炸毁，另一架受损。连同帕坦科特机场被炸毁的 2 架米格-21 在内，印度空军第 28 中队在一天之内就被巴基斯坦空军炸毁了 3 架米格-21（全毁），还有一架被炸损，相当于三分之一的力量（当时的印度空军共有 12 架米格-21）被摧毁。B-57 的这次空袭，给阿丹普尔的印军"神秘"式战斗机飞行员们留下了深刻的印象。在钦佩 B-57 飞行员精湛的技术的同时，"神秘"式战斗机飞行员们也给对方 B-57 飞行员起了一个漂亮的绰号——"8-掠袭的查理"。

从毛里普尔机场出击的是巴基斯坦空军第 31 轰炸机联队 8 中队的 2 个小队，共 8 架 B-57 轰炸机。在布满浓云的夜幕里，2 个 B-57

▲ 活跃在 1965 年印巴战场上的 B-57 轰炸机，它们参加了对阿丹普尔机场的空袭，炸毁了 1 架米格 -21 歼击机。同时，也有 1 架 B-57 轰炸机被印军高射炮击落

小队以门德维（Mandvi）灯塔为导航参考地表，顺利飞抵贾姆纳加尔（Jamnagar）机场（两地相距约 4 分钟航程）。接着，B-57 轰炸机群先投下炸弹，后对机场发射火箭弹，再返回毛里普尔机场加油装弹后对贾姆纳加尔机场进行第二次空袭。连续两次轰炸给贾姆纳加尔机场造成了不小损失，至少 4 架"吸血鬼"式战斗机被炸坏。虽然 B-57 空袭再次获得了胜利，可 8 中队却没能全身而退。

当时，巴基斯坦空军对 B-57 轰炸机使用的标准战术是双机分队实施轰炸：一架负责往机场投照明弹标识位置，第二架负责轰炸机场。当 8 中队前 3 组分队都圆满完成照明标识与轰炸任务后，第 4 组 B-57 进入攻击时在配合上出了岔子。第 4 组只有负责投下照明弹标识位置的 B-57 突入机场跑道上空，却不见第二架 B-57 跟进投弹。配合失当就算了，这架 B-57 飞行员可能被自己投下的照明弹强光弄得暂时失明，结果在驾驶 B-57 轰炸机突破了印军地面高射炮火力网后，突然失控坠毁在贾姆纳加尔机场外。印军在检查飞机残骸时，发现了飞行员夏布比尔·阿拉姆·希德迪库埃（Shabbir Alam Siddique）少校和领航员阿斯拉姆·库雷什（Aslam Qureshi）少

校的遗体，并搜出了夏布比尔·阿拉姆·希德迪库埃少校的笔记本／日记。里面记载了巴基斯坦空军从 1965 年 3 月开始就积极备战，并自 4 月起针对印度空军各个机场目标进行反复演练。

除了对阿丹普尔机场和贾姆纳加尔机场空袭外，巴基斯坦空军第 7 中队的 2 个小队（其中 1 架因机械故障中途返航）也从白沙瓦机场起飞，目标是突击帕坦科特机场。然而，他们没能在夜间发现帕坦科特机场，只得放弃任务掉头返航。

尽管如此，努尔·汗少将设计的下午出动 F-86F 结合晚上 B-57 空袭的计划仍然取得了很大的胜利，他们一共将印军 11 架战机炸毁于地面，炸伤 8 架，空中击落 3 架，自己仅损失 2 架 F-86F "佩刀"式战斗机和 1 架 B-57 轰炸机。无论从哪个角度来看，巴基斯坦空军都是这次联合大空袭的胜利者。相反，印度空军因为损失太大，特别是宝贵的米格 -21 还没有立下战功就损失了三分之一的力量，这是印度空军遭遇到的前所未有的奇耻大辱。为了避免进一步损失，印度空军把第 28 中队撤了下来。

除了联合大空袭外，巴基斯坦还对帕坦科特机场、阿丹普尔机场和哈尔瓦拉机场实施了伞降突袭，目的是继续加大对印军机场的破坏力度，求得在一天内最大限度打击印度空军。遗憾的是，这次突袭没有成功。巴基斯坦空军共投下 180 名别动伞兵，136 人成了俘虏，22 人战死，只有大约 20 人逃回了巴基斯坦。

巴基斯坦空军的攻击，虽然给以印军沉重的打击，但并不致命。面对巴基斯坦空军的先发制人，气愤难耐的印度空军决定还以颜色，马上组织了对巴基斯坦的空袭。

印度的还击

9月6日当晚，接到巴基斯坦空军接二连三攻击印度境内机场的消息后，印度空军驻阿格拉（Agra）机场的第5中队"堪培拉"式轰炸机群就在普雷姆·帕尔·辛格（Prem Pal Singh）中校和高塔姆（Gautam）少校（曾经参加过刚果维和，轰炸了加丹加省的刚果叛军基地）的率领下出击巴基斯坦空军基地——萨戈达。可在茫茫的夜色中，他们没法发现目标，只得朝疑似萨戈达机场周围地区扔下了炸弹。巴基斯坦空军紧急派F-104A"星"式战斗机起飞拦截入侵的"堪培拉"式轰炸机。幸好"堪培拉"轰炸机装有后视雷达，导致星战斗机没能拦住"堪培拉"轰炸机。

出击萨戈达的同时，印度空军第35中队的"堪培拉"式轰炸机还进攻了毛里普尔机场。遗憾的是，印军没能发现目标，只得把炸弹扔往海岸然后悻悻返航。巴基斯坦空军出动F-86F"佩刀"式战斗机拦截却没能抓住"堪培拉"，反而导致了他们无谓的损失——希肯德尔·阿扎姆中尉的F-86F从毛里普尔机场起飞后不久，就在卡拉奇附近坠毁。坠机原因至今不明。

在"堪培拉"轰炸机出击失败的同时，印度空军总部决定让阿丹普尔机场和哈尔瓦拉机场的"神秘"式战斗机、"猎人"式战斗机对巴基斯坦空军基地的萨戈达机场实施多波次突击，力求打掉巴基斯坦空军的作战

▲ 英国生产的著名轰炸机——"堪培拉"轰炸机，是印度空军的主力轰炸机

指挥中枢。印度空军总部赋予帕坦科特机群的任务是继续支援地面部队作战，不必参加对巴空袭。

根据计划，驻阿丹普尔机场的印度空军第 1 中队 12 架"神秘"式战斗机群在塔内亚中校的率领下，负责对萨戈达机场的第一波空袭。这 12 架飞机分成红色小队、粉色小队和白色小队，分别由塔内亚中校、沙图尔少校和亨达少校率领。其中红色小队和粉色小队挂 T-10 航空火箭弹（应该是空心装药战斗部），白色小队挂 1000 磅炸弹。"神秘"式战斗机挂载了沉重的炸弹和火箭弹，加上副油箱（特别注明一点，塔内亚中校曾强调副油箱的宝贵性，命令任何情况下包括被对手咬住尾巴都不能抛弃副油箱），在作战半径极限上实施空袭，一旦遇到机动性远超自己的"佩刀"式战斗机则必死无疑。（完全可以说，这次空袭是"自杀式"的攻击。）

9 月 7 日清晨 05 点 58 分，印度空军第 1 中队的 3 个小队相继飞临萨戈达机场空域。由于塔内亚中校巧妙率队以树梢高度飞行，依靠仪表和航位推算法导航，最大限度利用了巴基斯坦雷达盲区。直到距目标仅 5 分钟航程时，才被巴基斯坦雷达发现。于是，萨戈达机场和滞空执行战斗空中巡逻任务的战斗机都做好了准备。

当"神秘"式战斗机呼啸着临近时，萨戈达机场周围的 64 门高射炮开始对空射击，编织了一张防空火力网。由于印度空军的"堪培拉"式轰炸机曾在昨夜侵入过萨戈达周围空域，因此巴军对这次空袭可以说是早有准备。虽然接近了目标，也到了清晨，可萨戈达机场周围的光照条件依然不理想。塔内亚中校只得在萨戈机场附近先拉起飞机，然后对准机场俯冲下去。在认出停机坪上停放的

1 架大型四发运输机后，他果断发射火箭弹摧毁了这架飞机。接着他又注意到 1 架星战斗机和 3 架"佩刀"战斗机正准备起飞，马上打破无线电静默呼叫粉色小队前往攻击。然而，光照条件还是很差，沙图尔根本没法看到塔尼亚指示的目标，他们只得去攻击机场技术区的其他目标，包括机库和停放着飞机的拱形机堡。虽然粉色小队声称看到 1 架星战斗机在地面起火燃烧，但这个战绩没有得到巴基斯坦方面的证实。

完成攻击后，塔亚尼中校和德瓦伊亚少校一起结伴返航时突然遭到巴基斯坦空军第 9 中队的 1 架 F-104A "星"式战斗机（飞行员：侯赛因·汗上尉，带 2 枚"响尾蛇"导弹）的攻击。侯赛因·汗上尉遗憾地错过了昨天的空战，今天的机会他是绝对不会错过的。起飞追击后不久，侯赛因·汗上尉就在萨戈达 6 到 8 英里处发现了两架正朝东南方向飞行的"神秘"式战斗机。当时塔尼亚中校和德瓦伊亚少校正逐步下降到树梢高度，朝阿丹普尔机场方向返航。侯赛因·汗上尉认为立功的机会到了，他选择飞在侧后僚机位置的德瓦伊亚少校为攻击目标，很快追了上去。

不一会儿，侯赛因·汗上尉就咬住了"神秘"式战斗机的尾巴，并发射了两枚"响尾蛇"导弹，可两枚导弹都没有命中德瓦伊亚上尉的"神秘"式战斗机，双双扎进了地面。眼看 2 枚"响尾蛇"导弹全部没有命中，侯赛因·汗上尉只得打开发动机加力装置继续咬住德瓦伊亚上尉的"神秘"式战斗机，接着 6 门航炮齐射。目睹炮弹连连命中"神秘"式战斗机，判断目标快要完蛋了，侯赛因·汗上尉脱离攻击，又去搜寻第二架"猎物"。

可德瓦伊亚还活着，他的"神秘"式战斗机也还能继续飞行。摆在他面前的共有三

个选择，要么飞回基地，要么选择弹射跳伞，要么继续战斗。可萨戈达机场处在"神秘"式战斗机的作战半径的极限位置上，要确保安全返航就不能进行空战机动。即使是一次简单的规避机动都会消耗宝贵的汽油，甚至在对萨戈达机场的空袭行动中，"神秘"式战斗机也不准做任何闪避动作。有限的汽油迫使"神秘"式战斗机只能对萨戈达机场进行一次通场攻击。在汽油严重消耗的情况下，德瓦伊亚上尉确实面临着一个艰难的选择。他可以和星战斗机面对面厮杀，在这种情况下，即便他能活下来，剩余的油量也无法支持回程飞行了。当然，另一个选择就是祈祷别再碰上星战斗机，靠运气飞回阿丹普尔机场。可德瓦伊亚没有向命运低头，他勇敢地选择了留下来和星战斗机一起。

看到德瓦伊亚（Devayya）的"神秘"式战斗机朝自己的 F-104A"星"式战斗机扑了过来，侯赛因上尉赶紧驾机掉头迎战。利用星战斗机的爬升率大和积累速度试图甩掉"神秘"式，然后反咬。然而，德瓦伊亚的"神秘"式战斗机依然紧紧缠住星战斗机。为了甩掉对手，侯赛因又紧急减速试图让"神秘"式战斗机超越自己，然后反咬。虽然星战斗机拥有对手难以企及的飞行速度，可在空中格斗中表现得像一块砖头一样笨拙。德瓦伊亚抓住机会，迅速扑上去，靠近用德发（DEFA）30毫米时用航炮猛烈开火。当时，F-104A"星"式战斗机做了一个急转弯，刚刚离地大约200英尺，就被转弯射击的"神秘"式战斗机打掉了操控系统。侯赛因上尉发现操控系统失效，在飞机坠向地面时，果断推弹射手柄，弹射离开了坠落的星战斗机。在接近着地前一刹那降落伞才张开，最终他安全返回萨戈达机场。可获得胜利的德瓦伊亚（Devayya）

▲ 图为美制 F-104A"星"式战斗机，在印巴战争中的表现乏善可陈，远不如 F-86F"佩刀"战斗机出色

却列入了印度空军第1中队的失踪名单。

至此，印度空军对萨戈达空军基地第一波空袭就此结束，印巴双方各损1机。印度空军第1中队的德瓦伊亚少校连人带机不知所踪。巴基斯坦空军第9中队侯赛因上尉驾驶的 F-104A"星"式战斗机被击落，但侯赛因上尉跳伞生还。

不过，刚刚挡下印度空军第一波空袭的巴基斯坦人又马不停蹄地要迎战印度人第二波空袭。06点15分，在印度空军第1中队空袭完毕后，驻哈尔瓦拉机场的印度空军第27中队的"猎人"式战斗机群和第7中队"猎人"式战斗机袭击了萨戈达机场。第27中队的卡切尔（Kacher）少校被高射炮击中油箱，因漏油过多而坠落被俘。第7中队的哈格瓦特（Bhagwat）少校和巴尔中尉被巴基斯坦空军第5中队的斯拉姆少校击落而战死。

10点10分，印度空军第1中队再次出动，又对萨戈达机场发动第三次空袭。这一次，"神秘"式战斗机的运气依旧好得出奇，没有遭到巴基斯坦空军任何拦截，全机返航。既然连续2次出击中仅仅损失1架"神秘"式战斗机，第1中队又在下午决定进行本中队当天的第三次攻击，目标仍旧是萨戈达机场。可事不过三。这一次，"神秘"式战斗机的好运到头了。巴基斯坦空军的 A. H. 马立克上尉和哈立德·伊克巴尔（Khalid. Iqbal）中尉各驾驶 1 架 F-86F "佩刀" 式战斗机朝他们扑了过来。马立克上尉利用 "佩刀" 式战斗机的机动性优势，很快地咬住了古哈（Guha）上尉的 "神秘" 式战斗机。这一次，马立克上尉要开创巴基斯坦空军的先河，他迅速用导弹锁定了目标，第一枚 "响尾蛇" 导弹呼啸而出，当场击落了古哈上尉的 "神秘" 式战斗机。接着，马立克上尉又锁定了古哈上尉的长机，打出了第二枚 "响尾蛇" 导弹，却被眼疾手快的 J. P. 辛格上尉给躲避掉了。虽然 J. P. 辛格上尉没有亲眼看见古哈上尉的 "神秘" 式战斗机被击落，但很快就意识到古哈出事了，因为他呼叫古哈的时候，对方已经没有应答了。事后，印度空军悲伤得知，古哈上尉连人带机被 "响尾蛇" 导弹击毁，殒命长空。不幸的古哈上尉也成为 1965 年印巴空战中第一个被空空导弹击落的飞行员。

至此，印度空军对巴基斯坦空军中心机场萨戈达的空袭结束了。印军总计出动 31 架次的 "猎人" 式战斗机和 "神秘" 式战斗机，被巴基斯坦空军战斗机 / 高射炮击落 3 架 "猎人" 式战斗机和 2 架 "神秘" 式战斗机，飞行员 4 死 1 俘。印度空军宣称，在当天的空袭中，共击毁打伤巴基斯坦空军 15 架战机。根据巴基斯坦空军记载，当天仅是空战就损失了 1 架 F-104A "星" 式战斗机，地面被摧毁 1 架 F-86F "佩刀" 式战斗机。

在击退了印度空军进攻后，巴基斯坦空军反守为攻。16 点 00 分，巴基斯坦空军第 19 中队 3 架 F-86F "佩刀" 式战斗机在海德尔（Haider）少校率领下升空，出击斯利那加机场。第 19 中队继 9 月 6 日帕坦科特机场获

得大胜后，于斯利那加机场再度告捷。他们一共击毁了机场上停放的 3 架飞机——1 架是印度空军的运输机，1 架是印度民航公司的达科塔客机，1 架是驻印巴的联合国军事观察组所属的加拿大皇家空军 "驼鹿" 运输机。

与此同时，印巴双方也在东巴方向展开激烈机场对攻战。印度方面对巴空军基地的袭击没有获得成功。可巴基斯坦空军的反手进攻却取得了很大的战果。9 月 7 日 06 点 00 分，巴基斯坦空军从东巴出动 6 架 F-86F "佩刀" 式战斗机，袭击了印度东部边疆的卡莱昆达（Kalaikunda）机场，在完全没有遭到印度空军的抵抗下，于地面击毁了 2 架 "堪培拉" 式轰炸机和 4 架 "吸血鬼" 式战斗机。可当巴基斯坦空军在 10 点 30 分再次出动 4 架 F-86F "佩刀" 式战斗机攻击卡莱昆达机场的时候，情况就有所不同了。他们遭到了印度空军 A. T. 库克上尉和马姆加因上尉的攻击。巴基斯坦空军飞行员阿菲扎尔·汗上尉驾驶的 F-86F "佩刀" 式战斗机被击落，他当场战死。

这次空战的结束也宣告 9 月 7 日大空战的闭幕。巴基斯坦空军获得了辉煌的胜利。在空中击落 3 架 "猎人" 式战斗机和 2 架 "神秘" 式战斗机的同时，还于地面击毁了 3 架运输机、2 架轰炸机和 4 架战斗机，自己仅

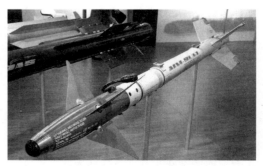

▲ 美制 "响尾蛇" 导弹在印巴战争中频繁受到地面红外杂波干扰，命中率较低

在空中损失 1 架 F-86F "佩刀"式战斗机和 1 架 F-104A "星"式战斗机，地面被击毁 1 架 F-86F。为了纪念这一天的胜利，巴基斯坦政府将每年的 9 月 7 日定为空军节。

在经历了 1965 年 9 月 6、7 日两天双方相互对对方空军基地的空袭后，印巴将主要精力放到对地作战支援行动上，也就是我们常说的空军给陆军的近距离空中支援（CAS）。巴基斯坦空军集中 2 个 F-86F "佩刀"式战斗机组成突击队，每架机翼挂载 4 个可投式吊舱，每个吊舱内装 7 枚空心装药战斗部的折叠式尾翼航空火箭弹。按照巴军的统计，一个吊舱齐射 7 枚火箭弹，就有 70% 到 80% 的把握击毁印军 1 辆坦克。在巴基斯坦空军突击队的有效打击下，在锡亚科特—查温达方向上作战的印度陆军第 1 装甲师损失惨重。按照印军的统计，第 1 装甲师损失的 70 辆坦克（全毁 29 辆、打坏 41 辆）中有三分之一是巴基斯坦空军打掉的。相对巴基斯坦空军的出色表现，印度空军却表现不佳。他们没能给巴基斯坦陆军造成实质性威胁，其原因除了失去战场局部制空权外，还和巴基斯坦陆军自行高射炮装备多有极大的关系。

在巴基斯坦空军强有力的空中支援下，印巴双方在拉合尔、锡亚科特和查木布方向的战事也全部陷入胶着状态，最终迎来了停战。巴基斯坦空军在整个战争中表现得异常出色。根据巴基斯坦方面的统计，他们在战争中一共损失 13 架 F-86F "佩刀"式战斗机、3 架 B-57 轰炸机、1 架 RB-57 侦察机和 2 架 F-104A "星"式战斗机。其中，F-86F "佩刀"式战斗机有 9 架在空战中被击落，3 架被印军高射炮击落，1 架因夜航事故坠毁；F-104A "星"式战斗机有 1 架被击落，1 架因着陆事故损坏；2 架 B-57 都是被印军高射炮火力击落；1 架 RB-57 被自己的高射炮击落。

相比巴基斯坦空军，印度空军却蒙受了史无前例的惨重损失。他们在空战中被击落 24 架（2 架 "蚊蚋"式战斗机、10 架 "猎人"式战斗机、6 架 "神秘"式战斗机、4 架 "吸血鬼"式战斗机、1 架 "堪培拉"式轰炸机和 1 架奥斯特），空袭炸毁 35 架（3 架米格-21、2 架 "蚊蚋"式战斗机、3 架 "猎人"式战斗机、9 架 "神秘"式战斗机、6 架 "吸血鬼"式战斗机、4 架 "堪培拉"式轰炸机、3 架 C-119 运输机、5 架达科塔运输机），总计损失 59 架。

双方空军损失交换比约 1:3，巴基斯坦空军是胜利者。正是在他们的英勇奋战下，巴基斯坦陆军最终顶住了印军的攻势，守住了平局。随着印巴双方在陆地不分胜负，巴基斯坦空军掌握了局部制空权，1965 年的印巴战争彻底陷入僵持态势。停火，是双方唯一的选择。

◀ 在斯利那加机场被炸毁的加拿大皇家空军 "驼鹿"运输机

第九章

停战

自印巴之间从 8 月 25 日开始日益剧烈的冲突逐步升级成局部战争的同时，联合国秘书长吴丹就为了调解双方而努力奔走。1965 年 9 月 1 日，吴丹致电印度总理巴哈杜尔·夏斯特里和巴基斯坦总统阿尤布汗，呼吁双方立即停火，采取和平谈判方式解决争端。吴丹在电报中，还呼吁印巴两国应以大局为重，为了世界和平与避免印巴两国人道主义灾难，两国应立即停火。在致电中，吴丹承认印巴两国存在领土争议问题的复杂性，但是他强调不要采取非和平手段解决。就停火问题，他给印巴两国首脑提出了三点建议：

1. 两国应严禁跨过停火线。

2. 双方武装人员互相从停火线对面占领区撤离。

3. 双方禁止一切朝停火线对面的射击。

然而，印巴双方刚刚杀红了眼，根本不把联合国秘书长的呼吁放在眼里。印度总理夏斯特里在给吴丹的复电中称，巴基斯坦应该为查谟克什米尔的形势急剧恶化负责。他指出，由于巴基斯坦方面大量武装人员，包括巴基斯坦陆军官兵在内沿着边界进行大规模渗透，使沿着停火线展开的印度武装力量被迫还击巴基斯坦陆军对查谟克什米尔的侵略，并处于防御态势。夏斯特里强调，他要求巴基斯坦方面立即停止越过停火线的渗透，并将渗透人员和武装力量从停火线与查谟克什米尔到西巴国境线的印控区一侧撤出。同时，巴哈杜尔·夏斯特里还要求巴基斯坦要保证以后绝不发生类似事件（指"直布罗陀行动"和"大满贯行动"）。

9 月 5 日，巴基斯坦总统阿尤布·汗在给联合国秘书长吴丹的复电中声称，查谟克什米尔停火线的冲突愈演愈烈的根本责任在印度方面的挑衅，巴基斯坦人民是在支持查谟克什米尔人民自决权和反抗印度暴政的正义战争。在这种情况下，自由克什米尔部队在巴基斯坦陆军支援下，在反复击退印度武装进攻和侵占自由克什米尔领土后，于 17 年来首次在宾贝尔地区越过停火线。他建议为了解决印巴争端，应该允许让查谟克什米尔人民自由决定查谟克什米尔邦归属印度还是巴基斯坦。

当吴丹收到巴哈杜尔·夏斯特里和阿尤布·汗的回电时，查谟克什米尔停火线沿线形势因双方大打出手而动荡不安。当时，巴基斯坦陆军已经突破了印军主要防御地带，攻克乔里安，准备直扑阿克努尔大桥。一旦巴军得手，查谟就危在旦夕了。为了给查谟克什米尔方向守军减轻压力，阻止巴军冲到阿克努尔大桥，印军在 1965 年 9 月 6 日越过印巴边界，朝拉合尔方向实施突击，很快前出到伊乔吉尔运河一线。在印军发动进攻的同时，印度政府声明为了确保印控查谟克什米尔的安全，印度别无选择只能跨过瓦格赫边界采取积极军事行动，阻止巴基斯坦利用这些地区作为进攻渗透查谟克什米尔的基地。

得知印度方面的声明和印巴战争升级的消息，联合国安理会于 1965 年 9 月 6 日召开紧急会议，商讨如何调解印巴战争，令两方立即停火与恢复和平的问题。经过开会讨论，安理会通过一项决议，请求联合国秘书长分别出访印度和巴基斯坦，居中调停让印巴两国停火恢复和平。与此同时，安理会还通过一项决议，呼吁印度和巴基斯坦在整个冲突地区立即停火，马上撤回武装人员，并恢复到 1965 年 8 月 5 日以前状况。

▲ 时任联合国秘书长吴丹，在他的努力下，印巴最终停止了 1965 年的大战

然而，印度拒绝了安理会的决议。印度坚持认为，造成战争逐步升级的责任在巴基斯坦方面，而不是印度。印度政府提出，如果巴基斯坦承认派武装渗透人员进入印控克什米尔地区，以及巴基斯坦方面承诺从印控区撤出所有武装渗透人员，则印度政府就愿意接受联合国安理会的停火决议。巴基斯坦方面对联合国安理会决议表示欢迎，但拒绝承认派武装人员渗透印控克什米尔地区。

为了敦促印巴两国停火，联合国秘书长吴丹于 1965 年 9 月 9 日抵达巴基斯坦的拉瓦尔品第，和巴基斯坦总统阿尤布·汗进行了积极对话，但在停火问题上，吴丹没能说服阿尤布·汗。9 月 12 日，吴丹又出访新德里，和印度总理夏斯特里举行会谈。夏斯特里坚持，只要巴基斯坦渗透的武装人员全部撤出印控区，印度马上就能和巴基斯坦达成停火协议。可这个问题吴丹已经在拉瓦尔品第碰壁了。既然联合国秘书长没法给印度保证，那么他和夏斯特里之间的会议没有取得积极成果也在情理之中。

眼看单独沟通不奏效，吴丹干脆采取公函方式。9 月 12 日晚，吴丹分别给巴哈杜尔·夏斯特里和阿尤布·汗去信，要求印巴两国立即无条件在所有冲突区停止敌对行动，执行 1965 年 9 月 4 日和 9 月 6 日的安理会决议，立即恢复地区和平。然而，夏斯特里和阿尤布·汗对联合国秘书长的致函答复都是"No"，他们拒绝无条件停火，转而提出一大堆停火先决条件，并老调重弹，相互指责。

虽然印巴两国领导人态度强硬，可战场的军事形势却不能不让两国领导人冷静下来。印度和巴基斯坦都不是富国，持续3个星期的战争给两国经济带来了不小的影响。在这种情况下，印度和巴基斯坦都服软了，均向联合国表示愿意停火和寻求和平解决之路。

9月20日，联合国安理会通过第211号决议，要求印巴在1965年9月23日03点30分正式停火。不过停火后，巴基斯坦仍继续进行武装渗透，双方战斗一直持续到1966年初。

为了让印巴彻底停火，回到和平谈判解决查谟克什米尔争端，苏联进行了不懈努力。在苏联的斡旋下，1966年1月4日到9日，印度总理夏斯特里和巴基斯坦总统阿尤布·汗在苏联境内加盟国的乌兹别克斯坦共和国首都塔什干会晤，签署了《塔什干宣言》，申明：印巴双方同意按照联合国宪章通过和平手段解决争端，双方军队撤退到1965年8月5日以前所在地。《塔什干宣言》的签署，宣告1965年印巴战争的结束。

对印度来说，1965年的战争他们绝不是胜利者，但也不是失败者。在技术装备落后于对手的情况下，有效利用了两国边界线较长和己方兵力多的特点，在战争初期处于被动不利态势的情况下，连续在拉合尔和锡亚尔科特实施战役进攻，迫使巴基斯坦陆军停止了查木布方向的进攻。然而，印军在取得局部战役进攻胜利以后，却因为大兵团作战经验不足和平推一线的战术，除了少量迂回突破作战行动外，大部分作战都是一再正面强攻，缺乏灵活迂回穿插，以及步炮协同不足。

特别是最后一个缺点，在拉合尔方向和锡亚尔科特后期的进攻作战中表现得尤为明显，印军进攻队形多次被巴军炮火打垮，而且，印军官兵战斗意志也不够坚决，伊乔吉尔运河进攻战斗中就多次出现拿下目标后仅仅因为遭到巴军猛烈炮火轰击，就放弃阵地擅自退却的情况。

相比之下，巴基斯坦军队比较注意发挥自己的长处和优点。在战争初期，巴基斯坦陆军有效利用了装甲兵配合步兵发起"大满贯"行动，突破了查木布方向印军的防御地带，威胁到阿克努尔大桥。当印军转入反攻时，巴军更是有效使用炮兵，有效发挥了炮兵在技术装备上比印军多的优势，多次用炮兵压住了印军的进攻，甚至用炮火成建制打垮对手。空军的使用也是可圈可点，不仅基本压住了印度空军，而且还夺取了战场局部制空权。更重要的是，巴基斯坦空军还多次出动，用航空火箭弹摧毁了印军大量后勤补给车辆和不少坦克，限制了印军步兵的活动，给印军带来了极大的麻烦。美中不足的是，巴基斯坦陆军装甲兵的战术素养低于印军，无论是在凯姆卡兰附近的巴军第1装甲师还是查温达附近的第6装甲师，尽管主战坦克多于印军，但在坦克战斗中损失颇大，而且没能挡住对方装甲兵冲击，多次给己方带来危局，这是巴基斯坦陆军的一个薄弱环节，急需改进。另外，巴基斯坦长期致力于购买武器装备和配套设备，依赖美国供应，不注意发展本国军事工业体系造成巴基斯坦虽然技术装备优于印军，可战备库存有限，经不起大规模持续战争消耗。战争刚刚开打一个星期，各种物资的储备量就只够几天之用。当阿尤布·汗得知情况后，紧张得脸色苍白，说不出话来。无奈之下，巴基斯坦只得紧急从土耳其和伊朗空运弹药和补给品，才缓解了战场急需。

战争结束了，印巴双方都付出了不小的代价。印军总计战死 2862 人，负伤 8617 人：其中 1965 年 8 月 5 日到 9 月 23 日负伤 6684 人，1965 年 9 月 24 日到 1966 年 2 月 25 日负伤 1933 人。巴基斯坦国防部长于 1965 年 12 月 4 日公布了损失情况，巴军在战争中一共牺牲 1033 人，伤员数字并未透露。

塔什干宣言后，印巴双方准备草拟互相撤军协议。1966 年 1 月 21 日，巴基斯坦陆军总司令穆萨上将前往新德里，和印度陆军总司令乔杜里上将共同签署了撤军协议。按照这个协议，双方于 1966 年 1 月 25 日彻底停止自 1965 年 9 月 23 日以后的冲突，并在 2 月 25 日以前把军队撤回，完全恢复 1965 年 8 月 5 日以前的状态。这一次，印巴双方完全遵守协议，完成了撤军。当联合国秘书长吴丹于 1966 年 2 月 26 日向联合国安理会报告，印度和巴基斯坦已经完全执行 1965 年 9 月 27 日和 11 月 5 日的决议时，和平终于再度降临在南亚次大陆这片古老的土地上。